安徽省高校"三全育人"综合改革和高校思想政治能力提升计划项目：
"'多维互动、协同一体'红色实践育人模式构建与实施"（sztsjh-2023-5-1）
合肥工业大学 2023 年度"双一流"文化传承创新项目："深耕'红色皖南'打造铸魂
育人新样板"

传承红色基因　助推乡村振兴

主　编　方　留　檀江林　徐姗姗
副主编　李　宏　夏建圩　郭州平

合肥工业大学出版社

图书在版编目(CIP)数据

传承红色基因 助推乡村振兴/方留,檀江林,徐姗姗主编. —合肥:合肥工业大学出版社,2023.12

ISBN 978-7-5650-6455-5

Ⅰ.①传… Ⅱ.①方… ②檀… ③徐… Ⅲ.①乡村—社会管理—研究—中国 Ⅳ.①D638

中国国家版本馆 CIP 数据核字(2023)第 231859 号

传承红色基因 助推乡村振兴

方 留 檀江林 徐姗姗 主编	责任编辑 权 怡 袁 媛
出 版 合肥工业大学出版社	版 次 2023 年 12 月第 1 版
地 址 合肥市屯溪路 193 号	印 次 2023 年 12 月第 1 次印刷
邮 编 230009	开 本 710 毫米×1010 毫米 1/16
电 话 编校与质量管理部:0551-62903210	印 张 16.25
营销与储运管理中心:0551-62903198	字 数 310 千字
网 址 press.hfut.edu.cn	印 刷 安徽昶颉包装印务有限责任公司
E-mail hfutpress@163.com	发 行 全国新华书店

ISBN 978-7-5650-6455-5 定价:58.00 元

如果有影响阅读的印装质量问题,请与出版社营销与储运管理中心联系调换。

目　录

新时代乡村治理经验的实证研究

绪论:输出接入齐助力,实践创新更动人^①

历史是最好的教科书,中国共产党人在百年历史征程中形成的红色基因是青少年群体成长成才最好的营养剂。为深入学习贯彻习近平新时代中国特色社会主义思想,培育理论正、技能全、素养优的时代新人,合肥工业大学习近平新时代中国特色社会主义思想研究会(以下简称"习研会")在实践中摸索宣讲精要,以宣讲两大环节"输出"与"接入"为要,为红色基因传承赋能助力。

一、案例背景

为加强理论学习宣讲,推动师生学习常态化,早在 1997 年,合肥工业大学(以下简称合肥工大)就成立了研究生邓小平理论研究会,成为安徽首家、全国首批同类社团,2009 年改为研究生中国特色社会主义研究会;2014 年获评全国优秀学生社团和省"青年文明号",2015 年获评全国"百佳"学生理论社团;2018 年更名为习近平新时代中国特色社会主义思想研究会。秉承全国"百佳"学生理论社团优良传统,合肥工大"习研会"长期致力于"探讨真理,升华思想"目标,秉持"团体学习,共同成长"理念,坚守"求真务实,开拓创新"作风,在理论宣讲、学术探讨、科研创新和社会服务等领域耕耘不辍。

薪火永相传,奋进新时代。2021 年以来,合肥工大"习研会"充分利用宣城"红色故里"的特殊优势,着力红色文化学习践行、红色主题创新竞赛、红色美丽乡村社会服务,在全国大学生社会实践、省部级以上红色报告及大学生"挑战杯"红色专项、省级大学生模范人物评选、新闻媒体报道方面取得丰硕成果,受到社会各界广泛关注。

习近平总书记在党的二十大报告中指出:"坚持学思用贯通、知信行统一,把新时代中国特色社会主义思想转化为坚定理想、指导实践和推动工作的强大力

---

① 该文于 2022 年 11 月获评上海市大学生理论宣讲联盟、复旦大学博士生讲师团联合开展的"与党同心,跟党奋斗"大学生理论类社团宣讲工作论坛"优秀案例"。

量。"高校为青年学生培根铸魂的重要阵地,肩负着"为党育人、为国育才"的重大使命。新时代大学生身处丰富多彩的网络场域,面对纷繁复杂的社会思潮,尤其需要科学理论的宣讲传播与主流意识形态的引导激励。作为新时代高校理论宣讲的主体力量,合肥工大"习研会"以其组织严密、形式丰富、理论渗透等优势,不仅成为第二课堂思政领域的主要参与组织者,而且成为学习、宣传、践行红色基因的重要平台。

习近平总书记指出:"要增强本领能力,努力打造一支政治过硬、本领高强、求实创新、能打胜仗的理论宣讲队伍。"①作为高校人才培育的有效抓手之一,宣讲活动要实现从"大水漫灌"到"精准滴灌",必须立足宣讲资源有效整合、精准对接。合肥工大"习研会"立足大数据新媒体语境,整合内容、形式、渠道等众多尺度,从立体化的宣讲输出到多层次的受众接入,充分发扬理论宣讲的内容导向与辐射引领,探寻弥合数字鸿沟、促进青年成长的可行路径,彰显宣讲的普适性与实效性,提高传播的分层性与针对性,实现人才培养目标与学生自身兴趣巧妙自洽。

二、创新做法

党的十八大以来,习近平总书记反复强调赓续红色血脉,传承红色基因,把红色江山世世代代传下去。作为专业性、主动性实践活动,在传统的理论社团宣讲过程中,虽具备输出内容多、输出范围广的特性,但也存在输出程度浅、输出单向化的短板。如何推动宣讲理论内化于心、外化于行,真正浸润受众、激活实效,成为理论宣讲的重点关注方向。以宣讲主体输出端"输出—技能—素养"模式为棱镜,以受众接入信息"接入—交互—实践"为理路,精准感知理论、互动反馈内容、架构理论自觉,由浅入深、层层递进,讲究传播效果点线面逐级扩展,最终实现理论宣讲的"声"入人心、红色文化的"遍地开花"。本文理论构架详见图1所示。

（一）输出——传播渠道立体"宣"

以实地调研为"纬线"走近受众,以承办课题为"经线"了解深入,构成覆盖时间、空间的立体维度宣讲接触点,形成调研获得源头方向、渠道多源并行接触,通过"实践—理论—新的实践"的良性循环,注重在传播中求真知、悟真谛、强磨炼、增本领。

线下实地调研,细致入微分析受众画像。"纸上得来终觉浅,绝知此事要躬行。"所有知识要转化为能力,都必须躬身力行、知行合一。合肥工大"习研会"注重在实践中探察受众切身利益点,结合热点事件、时政内容,精准捕捉受众关切重点所在,做到调研问需有渠道、解决反馈有回音,尤其是综合考量宣讲地实际情况、

---

① 习近平. 在庆祝改革开放40周年大会上的讲话[N]. 人民日报,2018-12-19(02).

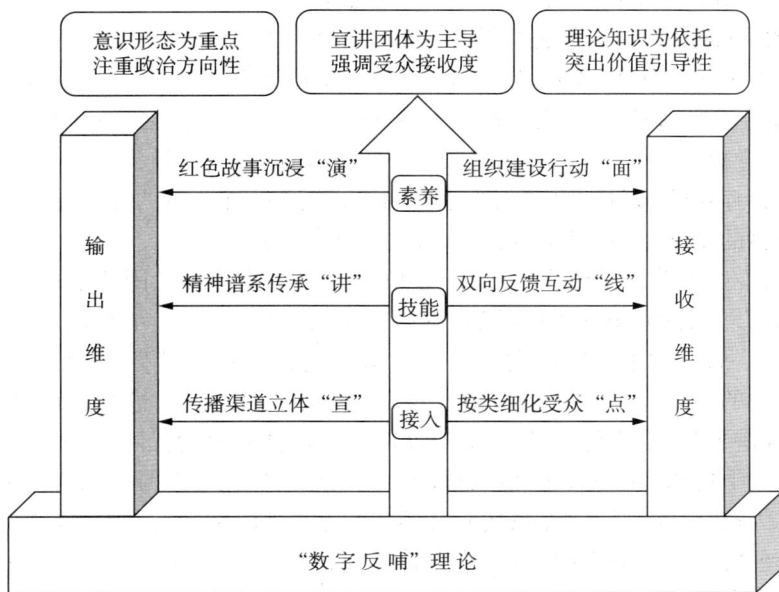

图1　数字反哺视域下高校社团理论宣讲模式导图

风土人情、文化传统、历史底蕴等因素,因地制宜,设计出契合本土特色的宣讲方案。"习研会"多位核心成员承担国家级、省级大学生课题项目,并以此为依托,为实地调研提供文献资料、专家指导、校内外资源、资金支持等基础,将纸上计划转为践履路径,彰显"调研+宣讲"结合项目的可操作性。如针对长期宣讲对象全国精准脱贫攻坚楷模和"全国乡村振兴示范县"的金寨大湾村,合肥工大红色美丽乡村宣讲服务团结合当地"绿色茶园+红色旅游"的特色模式,着重将理论与特色产业建设层面结合进行宣讲,并将大湾村故事融入宣讲内容,效果良好。

线上平台架构,根据实地走访提取受众所需。合肥工大"习研会"依托红色基因传承研究与推广服务中心网络平台,制作"实地调研+红色宣讲类"系列微视频60余集,在Bilibili、抖音等年轻化社交平台发布时长短、趣味浓的剪辑视频、在探讨类平台发布专业性较强的普及类经验贴,主动与志同道合的其他高校社团、省级社科类社会组织、红色主题服务类企业等进行接触、保持联系、建立社群、寻找契机,打造主题明、规模大的联合宣讲活动。通过彰显不同特色、不同类型的传媒渠道,突破时空限制,构架涉及范围广、受众定位准的立体式传播渠道。

(二)技能——精神谱系传承"讲"

理论宣讲既要内化于心,更要外化于行,如何将理论宣讲转化为实际行动是关键所在。在常规宣讲过程中,"独角戏"灌输式宣讲成效往往有限,应变"大水漫灌"为"精准滴灌",架构双向互动小循环、社会推广大循环的宣讲模式。

以"红"润"青",耕耘红色精神丰收田。习近平总书记指出:"广大青年要保持初生牛犊不怕虎的劲头,不懂就学,不会就练,要敢于做先锋,而不当看客。"①合肥工大"习研会"严格采取"三会"制度:读书报告会+思想研讨会+专家座谈会,邀请知名教授、党史专家、红色市县代言人进行成员筛选培训、经典研读交流等活动,对宣讲过程中存在的"疑难杂症"对症下药,持续推进宣讲队伍的专业化、素质化,力求宣讲内容的精细化、针对化,宣讲形式的多样化、特色化。

以"青"带"红",架起代际传承同心桥。作为高校理论社团的主力军,合肥工大"习研会"积极深入革命老区,以宣讲形式赓续红色血脉、传承红色基因。以"习研会"为核心骨干的中国共产党人精神谱系"青言青语"青年宣讲团,联系采访亲历抗战历史的老兵、烈士子女等"第一视角"人物,与其合作,进行宣讲、纪录片拍摄、提供宣讲平台、推广传播等活动,以新时代宣讲技能反哺代际人物,提高精神谱系的线上线下传播影响力,深化宣讲影响力、以独具特色的亲身经历与对后人的建议与期冀为核心,唤醒精神谱系代际传承的红色基因,为缺乏平台、技术滞后的革命老区红色传承注入活力因子,提高宣讲的沉浸感与真实性,以真情打动受众,以说理感悟受众。

(三)素养——红色故事沉浸"演"

单一的理论宣讲在提升受众素养上影响有限,必须做到常常讲、时时新。"常"不仅在空间层面,更在时间层面,加强实践厚度,将"打卡式"宣讲转变为"挖井式"宣讲;"新"不仅仅在内容维度,更在形式层面,合肥工大"习研会"将传统语言宣讲转变为"技术赋能+感官效应"的多元形式,借助现代舞台声光电技术、高新VR技术,与专业媒体团队合作,根据本土化的红色故事,打造沉浸式的红色舞台剧演出,以身临其境的代入感,带动心灵与身体的双重接入。虽然周期长、成本高的舞台剧筹备需要大量的专业人员与培训,但结合当地特色文化资源的扶持、专业人员的培训辅导、实践经验总结充分赋能,这也逆向要求团队各层面的再升级,从而促成良性循环。

挖掘红色故事,彰显本土特色。选定典型特色地域,通过实地调研,深度探索具有本土特色、贴近生活的中华传统经典、红色奋斗故事、典型人物事例,结合真情实感、就地取材,进行红色舞台剧的筹划工作。合肥工大"习研会"深入安徽旌德龙川村,探寻世界唯一保存至今的马克思银像背后的故事,锚定《三代人的守护》的选题宗旨,倾力打造主旋律红色舞台剧。剧本打磨上,采用大组讨论、小组撰写、专人负责、专家把关等四重过滤,通过与本地百姓交谈收集一手资料,从党史县志

---

① 习近平．论党的青年工作[M].北京:中央文献出版社,2022:99-100.

中汲取历史营养。前期充分准备后，进行"编剧+导演+演员+专家"的大组讨论，结合历史渊源、舞台限制、表演效果，厘定剧本框架。随后按各人专长，进行小组分配协作，完成分部撰写，同时配备专人负责协调剧本情节的宏观方向与微观细节。经过召开专家论证会、反复打磨完成，并在多次排练中，不断总结经验，持续完善优化剧本。

利用高新技术，打造舞台效果。效果呈现方面，结合人物对话、书信朗读、诗文朗诵、情景舞蹈等多种形式，充分运用现代声光电技术，通过生动饱满的舞台形象和感人故事挖掘，再现旌德梅家三代五位女性精心守护马克思银像的经典事迹。通过专业人员的协助，根据情节推动与现场情绪，调节特定追光、背景、道具呈现，辅以感人肺腑的旁白讲解内容，一改以往较为单调的"硬"宣讲，成为入口即溶的"软"宣讲。为此，合肥工大"习研会"团队特邀安徽电视台首席主持人高健健对舞台设置与剧情推动进行指导、宣城市戏剧家协会汪阿萍主席对演员情绪、舞台展示等现场指导，对相关细节推敲打磨，力求打造氛围满、情感深、素养高的舞台效果。

（四）接入——按类细化受众"点"

宣讲主体贴近化。以"习研会"骨干成员为宣讲传播主体，由人文社科见长的成员对其他院系成员进行结对帮扶，在充分激发社团组织活力的基础上，调动宣讲者的主观能动性。合肥工大"习研会"从社团会员、活跃学生中，择优选用革命精神谱系宣讲团，在各院系轮回开展理论宣讲、在思政课中引领小班辅导，既有助于解决大学生理论学习被动的情况，更能破除"年龄代沟"，促进宣讲主体全面融入宣讲内容，在校内学习、校际交流、基层宣讲等维度发挥青春力量。

宣讲客体针对化。作为工科见长、门类齐备的重点高校，合肥工大宣讲受众呈现差异性、多样性特征。"习研会"依照不同专业、不同阶段的殊异需求，细分受众群体，增强宣讲的针对性与有效性。在小班辅导等第一课堂思政课程中，注重讲理论、讲思想，发扬思政育人的重要导向；在社团活动等第二课堂领域，更加关注将学生兴趣、宣讲内容结合考虑，确保优良功效。总体而言，在了解受众的兴趣爱好、所思所想、所需所盼的基础上，因时因地、因人因事选择宣讲内容、优化活动方式、提振宣讲效果，让受众群体都能学有所思，习有所悟，行有所获。

宣讲内容适配化。根据宣讲对象实际情况，合肥工大"习研会"选择生动的语言内容和表达方式，有的放矢，因人施教，长期探究精准选择题材及传播形式创新等做法，深受青年朋友的欢迎。依托"分众而择"的题材选择模式，根据受众群体的不同需求，合肥工大"习研会"及时作出宣讲侧重点的调整，全面提升宣讲主题和受众群体的契合度，与课堂思政共同作用，合力达到宣讲效果的最大化。依照"老故事，新讲法"的形式，讲好中国共产党人精神谱系、讲活红色故事、讲出工大特色，受众在沉浸于先烈英雄事迹的同时，在活动中互动交流，深刻感知感悟宣讲内容。而理论社团宣讲所依托的题材形式、理论内容、面向受众各有差异，择优选择适宜妥帖的方式进行宣讲,力求社团宣讲工作取得实效。

（五）交互——双向反馈互动"线"

传学相长双向提升。在宣讲受众层面,合肥工大"习研会"通过宣讲过程中的主客互动,变革传统的"一人讲、多人听"的单向灌输传播,通过小班辅导、思政班会等多种互动形式,加强社团成员和受众群体交互交流,紧抓受众的兴趣点与接受面,通过交流互动,促成教学相长,实现宣讲主体整体能力和受众群体综合素养的双向提升。在宣讲主体层面,合肥工大"习研会"坚持推进团队长效发展,从单一的项目制成员转变为多层次梯队化团体,逐步形成能够涵盖各学历、各层次,融合文理工法等学科门类的多样宣讲主体,讲好红色故事,传播好中国声音。

广域宣讲奉献社会。合肥工大"习研会"并不局限于校内,而是将宣讲场域不断向社会、基层、网络延展并产生效益。在宣讲开展过程中,根据主客观条件的变化,"习研会"不断摸索科学的宣讲方式,在互联网上利用红色基因传承发扬互动平台,在线下通过多次开展社会实践、志愿活动、走访调研、法律咨询、理论宣讲等服务,在平台、资源共建共享的背景下,实现理论社团的不断改进和社团成员、受众群体的持续进步。2021 年以来,"习研会"先后组织国家级"三下乡"社会实践队伍和省级社会实践队伍数十支,走访乡镇20 余个,足迹遍及皖南、皖西和浙东等区域。

（六）践行——组织建设行动"面"

加强自身组织建设。助力学生全面发展是社团发展的重要一环,更是开展宣讲的价值旨归。参与学术活动、科创竞赛及创业实践,能够提振大学生的科研能力和学术水平,促进学生思想进步、全面发展。社团内部组织设置齐全,制定规范社团章程;设置学习、实践、组织、宣传、服务等五大部门,各部门分工明确、高效运转,确保运作有序;采用双导师负责制,优选思想政治素养过硬、社会责任感强、热心社团工作的专业教师担任导师与顾问,为社团活动开展提供专业指导。

完善自身激励机制。响应团中央"第二课堂"建设要求,合肥工大"习研会"坚持立德树人、五育并举根本导向,在德育与思政板块上着重发力,持续推出精品项目,组织举办"红色基因传承践行大赛""文房四宝创意设计大赛";筹备录演大型红色舞台剧《三代人的守护》;成功申报国家级、省级社会实践重点团队,吸引校内师生参与活动,掀起红色文化学习高潮;"两张成绩单"相得益彰、思政学习纳入综合考核,构架科学合理的人才综合评价体系,激发社团发展源动力。

三、经验启示

结合合肥工大"习研会"的实践宣讲,总结梳理出红色主题理论宣讲的典型经验,以期持续强化社团建设、不断提高宣讲效能。

一是意识形态为重点,把握政治方向性。旗帜鲜明讲政治是高校社团的定盘星与指南针，思想理论社团更应弘扬主旋律，唱响正气歌。合肥工大"习研会"始终坚持正确的政治导向，以宣传、学习、贯彻习近平新时代中国特色社会主义思想为己任，吸收政治素养高、综合素质强的学生加入，为社团发展不断引入新鲜血液。在日常开展线下学习活动的同时，充分利用"互联网+"技术，建立社团成员专项工作群，定期发布学习资料、分享学习感受，打造社团线上学习"云平台"。将社团文化与红色文化、网络文化有机结合，鼓励社员采用新媒体形式，讲好中国故事、讲好红色故事、讲好社团故事，积极参加全国大学生网络文化节，展现新时代青年大学生昂扬向上的良好风貌。在开展宣讲传播时，时刻省思总结，保持团队的批判性与方向性，使年轻的宣讲传播之旅，真正走到大江南北和人们心田里，发挥整体效应。

二是团队宣讲为主体，强调受众接受度。作为接入、技能、素养的输出者，宣讲团队占据宣讲内容、宣讲形式选择的主导地位。然而，在双向互动、强调效果的数字反哺视域下，宣讲受众的主体性呈陡崖式上升。多元价值、社会思潮持续消解社会主流价值观，传统的宣教式单向宣讲"用武之地"被侵蚀，主流价值观的号召力逐渐稀释。如何以宣讲受众为出发点，创新合适、独特、深刻的宣讲作品，真正达到实效，让红色基因在不同年级学生、不同阶层的民众中生根发芽、开疆拓土，是目前高校理论社团的主要课题。"习研会"成员先后十余次赴金寨县花石乡大湾村、旌德版书镇、望江漳湖镇和黄山区耿城镇沟村等地开展团队宣讲服务，因地制宜地开展宣讲工作，为村规民约制定提供科学意见、帮助培训红色文化讲解员，取得良好成效。

三是理论知识为依托，凸显价值引导性。信息洪流不可抵挡，价值导向愈发稀缺。如何在爆炸性的信息中，坚定理想信念，保持正确站位十分重要。宣讲理论并不是最终目的，理论中蕴含的价值导向才是受众的真实所需。照搬照抄、死板教条的理论宣讲并无益处，"习研会"始终以红色作为自身底色，不渝坚守思想理论建设，用通俗易懂的言语、亲切随和的态度，解答百姓"是什么、为什么、怎么做"的根本问题，面对舆情热点，引导受众正确对待、辩证认识、理性分析，彰显正确的价值导向。始终贯彻知行合一发展理念，将社团实践活动与"三下乡""返家乡"和专业实习实践有机结合，多次前往金寨、潜山、定远、泾县、旌德等革命老区开展红色基因宣讲实践，用脚步丈量每一抔红色热土，在服务老区振兴中体悟红色精神的内在魅力。

四、工作成效

理论宣讲，知行合一。2016 年 4 月，习近平总书记在知识分子、劳动模范、青年代表座谈会上强调："所有知识要转化为能力，都必须躬身实践。要坚持知行合一，注重在实践中学真知、悟真谛，加强磨炼、增长本领。"[①]合肥工大"习研会"通过定

---

① 习近平．在知识分子、劳动模范、青年代表座谈会上的讲话[N].人民日报,2016 - 04 - 30(02).

期组织"四史"学习,开展红色基因传承践行大赛、"中国精神青年说"微宣讲,同时组织基层实践活动,在扎根中国大地、走进乡村一线中体察国情民情,在反哺乡村、服务社会中磨砺自身能力。理论宣讲与实践活动的有机统一,既带领社团成员理论学习,又讲求运用实效,先后获批省级以上实践服务团 40 多项、国家级 13 项。曾连续 5 年应邀参加"井冈情,中国梦"全国大学生社会实践专项活动。完成的《井冈情,中国梦》系列微视频曾获中宣部学习强国平台"我爱我的祖国"微视频三等奖和安徽省委组织部全省首届党员微视频大赛优秀奖。尤其是 2021 年以来,社团相继前往安徽金寨、定远、庐江、潜山、岳西、望江、旌德,浙江绍兴枫桥镇和湖州织里镇等省内外老区开展红色基因宣讲实践 20 余次,连续组建"重走铁军抗战路"和"重走渡江胜利路"实践服务团,足迹遍及安徽省内三家国家红色基因库与皖西、皖南、皖东等主要革命老区。

学术研讨,紧抓不懈。合肥工大"习研会"坚守红色基因传承初心,长期深耕红色文化领域,撰写专项报告,涵摄大别山精神传承、铁军精神弘扬、渡江精神保护利用、革命精神谱系在青少年中的创新运用等多主题。骨干成员 30 余项报告获国家级、省级奖项。另一方面,重视学术研讨交流,加强校际交流合作。2020 年 10 月,社团参与举办"红色基因融入乡村治理高层论坛",就红色基因宣讲行动与张泰城教授、丁俊萍教授等十余位红色领域的专家开展研讨交流。2021 年 10 月,姚悦、徐海燊、王梦雨等骨干应邀参加"红色潜山与大别山精神学术研讨会",并与专家深度访谈,交流传承弘扬路径。

成果转化,产出接涌。"习研会"高度重视宣讲成果转化,围绕红色文化传承、美丽乡村建设等主题出版编著 8 部书籍,推广应用成果获得教育部、共青团中央、安徽省委宣传部、安徽省社科联等高度肯定。相继获得中央电视台、安徽电视台、中国新闻网、人民网、新华网等媒体 100 余篇次持续关注,2021 年以来,仅中国青年网系列报道就达 50 余篇;合肥工大"习研会"会长姚悦获评安徽省"百优大学生"、安徽省"三下乡"社会实践优秀个人及长三角高校大学生"红色江山红色路,青春力量青春行"的"最美视频"奖项;高等学校中国共产党革命精神和红色文化资源研究中心组编、人民出版社出版的《高校红色文化资源育人发展报告》,连续 3 年进行量大面广的采纳应用。合肥工大"习研会"前任会长王博元参与构建实施的《持续构建大别山红色基因传承创新实践育人模式》,2022 年获评中国高校创新创业教育联盟和中国高校创新创业教育研究中心联合承办的"2015—2020 深化高校创新创业教育改革优秀成果"一等奖。

作者:徐姗姗　姚悦　汪宸宇　徐海燊

新时代红色基因传承
路径探微

内容导读

  新时代红色基因传承路径探微,包括安徽旌德梅氏三代五位女性悉心守护全世界唯一保留至今"马克思银像"的精神传承,以及安徽省目前三大国家级红色基因库试点单位所对应的大别山精神、新四军精神(铁军精神)、渡江精神传承弘扬现状的阐释,更侧重新时代青少年群体传承弘扬路径的优化构建。目前被中共中央宣传部确定为中华民族文化基因库(一期)的安徽三大红色基因库试点单位,分别是金寨县革命烈士陵园(具体包括金寨县革命博物馆等六个部分);合肥渡江战役纪念馆及渡江战役总前委旧址纪念馆;泾县新四军军部旧址纪念馆及皖南事变烈士陵园。

新时代红色基因传承路径探微

内容导读

　　新时代红色基因传承路径探微,包括安徽旌德梅氏三代五位女性悉心守护全世界唯一保留至今"马克思银像"的精神传承,以及安徽省目前三大国家级红色基因库试点单位所对应的大别山精神、新四军精神(铁军精神)、渡江精神传承弘扬现状的阐释,更侧重新时代青少年群体传承弘扬路径的优化构建。目前被中共中央宣传部确定为中华民族文化基因库(一期)的安徽三大红色基因库试点单位,分别是金寨县革命烈士陵园(具体包括金寨县革命博物馆等六个部分);合肥渡江战役纪念馆及渡江战役总前委旧址纪念馆;泾县新四军军部旧址纪念馆及皖南事变烈士陵园。

旌德梅氏三代精心守护马克思银像
事迹考察及精神传承①

旌表其礼,以彰其德;旌川古邑,赤色热土;仁人志士,舍生忘死;丹心热血,星火燎原。在旌德县龙川的一个小村落,有一户淳朴的人家冒着生命危险秘密守护并保存至今的全国唯一一尊马克思银像。在守护的 35 年间,有人牺牲、有人被威吓、有人被严刑拷打、有人经历了多次"白发人送黑发人"的痛苦⋯⋯但是他们依旧选择冒死守护马克思银像。在梅家三代人的守护下,马克思银像得以完好保存。作为全国唯一一尊由共产国际送给中国共产党的马克思银像,其意义非凡。在苍茫黑夜里,它赠予了神州中国的火光;在迷漫征程上,它赋予了中国共产党人以真理、信仰和前行的精神动力。而旌德梅家,便是这革命火种的守护者,是真理的守护者,是信仰的守护者! 他们用生命守护马克思银像,用行动表明信仰,形成的坚守信仰、敢于斗争、不惧牺牲、家国情怀的银像守护精神值得我们学习!

一、马克思银像制作背景及传入中国的过程

19 世纪末 20 世纪初,中国饱受苦难、分崩离析。1919 年 3 月,受十月革命的影响,世界各地的共产党和共产党团体,在苏俄莫斯科召开代表大会,宣告第三国际的建立。

1921 年 4 月,为了协助东方民族培养革命骨干,共产国际在莫斯科成立了东方劳动者共产主义大学(简称东方大学)。中国共产党于同年成立。为了培养革命人才,中共派遣了任弼时、彭述云、肖劲光、王若飞、赵世炎、陈延年、陈乔年、刘伯坚、萧三等人赴莫斯科入东方大学学习②。中国班的学员们在接受新思想的熏陶后,内心追求革命真理的信念愈发坚定,对于马克思在革命思想方面的卓越贡献愈

---

① 该文相关新闻稿于 2021 年 12 月 23 日在中国青年网上发表;《探寻梅家三代守护马克思银像背后的故事》(视频)于 2022 年 7 月 6 日在中国青年网上发表。

② 2023 年 9 月,该文获评第十八届全国大学生"挑战杯"红色专项省级一等奖。中共旌德县委宣传部,中共旌德县委党史和地方志研究室,旌德县新四军历史研究会. 百年辉煌——旌德红色记忆[C]. 2021:128.

加敬佩。他们希望把马克思的形象、马克思的生平、马克思坚韧不拔的研究精神，以及马克思主义的思想，都宣传给国人。其他国家的学员也有这样的梦想。这个建议迅速地传达到学校领导，并及时向共产国际报告。共产国际经过研究，采纳了来自世界各地的学生的建议，选择美术工作者进行设计，并由银匠们精雕细琢，最终完成了 10 尊马克思半身雕像，并送给世界各地的共产党。中国班的中共党支部，接受共产国际赠送的银像为第六号。银像为纯银空心浇铸而成，高 15.5 厘米，重 250 克。底座正面铸有一行俄文："卡尔·马克思"，底座下方铸着两行俄文："第 6 号，莫斯科铸造"。①

　　1924 年 1 月 21 日，列宁逝于莫斯科，在东方大学学习的中国班学员陆续回国。肖劲光负责保管共产国际所赠马克思的银像。在为革命导师列宁同志守灵后，他奉命返回家乡，中国班的党支部将这尊银像托付给他。肖劲光回国后，被派到江西安源路矿，他在向工人俱乐部主任刘少奇汇报学习情况后，将共产国际赠送的马克思银像郑重地交给了刘少奇。恰逢刘少奇在酝酿发动一场大规模的工人罢工运动，而从遥远的共产国际传来的马克思银像，更是给了他们很大的鼓励。

　　1924 年 9 月，以安源路矿当局拒发积欠工人的工资，企图封闭工人俱乐部为导火索，党组织举行大规模工人罢工活动，最终取得了全面的胜利。这是中国共产党第一次独立领导并取得完全胜利的罢工斗争，是中国工人运动史上的一次壮举。

　　此次罢工运动意义巨大，买办的资产阶级开启残酷镇压。"九·三惨案"使工人俱乐部被封闭，安源路矿工会遭到严重破坏。关键时刻，时任工人俱乐部秘书的梅大栋临危受命，即将银像秘密转移，潜回安徽老家以求庇护。在安源路矿接受过马克思主义的熏陶，结合两年的工人运动实践经验，梅大栋深刻体会马克思主义对于革命的指导力量以及影响，也明白银像所寄托着的全世界无产者对中国工人阶级的厚望，因此他向党组织表示誓死保护好银像。

　　梅大栋与安源地委书记汪泽楷、俱乐部主任陆沈等人化装后逃离安源。梅大栋化装成乞丐，处变不惊躲过敌人重重盘查，于 1925 年 10 月到达芜湖，继续从事革命活动。1925 年 10 月底梅大栋携带着银像回到家乡旌德县梅村。1926 年 3 月，梅大栋、梅大梁带着银像潜入绩溪、宁国和旌德县交界的仕川，发展党员，建立仕川党支部。1926 年 10 月，北伐革命军攻占武昌，梅大栋接受党的指示，携同银像奉命调往武昌，担任共青团湖北省委秘书。1927 年，蒋介石发动"四·一二"反革命政变，武昌的党组织也遭到镇压和破坏。在这腥风血雨时刻，梅大栋又一次接受党的指示，潜回安徽，再次将马克思银像带回家乡，保护起来。

　　1927 年 7 月，梅大栋从武昌转到芜湖筹备市工会，将银像带在身边。仕川暴动

---

① 　马起来．真理光芒　马克思银像收藏［J］．收藏界，2002，2（12）：1.

失败后,梅大栋自知会被迫害,但是他早将生死置之度外,他仍时刻铭记自己所肩负着的特殊使命——保护马克思银像。他于1927年冬季的某个深夜潜回家中,将马克思银像郑重交给母亲宋荣坤。1928年11月18日,旌德县当局以所谓"组织教师暴动"罪名,将梅大栋、梅大梁等11人逮捕,梅大栋兄弟被判死刑。[①]

敌人在探知到梅大栋有一尊马克思银像后,严刑拷打,要他交出银像。但梅大栋坚决不透露任何信息。狱友吴老三认出梅大栋,为其不惧牺牲的精神打动,冒着风险帮助其越狱。梅大梁所在牢房看守更加严密,没有良好的营救机会,于12月10日县城东门外英勇就义。

梅大栋成功越狱后,敌人立即向他家展开搜捕,开箱破壁、掘地三尺搜寻银像,最终毫无收获。原来在梅大栋走后,梅母闻知大梁被敌人残杀,大栋也被判为死刑后,猜测敌人定会找上门来,便第一时间将马克思银像转移出去,深藏于柴房。她和女儿梅竹娥在深山沟里随意搭建的草棚中,沐雨栉风,恪守着儿子的重托。

梅母过世前,她将马克思银像郑重托付给女儿梅竹娥、外孙女汪兰英。新中国成立后已然年老的梅竹娥,又将银像交给了已长大成人的梅大栋次子梅本华。就这样,一家三代人,以对革命的坚贞忠诚,对马克思主义的无上信仰,将守护银像的任务代代相传。

1959年,梅本华将马克思银像交给了旌德县人民政府。1962年,县政协委员梅树基、民政局干部刘琦在梅家接受银像捐赠。1963年12月,县档案馆档案管理科副科长傅重晓将马克思银像征集进档案馆。1987年5月30日,时任旌德县县长欧阳季元代表县人民政府与梅家代表梅大栋之子梅本华正式签订了银像保存协议书。2010年7月6日,省文物局组织鉴定专家组鉴定:马克思银像为国家一级文物。

二、梅家三代人守护马克思银像时空线索

(一)1925—1927年梅大栋的守护

1925年10月底,怀揣着革命必胜的理想信念,梅大栋回到家乡旌德,并将马克思银像带回家乡,以办学教书作掩护进行地下活动。上级组织同时派曹宣天赴旌,与梅一起开展工作。他们创办了一所民众夜校作为活动阵地,白天在学校教书,晚上给夜校青年上课,以读《平民千字课本》、学习文化的名义,向青年宣传反帝反封建的革命道理和马列主义理论。参加学习的青年越来越多,很快发展到40多人。他们在民众夜校的基础上,建立了旌德县第一个党组织——中共旌德三都补习学校支部,梅大栋为支部负责人。

---

① 中共旌德县委党史和地方志研究室.百年辉煌——旌德红色记忆[C].2021:145.

1925 年 11 月 25 日,在旌德县城的城隍庙举行庙会时,梅大栋率领补习夜校学员,当街游行,高唱红色歌曲。游行队伍行至城隍庙,梅大栋登台演讲,宣传办夜校的好处,号召人们认字读书学习新文化,宣传苏维埃政权就是代表大多数劳动者利益的道理。他的演讲,在这个山城引起了强烈反响,也引起了反动当局的警觉。

1926 年 2 月,旌德县当局指责三都补习学校,以宣传"赤化"为罪名,查封了三都补习学校。3 月,梅大栋、梅大梁兄弟相继转移,潜入绩溪、宁国和旌德县交界的仕川村隐蔽下来。经过一段联络、准备,又办起仕川补习学校。4 月,梅大栋介绍梅大梁到仕川小学任教,筹办平民夜校,联络青年农民和知识分子开展革命活动,壮大旌德党组织。5 月,党支部根据中共中央关于实行国共合作、帮助国民党发展地方组织的指示,先后在仕川、县城、三都等地建立了国民党区党部,还成立了旌德县党部筹备委员会。此外,梅大栋还奔赴各地,建立农协和农民自卫军,农民运动蓬勃发展。①

1926 年 7 月,共产党员谭梓生从上海政法大学毕业回旌,成为党支部负责人之一。旌德党组织在梅大栋、梅大梁、谭梓生的大力支持下,迅速发展了 30 余人,在革命农民、知识分子和店员中的影响日益扩大。一座小山城里,有数百名年轻人渴望革命,这是一种群体现象,引起了上级党组织乃至党中央的关注,并多次发出指示。

1926 年 10 月 10 日,北伐军先遣队攻克武昌,国民政府从广州迁往武汉。武汉成为全国革命运动的中心,革命志士纷纷奔赴湖北。11 月,梅大栋奉命前往武汉安徽党务学校学习,后调任共青团湖北省委秘书。经梅大栋介绍,旌德县先后有40 多名共产党员和进步人士前往武汉学习、工作。梅大栋赴武昌时,将马克思银像随身带到了武昌。

1927 年 1 月,北伐军进军安徽前夕,梅大栋召开旌德县在武汉的共产党员会议,决定派谭梓生返回旌德加强党的工作,以配合北伐军在旌德建立民主政权。

1927 年 3 月,北伐军二军六师党代表肖劲光委任谭梓生为旌德县县长。当时,以蒋介石为首的国民党右派在九江、南昌、安庆等地屠杀工人领袖,解散各地方党部,旌德党组织和新政权遂遭破坏。

1927 年 4 月 12 日,蒋介石发动"四·一二"反革命政变,血腥屠杀共产党人,武昌的党组织也遭到镇压和破坏。这时的旌德已同全国一样,处于一片白色恐怖之中。国民党右派势力,在旌德县进行全面"清党",不到半个月,就有 80 多名共产党员和农会骨干被逮捕。

在这腥风血雨的时刻,身在武昌的梅大栋派喻世良等人从武汉返旌,在仕川协

---

① 施国斌. 旌德革命史上的早期播火人——梅大栋[J]. 江淮文史,1996(06):7

助王庭甫组织发动农民武装攻城暴动,打响了旌德县地方党组织领导农民武装反抗国民党蒋介石反动派的第一枪。1927年5月初,农民自卫军从军阀孙传芳旧部逃亡的士兵手上购买了27支步枪,征集来40多支土枪和部分大刀、长矛等武器,制定了攻打旌德县城的计划和方案,目的是攻占县城、营救出被捕的共产党员和农会会员骨干。经过10多天的准备,起义队伍于5月15日,打着旌德县农民自卫军大旗,抬着两门檀树炮,在数百名农会会员的声援下,山呼海啸般地攻向旌德县城。

这次暴动,由于奸细混入,事机泄漏,城内守军已有防备,加之攻城时,檀树炮装铁丸过多,点火后炮身炸裂,攻城未克,自卫军分散退回,农民武装攻城暴动失败。1927年7月,梅大栋被迫离开武昌转到芜湖。经请示中共安徽省临委书记柯庆施,梅大栋负责筹备市工会,在芜湖裕中纱厂、大昌火柴厂等组织工会、联合会,领导工人与资本家斗争。后在芜湖从事团的工作。

1927年8月,中共旌德特支在西乡下洋成立,梅大栋返回旌德。他一面紧急安排共产党员、农民自卫军和农会骨干转移、隐蔽,避开敌人锋芒,减少损失;同时还肩负保护马克思银像的特殊使命。为应付突发事变,他在安排好同志们转移工作后,于1927年冬季的某一深夜潜回家中,将马克思银像郑重交给了自己母亲宋荣坤,叮嘱母亲,他如遇不测,一定要将银像当作传家宝一样保护好。于1925年由梅大栋接手保管的银像,随着梅大栋经安源、芜湖、旌德梅村、仕川、武昌又到芜湖,最后回到旌德,交由梅大栋的母亲保管。就这样,守护银像的神圣任务转移到梅母手中。

(二)1927—1959年梅家三代人的守护

自从1927年冬季梅大栋潜回家中将银像转交给梅母后,银像便一直静静地藏在梅家的柴房中。1928年春,梅大栋在西乡下洋村谭笑萍家水碓里,组织召开了中共旌德县党员研究会第一次代表会议,决定成立平民教育促进会,发起揭露县教育局反动局长江养吾贪污教育经费的"倒江运动",推翻反动县长吕宝章的爪牙、县教育局局长江养吾。1928年8月,在一次县教育会议期间,梅大栋给会议代表汪易如写了一封信,信中说:"要争取教育经费,必先争取教育领导权"。不料此信落到江养吾手中。于是,江养吾向县长吕宝章控告梅大栋,说梅是共产党,"要公开夺权了",并将情况上报省政府。不久,国民党省党部派中统特务江植之到旌德任党务整理委员。江植之一上任,便与吕宝章、江养吾勾结,策划破坏教育事业促进会,迫害革命知识分子。1928年11月18日,在梅大栋积极筹备召开全县教师会议之际,县政府大肆搜捕共产党人和革命人士,并以"组织教师暴动"罪名,将梅大栋、梅大梁、谭笑萍、芮良、冯道等11人逮捕。梅氏兄弟被判死刑。这时敌人已探听到梅大栋有一尊马克思银像,便千方百计要他交出银像。敌人施尽种种酷刑,威逼梅大栋把银像交出来,但梅大栋一口否认。梅大栋虽被判处死刑,但敌人没有得到银像,仍然不死心,妄图对他再次严刑逼供,因此没有立即行刑。碰巧梅大栋的狱友吴老三是那日梅大栋在城隍庙演讲的听众,因听其演讲才带头在村里抗租抗息而被捕。他被梅大栋坚守信仰、置生死于度外的精神感动,冒险撬开墙缝,将看守灌醉,帮助梅大栋越狱。

梅大栋逃走后,敌人立即将魔爪伸向梅大栋的家。梅大栋越狱当天凌晨,恰巧梅母上街想要给小儿子梅大梁买布做身新衣服送到牢房去,而梅大栋的妻子朱少白与她的大女儿伊万恰好在朱旺村的娘家,家中只有梅大栋的亲妹妹梅竹娥和她自己的 7 岁女儿,也就是梅大栋的亲外甥女梅兰英,以及梅大栋与朱少白正在生病的 3 岁儿子梅书华。当时天还没亮,梅竹娥、梅兰英和梅书华都在睡觉。

突然,有大批军警赶到,开始砸门,把梅竹娥和梅兰英从床上惊吓起来。她们都很害怕,吓得浑身发抖,也还不知道究竟发生了什么事。后来,铁门栓被砸断了。很多人冲了进来,逼问马克思银像和梅大栋的下落,而她们又确实不知道,实在问不出个名堂。这时,军警们又把梅大栋正在熟睡的 3 岁孩子从床上一把拖起来,用刺刀逼着他,大声地问着。生病的梅书华,当场就被吓得没气了。

紧接着就是一遍又一遍的抄家、查抄。梅大栋的妹妹和外甥女这时都被赶出了门,什么都不让带,两人抱在一起吓得直抖,都不知道究竟发生了什么事。最终也没有查到什么。之后,大门就被用木条、洋钉钉上,并贴上封条。这天早上,梅大梁就已经被杀害了。

梅母在卖布老板那得知梅大梁的死讯,当场晕倒,最后被老板派人抬回三都。此外,得到消息的梅大栋妻子也带着女儿从娘家赶回。儿子突然没了,丈夫下落不明,家里被查抄,一下子发生这么大的变故,朱少白整日啼哭、精神恍惚、日渐消瘦。

梅母勤劳、朴实,知书达理,年轻时丈夫死去,含辛茹苦,抚育子女,勤耕苦织,供大栋、大梁两个儿子读书,并知悉和理解两个儿子所选择的道路。在闻知大梁被敌人残杀,大栋也被判为死刑后,知道敌人会找上门来,便及时将马克思银像转移出去,深藏起来。也正是因为这样,敌人就算在梅家开墙破壁,掘地三尺,也找不到马克思银像。

大门被封,梅家几位女性只好暂住在门外的一个柴房里。这间柴房有一个几片木板搭成的一个简易阁楼,上面有很大一堆破瓦片,那座珍贵的马克思银像,正被层层破布包裹,深埋于楼上那堆破瓦之中。此后的很多年,就是这座不起眼的柴房,就是梅家三代人、五位女性,冒着杀头的危险,用生命保护了这件珍贵的革命文物。

梅大栋年仅三岁的儿子梅书华,在这次抄家中不幸夭亡。梅大栋的大女儿梅魅英为纪念梅大栋死去的儿子梅书华,改名为梅淑华。但或许因为父亲的事件打击太大,又或许是因为突然被抄家,梅淑华忧思过度,正值韶华却不幸夭折。

梅母过世前,她将马克思银像交给了女儿梅竹娥保护。梅竹娥年老,又将银像交给了已经长大成人的女儿梅兰英和梅大栋的儿子梅本华保护。就这样,一家三代人,以对革命的忠贞,对马克思主义信仰的坚守,将守护银像的任务代代相传,将这尊珍贵的银像保存下来。

（三）梅家后人将马克思银像上交政府

1959 年,梅本华决定将马克思银像交给了旌德县人民政府。1962 年,旌德县县政协委员梅树基、民政局干部刘琦在梅大栋、梅大梁家接受了银像的捐赠,这尊敌人开墙破壁、掘地三尺也未曾找到的马克思银像,在梅家三代人的守护下,终于重见光明。梅母和梅家几位伟大的女性用破布包裹的,隐藏于厚重瓦砾之下的马克思银像,破除附着在它身上的那些历史的颗粒,熠熠生光,这束光,从过去照向未来。

1963 年 12 月,旌德县县档案馆档案管理科副科长傅重晓将马克思银像征集进档案馆。他于 1964 年 1 月至 1992 年 3 月在旌德县担任档案科科长、旌德县档案局局长期间,几十年如一日,守护保管马克思银像一直到退休。继任符德锦、胡向华、章薇、胡智华、施维,现任徐继霞,都将马克思银像视为镇馆之宝,当作绝品珍藏,至今银像仍毫发无损地被保存于安徽省旌德县档案馆。

（四）县政府与梅家签订银像保存协议书

1987 年 5 月 30 日,时任旌德县县长欧阳季元代表县政府与梅家代表梅大栋之子梅本华正式签订银像保存协议书。银像已于 1959 年由梅大栋之子梅本华上交政府,梅家为何又在 1987 年与县政府签订正式协议?

在本组的实地调研采访过程中,调研团队见到了梅家后人提供的当年与县政府签订的正式银像保存协议书,推测梅氏与县政府签订银像保存协议书应该包括三个方面的原因。

第一,协议是银像背后故事的历史证明。当年的协议书只有短短两页纸,其中简单地介绍了银像的来历和它这一路辗转的经历。短短两页纸只是匆匆带过那些颠沛流离,在今天来看,或许这一份正式的保管协议书正是对于银像背后的一段历史的证明。

第二,协议是对银像守护者的肯定与尊重。就像协议书中提到的梅大栋、梅大梁、宋荣坤、朱少白、梅竹娥、汪兰英,这些名字都是马克思银像守护背后的英雄的名字,在一份正式的协议书上记录下这些名字,也是对这些守护者的一种肯定和尊重。

第三,协议代表着梅氏守护银像的神圣使命顺利完成。梅家三代人的守护之路在这一份与人民政府正式签订的协议书签成时才算守得云开见月明,这也算是对他们辛勤付出的告慰。在这之前,因为银像的重要性,又因为局势的复杂性,梅家几代人都不能真正放下保护银像的担子,而签订了这一份正式的协议书,正是人民政府对梅家、对所有无产阶级、对人民的承诺。

至此,这尊马克思银像结束了坎坷历程,梅家三代人的守护使命也告一段落,这段故事也渐渐被拂去尘埃,得以向世人展示,这个故事从讲给家人听,到讲给国人听,再讲给世界听。

2010年7月6日,安徽省文物局文物鉴定专家组鉴定:马克思银像为国家一级文物。据当地的历史学者说,目前国内还没有马克思的银质雕像,旌德县的这座雕像在国内仅此一尊。

三、梅家三代人守护马克思银像的精神梳理

马克思第六号银像是共产国际赠送给中国共产党的唯一一尊马克思的银像。因为它,神州中国在无尽的黑夜里,燃起了一缕火焰;在这条漫长的道路上,中国共产党人获得了真理、信仰和前进的动力。旌德梅家,就是这场革命之火的守护者,守护着真相,守护着他们的信念!他们用自己的生命来保护马克思银像,用他们的实际行动来彰显坚定的信念,他们的精神值得后世永远铭记!

(一)坚守信仰

梅家三代人用生命守护马克思银像,是因为他们相信马克思主义,相信真理,坚守信仰。

1919年"五四"爱国运动爆发,消息传到旌德山城,梅大栋与学校的进步师生一道,参加罢教罢课、游行集会、发通电、撒传单,声援北京爱国学生的运动,这是梅大栋第一次接受革命的洗礼。梅大栋在宣城第四师范学校求学时,恽代英和肖楚女在宣师极力推动教育改革,传播新思想新文化,宣传马克思主义,向学生们讲解第一次世界大战后的国际国内形势,培养学生的爱国主义精神和勇敢担当的责任意识,教育学生树立新的人生观,做一个有益于社会的人,宣师风气为之一新。在恽代英、肖楚女的影响下,梅家两兄弟心中对马克思充满敬佩,如饥似渴地学习新文化,积极参加学生运动,学习真理,坚守信仰。值得一提的是,正是因为1925年11月25日梅大栋在县城城隍庙会宣传马克思主义、主张革命的演讲打动了当时在场的吴老三,1928年吴老三在牢房中发现狱友是梅大栋时,才会愿意冒生命危险助其越狱。以小见大,梅大栋用生命坚守信仰、传播真理,宣传革命的行为一定感化了许许多多的旌德民众,播撒下许许多多革命的火种。

梅家兄弟举着红旗、喊着口号、唱着革命歌曲宣传着革命,但其实大家在那时还没意识到革命事业的危险性,在四·一二政变之前没想过会"杀头"。但在意识到革命事业的危险性后,许多人沉默、离开甚至叛变,而梅家兄弟仍然坚守信仰,宣传真理,始终坚持着朴素的观念——"要让更多的人和我们走一样的道路""要让

革命事业成功"！他们将生死置之度外，只因心中有真理，心中有信仰，哪怕在革命道路上可能要牺牲自己的生命，他们也愿意坚守真理至死！这也是为什么梅大梁从容赴死、梅大栋毫不犹豫地从刘少奇手中接过银像，甘愿用生命守护银像的原因！

梅家两兄弟坚守信仰，梅家其他人也不例外。梅母勤劳、朴实，知书达理，年轻时丈夫死去，含辛茹苦，抚育子女，勤耕苦织，供大栋、大梁两个儿子读书，然而随后儿子梅大梁被杀害、孙子梅书华夭折、孙女梅淑华夭折……她强忍着至亲离世、生离死别的痛苦，也做好了梅家为革命事业献身的心理准备，理解并支持儿子所选择的道路。正因为她内心也相信真理的力量，坚守信仰，相信马克思会给中国带来光明，能够改善人民的生活，她才会置生死于度外，勇敢地与反革命势力作斗争，为革命事业做贡献。在梅大栋意识到自己处境不妙，将马克思银像转交给梅母保管时，梅母毫不犹豫地答应。这位慈祥的母亲，从儿子为革命事业忙碌、奔走的身影里，看到了银像的那个人给中国带来的希望，默默地坚守着真理，坚守着对马克思主义的信仰！

梅母年迈后保管银像的梅竹娥，以及在梅竹娥年老后保管银像的梅本华，都在用自己的方式表达他们对革命的忠贞，对真理的坚守、对马克思主义的信仰，用自己的行为守护着革命火种！

（二）敢于斗争

梅家不仅坚守信仰，还敢于斗争。在思想觉醒的早期阶段，梅大栋、梅大梁兄弟在宣城四师老师恽代英和萧楚女的影响下，接受新思想的洗礼，积极学习马克思主义，敢于在当时旧思想根深蒂固的时局中点燃革命的火种，顶住旧势力施加的巨大压力，抱着视死如归的心态做带头人，积极开展学生运动，指引大家前进的方向，可见其为革命事业斗争的无畏勇气。

在暗流涌动的动荡阶段，梅氏兄弟亦展现出其斗争之勇气。1925年，安源路矿当局封闭工人俱乐部。刘少奇等领导人指示工人俱乐部秘书梅大栋，携带银像潜回安徽老家以更好地保护银像。梅大栋毫不犹豫地接过银像，带着神圣的使命与无惧危险的勇气，踏上了潜回安徽的路。遇险不惊，随机应变，斗智斗勇，躲过敌人重重盘查，于深秋回到家乡旌德县梅村，成功转移马克思银像，避免了危机。此后梅大栋多次往返芜湖、武汉、宣城等地，均将银像携带于身，尽职尽责地保护银像，勇敢地在守护银像之路中与反动势力作斗争。在1928年被捕时，梅大栋面对敌人的严刑拷打，坚决不透露任何有关马克思银像和党的信息，用自己的行为彰显了与反动势力斗争到底的无畏勇气。

在守护接力的后期阶段，梅家其他人也在守护银像中展现其与反动势力作斗争的勇气。梅大栋越狱后，反动势力迅速派军警查抄梅家，恐吓、威胁梅竹娥、梅兰英以及梅书华,逼问他们梅大栋和马克思银像的下落,生病中 3 岁的梅书华当场夭折。也正是这一天,梅大梁英勇就义。梅母与朱少白在得知梅书华、梅大梁的死讯以及梅家被查抄的情况后悲痛万分。但即便如此,梅家也没有向反动势力屈服,而是谨记梅大栋的嘱托,坚决守护马克思银像,将生死置之度外,展现出斗争的勇气,用最朴素的行动表达着家国情怀。

从梅家在对抗反革命势力的各种行为中,我们都可以看出梅家三代人不仅坚守信仰,还敢于斗争!

（三）不惧牺牲

在反革命势力疯狂镇压共产党之时,有的人退缩、有的人退出甚至有的人叛变,然而梅家兄弟始终不忘初心牢记使命,坚守信仰,守护真理,不惧牺牲。

兄弟二人冒着生命危险从事革命事业,开办民众夜校、建立旌德第一个党组织、在城隍庙会游行宣传马克思主义、经营辅仁书店、推动农民攻城暴动……于 1928 年 11 月被捕,判处死刑。梅大栋被捕时,敌人已经知晓梅大栋之前一直保管马克思银像,便用尽各种酷刑,逼梅大栋交出马克思银像,但梅大栋意志坚定,不惧牺牲,一口咬定并不知道什么银像。敌人无可奈何,但没有得到银像,仍然不死心,妄图对他再次严刑逼供,于是便没有立即行刑。

在得知自己被判处死刑后,兄弟二人仍镇定自若,不惧牺牲,毫无畏惧,甘愿为革命事业奉献自己的生命。梅大栋在牢房中仍不忘初心使命,向狱友滔滔不绝地讲解马克思、列宁和共产党宣言,直言共产党才能救得了中国。这位狱友吴老三恰巧是梅大栋在城隍庙会演讲时的听众,本就心怀敬佩,如今见梅大栋在牢狱中仍毫无畏惧,面对死亡的威胁仍然坚守真理,讲解、宣传马克思主义,心中大为感动,最后冒着生命危险帮助梅大栋成功越狱。

而梅大梁的牢房看管较严,地下党组织没有机会营救,1928 年 12 月 6 日拂晓,年仅 19 岁的梅大梁在县城东门外被国民党反动派杀害,英勇就义。梅大栋在越狱后,内心仍然火热,意志坚定,丝毫没有被先前的酷刑和牢狱之灾吓倒。在用自己的聪明才智成功打破县府的县境封锁后,梅大栋潜至上海,继续进行革命事业,由组织指派在上海总工会工作。1930 年被调到党中央办的《红旗日报》通讯社工作。1931 年 1 月 15 日深夜在机关内被捕,判刑五年。这是梅大栋第二次进入监狱。在经历过一次牢狱之灾后梅大栋仍然不被其打倒,继续进行革命事业。1934 年 7 月,梅大栋经人保释出狱,后在芜湖养病,与党组织失去联系。病愈后,梅大栋便投身抗日工作。

除了梅家兄弟不惧牺牲,梅家的其他人同样拥有这一难能可贵的精神。梅母在经历多次白发人送黑发人后,仍然理解和支持儿子梅大栋从事革命事业,仍然悉心保管马克思银像,全然不惧牺牲!梅家冒着生命危险,默默地守护着银像的秘密,默默地坚守着内心的信念,坚守信仰,守护真理,并因为守护真理而获得巨大的精神力量,将生死置之度外,不惧牺牲! 这是令人敬佩的精神!

(四)家国情怀

梅家坚守信仰、敢于斗争、不惧牺牲的可贵精神,正是家国情怀的表现。

从 1925 年 10 月梅大栋从刘少奇手中郑重地接过银像,再到 1959 年梅本华将银像交给旌德县人民政府,梅家守护了马克思银像 34 年。这 34 年,可谓是艰辛和提心吊胆——梅大栋为了守护银像,乔装为乞丐,一路乞讨掩饰身份,遇到危机便随机应变,最后成功地将银像带回家乡,度过危机;梅大栋被捕后,面对敌人的各种酷刑咬牙忍受,坚决不透露有关银像和共产党的任何信息;梅大梁则为了守护真理,坚守信仰,在被捕后亦不透露任何信息,于 1928 年 12 月 10 日城东水冈门外被敌人杀害,壮烈牺牲;可怜的梅母,早年丧夫,之后又经历了丧子之痛,又面对孙子、孙女的死讯,痛苦过后仍然理解并支持长子梅大栋的革命事业,并从梅大栋手中接过守护马克思银像的使命,冒着生命危险与梅家其他人守护着这尊银像。

这 34 年发生了太多的事,梅家也发生了巨大的变故,梅家牺牲了太多,太多。但是他们都从梅大栋为革命事业奋斗、奔走的身影上,隐隐地看到他们守护着的老人银像带来的希望,他们心中定有模糊的火光,他们一定知道自己正在做着一件神圣的事,知道正在做一件对国家有利的事。这心中模糊的火光,便是梅家人的家国情怀啊! 尽管梅家的许多人对于共产党了解不多,对于马克思了解不多,但他们都有一颗淳朴的爱国心,哪怕自己并不十分清楚自己所做的事,但只要知道这件事对国家有利,他们便愿意冒着生命危险守护自己的信仰,守护自己的家国! 这是何等令人动容的情怀!

作为共产党员的梅大栋、梅大梁把小我融入大我,和无数为革命事业奋斗的共产党员一样,汇聚于民族国家大义的旗帜之下,无私无畏、默默奉献。他们因为信仰而坚守,因为坚守而担当,因为担当而慨然前行! 在慨然前行中,他们坚守真理、敢于斗争、不惧牺牲的精神感化了许许多多的人,在千千万万的民众心中播撒下革命火种,唤醒民众的家国情怀!

四、合肥工业大学宣城校区对"三代守护"精神的传承弘扬

(一)多次组织实地调研

2021 年 12 月 11 日,为了解、感悟宣城市旌德县梅氏三代为守护全国唯一一尊马克思银像的故事,团队在指导老师带领下,前往旌德县委党史和地方志研究室、版书镇龙川村实地调研,深度了解三代守护的故事,贴近历史场景,还原历史原委。旌德县委党史和地方志研究室徐继霞主任提前妥善安排了调研团队的整体流程,旌德团县委书记张旭涛全程参加了调研团队的调研活动。在县史志室,团队与当

地部门举行座谈交流。陈继斌副主任为团队成员介绍了马克思银像的主要情况与当下旌德的经济政治文化建设规划。

2022年6月，团队再次来到旌德。团队成员对于在梳理梅氏三代人守护马克思银像的历史过程中尚未明晰的问题进行深入询问，以补充细节、完善调研报告。团队专程赴旌德县版书镇司法所参加座谈会，调研学习旌德县挖掘当地红色文化资源、将红色情运用于乡村治理，实现情理法融合的途径，收获颇丰。图1为实践团队开展实地调研。

图1　调研团队赴旌德龙川村梅大梁革命烈士廉政教育基地学习

（二）完成调研报告

在初次实地调研结束后，团队成员锚定《三代人的守护》的选题宗旨，搜集大量的文献并进行归纳整理，与后期实地调研获取的访谈资料进行对比研究，进一步对已有的资料进行学习和思考，对现象进行分析，梳理梅家三代人守护马克思银像的历史过程，挖掘梅家三代人守护马克思银像的精神内涵，总结梅家三代人守护马克思银像的现实启示，从而形成综合调研报告，以期传承和弘扬梅氏红色故事，彰显本土特色。

（三）精心打磨红色舞台剧《三代人的守护》

单一的理论宣讲在提升受众素养层面上微乎其微，必须做到常常讲、时时新。"常"不仅在空间层面，更在时间层面，加强实践厚度，将"打卡式"宣讲转变为"挖井式"宣讲；"新"不仅在内容维度，更在形式层面。合肥工业大学以梅氏三代人的守护为主题，在调研报告的基础上，转换宣讲途径，倾力打造主旋律红色舞台剧，以喜闻乐见的传播方式弘扬梅氏红色故事。

剧本创作。团队在完成调研报告的基础上,对梅氏红色故事进行文艺性处理,撰写舞台剧剧本。剧本打磨上,采用大组讨论、小组撰写、专人负责、专家把关四重过滤,通过与本地百姓交谈收集一手资料,从党史方志中汲取历史营养。前期充分准备后,进行"编剧+导演+演员+专家"的大组讨论,结合历史渊源、舞台限制、表演效果,设定剧本框架。2021 年 12 月下旬,《三代人的守护》创作组特别邀请宣城市委党史和地方志研究室二级调研员陈虎山参加座谈交流会,对作品的重要内容与相关细节推敲打磨,以求更加真实地还原梅家三代人守护马克思银像的故事。

初步打磨。2022 年 1 月 15 日,文法学院相关教师对大型红色舞台剧《三代人的守护》主要演员进行集体面试,遴选了主要角色、旁白朗诵、群众、伴舞等演艺人员和宣传组、道具组、灯光组、舞蹈组等工作人员 50 余名。2022 年寒假期间,相关师生对剧本细节进行深度打磨,增强主要演员对于角色人物的总体把控。

在前期工作充分后,合肥工业大学开展舞台剧演出准备工作。合肥工业大学"习研会"将传统语言宣讲转变为"技术赋能+感官效应"的多元形式,借助现代舞台声光电技术、高新 VR 技术,与专业媒体团队合作,根据本土化的红色故事,打造沉浸式的红色舞台剧演出,以身临其境的代入感,带动心灵与身体的双重接受。

在效果呈现方面,舞台剧结合人物对话、书信朗读、诗文朗诵、情景舞蹈等多种形式,充分运用现代声光电技术,通过生动饱满的舞台形象和感人故事挖掘,再现旌德梅家三代五位女性精心守护马克思银像的经典事迹。通过专业人员的协助,根据情节推动与现场情绪,调节特定追光、背景、道具呈现,辅以感人肺腑的旁白讲解内容,取得了良好的传承与弘扬效果。

作者:陈雨诗　袁萍　钱文静

持续构建大别山精神传承创新实践育人模式①

2021 年 9 月底,在中华人民共和国成立 72 周年之际,党中央批准发布中央宣传部梳理的第一批纳入中国共产党人精神谱系的伟大精神,大别山精神与井冈山精神、长征精神、延安精神等同时入选革命战争年代的 16 种精神系列。

2011 年以来,合肥工大探索红色文化育人的内在机理,从平台、路径和机制三个要素出发,遵循系统推进和重点带动原则,从理念、设计、实施、成果等维度出发,构建全方位覆盖、多渠道融入、情理相贯通的红色基因传扬平台,整合学校与国家、社会、区域、学校及个体资源,助推理论课堂、校园文化、社会实践和网络阵地的四位一体,构建"点线面"大别山精神传承创新实践育人立体网,形成多维互动、协同一体的大别山精神的立体化创新实践模式。

一、"让红色基因代代相传":社会主义高等教育的崇高使命

红色基因既植根于中华优秀传统文化,又成为社会主义核心价值观的重要基因。全力推进"传承红色基因培育时代新人"工程,推动中华优秀传统文化、革命文化、社会主义先进文化与红色资源的高度融合、创造性转化和创新性发展,为新时代红色基因传承机制创新提供实践支撑,有效提升文化自信,巩固精神支撑。

第一,习近平总书记反复强调要把红色基因传承好,确保红色江山永不变色。2016 年 4 月 24 日,习近平总书记视察安徽金寨时说:"一寸山河一寸血,一抔热土一抔魂。回想过去的烽火岁月,金寨人民以大无畏的牺牲精神,为中国革命事业建立了彪炳史册的功勋,我们要沿着革命前辈的足迹继续前行,把红色江山世世代代传下去。革命传统教育要从娃娃抓起,既注重知识灌输,又加强情感培育,使红色基因渗进血液,浸入心扉,引导广大青少年树立正确的世界观、人生观、价值观。"②

---

① 该文于 2022 年 9 月获评中国高校创新创业教育联盟和中国高校创新创业教育研究中心联合组织的"2015—2020 深化高校创新创业教育改革优秀成果"优秀实践一等奖。

② 习近平:论党的历史［M］. 北京:中央文献出版社,2021:108.

2021年6月25日，习近平在主持中共中央政治局第三十一次集体学习时说："红色资源是我们党艰辛而辉煌奋斗历程的见证，是最宝贵的精神财富，一定要用心用情用力保护好、管理好、运用好。"①7月1日，习近平总书记在庆祝中国共产党成立一百周年重要讲话中指出："历史川流不息，精神代代相传。我们要继续弘扬光荣传统、赓续红色血脉。"②

第二，"为中国人民谋幸福、为中华民族谋复兴"，是百年中国共产党的初心和使命。中国共产党之所以能始终保持为中国人民谋幸福、为中华民族谋复兴的初心和使命，源于其对马克思主义的坚定信仰，源于对中华优秀传统文化的创造性转化和创新性发展，源于对人民群众的真挚情感和对国家富强、民族复兴的使命感，源于对红色文化与红色基因的坚守和弘扬。中国共产党的初心使命蕴含着坚定的共产主义理想信念、实现中华民族伟大复兴的历史使命和全心全意为人民服务的根本宗旨，凝聚着中国共产党的伟大精神。中国共产党百年光辉历程中形成的系列革命精神，集中体现了中国共产党的性质、宗旨和品格、气质，是宝贵精神财富和巨大政治优势。要大力弘扬中国共产党革命精神，就要发挥红色基因的引领、凝聚、激励和教育功能，讲好中国故事，传播好中国声音，从而为实现中华民族的伟大复兴注入不竭动力。

第三，高校坚守"立德树人"根本宗旨，培养"担当民族复兴大任的时代新人"。作为意识形态主阵地和前沿风向标，加强红色基因传承践行，既是高校五大基本功能之一，更关系到为谁培养人、培养什么样的人、怎样培养人的大是大非问题。大学生是新时代红色文化传承的主力军，高校应深化立德树人根本宗旨，紧紧围绕红色基因培育主线，将红色基因传承纳入教育教学全程与管理服务各环节，借以推动新时代大学生塑造正确的"三观"，增强历史使命感和社会责任意识，实现理论认同与行为践履的有机对接。自觉抵制不良思想的侵蚀，自觉与党中央同心同向，与人民同梦同行，与祖国同盛同兴，做有信仰、有担当、有情怀的热血青年，为社会谋进步，为国家谋富强，为人民谋福祉，为民族复兴贡献青春韶华，建树新时代红色文化理论自觉与精神支撑。

第四，合肥工大依托区域红色资源，全力推进红色基因培育传承工程，持续打造以大别山精神为代表的区域红色基因传承的目标范式。合肥工大深入探讨新时代红色基因形成发展规律的研究，依据红色基因形成的历史轨迹，探寻大别山区域红色文化底蕴，深度探究其历史背景、科学内涵、当代价值，构建区域特色的红色文

---

① 习近平在中共中央政治局第三十一次集体学习时强调——用好红色资源赓续红色血脉　努力创造无愧于历史和人民的新业绩[N]. 人民日报,2021-06-27(01).

② 习近平. 在庆祝中国共产党成立100周年大会上的讲话[N]. 人民日报,2021-07-02(01).

化精神教育学。高擎红色旗帜,全面统筹育人资源,整合育人力量,扎实推进"三全育人",以学生为中心点、教师为关键点,引领师生感悟红色文化,践行红色精神,深扎信仰之根,弘扬国家主旋律,传播社会正能量,以"十全育人体系"为主线,促进教与育、管与育、服与育的深度融合,引导大学生坚定不忘初心、继续前进的信心和决心,提升社会责任感和使命感,让红色基因在大学生心里扎根,开花结果,培养具有世界眼、中国心、民族魂、工大神的红色基因传承目标范式,借以调动全体师生员工爱党爱国的热情,提升思想政治教育工作实效,打造工大特色的课程思政和创新实践品牌。

二、协同一体:构建大别山精神传承创新实践育人平台

合肥工大开展红色文化资源转化为传承资源的研究,着力红色基因传承的现实回应与理论观照,从理论课堂、校园文化、创新实践和网络跟进等维度入手,探寻平台之间的内在契合点,助推不同传承平台的有效互动,彰显红色基因从教化、感化到转化的内在育人动能。

第一,打造红色基因传承创新实践品牌:合肥工大"中研会"。合肥工大红色基因传承育人项目的依托主体是"合肥工业大学研究生中国特色社会主义研究会"(以下简称"中研会")。该社团渊源于1997年成立的合肥工业大学研究生"邓小平理论研究会"。2011年,因应国家政策的发展,改为"中研会",首任"中研会"常务副会长武晓妹曾以"学霸姐"和"打工帝"著称,受到《解放军报》《中国青年报》《新京报》等50余篇次系列报道,相继获评2013年中国大学生自强之星标兵、首届大学生励志成长成才人物典型,提名2014年中国大学生年度人物,以及合肥工业大学70周年校庆"十大感动人物"。2013年11月到12月,武晓妹先后参加第二批"我的中国梦·奋斗的青春最美丽"全国巡回分享活动;2014年5月到6月,作为全国第三批分享团的唯一学生代表,武晓妹应邀赴中央机关、中直机关、国家机关、金融系统及中央企业等单位,开展30余场分享活动。首任会长武晓妹同学的奉献与奋斗精神影响着"中研会"一届又一届的核心骨干。红色基因传承项目组成员郑晴晴、王帅、葛士新、项银霞等相继担任"中研会"会长、常务副会长,扎根基层,持续坚守,助力公益,成效显著。并连续5年获评安徽省"十佳"大学生(含提名)、连续5年提名"中国大学生"年度人物(提名及入围奖)、连续5年入选中国大学生自强之星(含"十佳"标兵、提名及入围奖)。集体荣誉上,"中研会"2014年获评"全国优秀社团",2015年相继获评安徽省"青年文明号"和全国"百佳"学生理论社团,《推动中华优秀传统文化的创造性转化与创新性发展》,获评"全国百篇大学生优秀理论成果"文章。2016年"中研会"创新实践群体,获评合肥工业大学首届校长创新创业奖。2011年以来,"中研会"一直成为学校带动学生开

展红色基因传承创新的一面旗帜。2018年"中研会"改为"大学生习近平新时代中国特色社会主义思想研究会",会长相继为文法学院王博元同学、姚悦同学和徐海燊同学。

第二,推动大别山红色文化融入创新实践课堂。合肥工大与安徽省大别山革命历史研究会及中共金寨党史与地方志研究室长期开展紧密协作,深度挖掘安徽大别山区域的红色基因丰富资源,进行系统整理加工提炼,以生动的革命实例感染学生,形成优质的"课程思政"教学素材资源,持续推动大别山精神内容向创新实践为核心的第二课堂渗透,并将学生调查所得资料、实践感悟和访谈笔录等进行整理,汇编成册,形成时代感强、契合党和国家红色基因传承重大战略目标、贴近师生实际的《红色基因传承创新成果汇编》。

第三,融入校内活动创新实践教育平台及科研建设。探索第一课堂和第二课堂的有效融合渠道,制定总体工作计划和具体实施方案,包括组织校内红色经典诵读、感悟征文、演讲等竞赛活动,开展书香校园、书香社团等评比活动。系列校园活动力求总体构架、设计周密,准备充分,形成可复制、可评估的校内红色基因传承教育平台体系,并有机融入学科与科研建设中。2021年4月,"安徽省红色基因传承研究与交流中心"在合肥工业大学文法学院正式成立。结合区域实际,探寻新时代红色基因融入乡村治理创新实践活动。指导学生申报《红色文化中法治元素的挖掘与传承:以大别山革命根据地为视角》《红色基因融入新时代乡风文明路径研究:以金寨县桃岭乡和花石乡为例》,获批2020年、2021年国家大学生创新创业训练计划项目。《新时代基层党建推动乡村产业振兴的经验梳理及推广路径》《红色文化对革命老区的影响:新时代乡村振兴的调研与思考》等4项作品,同时获得第十七届"挑战杯"课外学术科技作品竞赛"红色专项"省级一等奖,并有1项作品获得国家二等奖。完成的《红色基因融入新时代乡村治理现代化的路径与模式研究》《红色文化融入新时代乡风文明建设路径研究》《持续构建大别山红色基因传承育人模式》等3篇研究报告,入选安徽省社科界纪念建党一百周年课题攻关优秀论文。

第四,共建大别山精神传承校外创新实践基地。推动大别山区域红色文化资源横向、纵向挖掘与整合创新,根据红色基因传承实践教育基地不同特点,结合学生需求和创新实践教育规律,创新工作载体,与金寨党史与地方志研究室、金寨档案馆等地方机构和安徽省大别山革命历史研究会等社会团体密切配合,精心设计,设计符合当代学生成长特点、有效利用红色文化资源、与教育基地契合度高的品牌创新实践活动,合力打造若干红色基因传承创新实践基地,形成品牌性创新实践活动;依托教育基地开展的红色实践,以体验、仪式教育等形式将红色基因植入学生的"知"与"行"中,让其变得可闻、可见、可感、可行,以其高度体验性,切实增强红色基因传承的有效性和感染力。2019年12月，合肥工业大学人文与素质教育中心与安徽省大别山革命历史研究会、中共金寨县委党史和地方志研究室签署协议，积极参与共建以大别山精神弘扬为核心的红色基因育人工程，协同打造"安徽省红色基因传承研究中心"智库。2020年8月，金寨县革命博物馆被中宣部确定为中华民族文化基因库（一期）首批红色基因库15家试点单位之一。2020年以来，项目团队指导完成的《乡村治理的使命：革命精神推广服务公益项目》《扎根大别山：红色基因融入乡村治理模式推广服务团》等，分别获得中国国际互联网+创新创业大赛"红色筑梦之旅"的省级银奖；2021年、2022年王博元、徐海燊等完成的《正理平治：红色基因融入乡村治理模式推广服务》《红心筑梦：革命老区乡风文明建设推广服务》等，分别获"红色筑梦之旅"省级金奖、银奖。

第五，丰富大别山精神传承创新实践活动载体。围绕大别山红色基因传承革命历程及其当代价值，形成《大别山精神教育基地活动方案》。2011年组织全国重点实践团队："合肥工大赴金寨探寻将军故里，追忆红色文化调研服务团"，掀开红色文化传承的10年不懈探索历程。2016年7月，指导"重走长征路：长征精神系列调研服务项目"，入选"红色基因代代传"实践团队和全国大学生社会实践重点团队。历时一个月，全程受到"中国网""中国青年网""光明网"等主流媒体30余篇次跟踪报道，相继获评共青团中央"三下乡"社会实践"千校千项"成果遴选之"最具影响好项目""百佳模拟E提案""实践组织带头人"等20余项省部级以上奖励。2020年7月到9月，指导研究生、本科生10余人的团队，在金寨、利辛等地开展实践调研，集体组织获批省级重点实践团队，完成采访日志30篇、典型人物微创作7篇、实践感悟10篇，并获评安徽省高校暑期社会实践优秀团队。2021年5月，"中研会"主要负责人姚悦、徐乐童相继注册成立"正理平治商务咨询服务有限公司""红心筑梦润乡信息咨询服务有限公司"，更加便于长期坚守红色基因融入乡村治理推广服务项目。2021年11月，指导的《新时代青少年"铁军精神"传承现状与对策研究》等，获评全国"百佳"优秀实践报告；在连续10年红色基因主题创新实践形成的丰富调研、采访、整理、提炼的基础上，通过举行座谈会、报告会、主题展览、研讨交流会等多种形式进行项目成果的总结、交流和推广，打造系列红色品牌活动，形成一套可推广、可持续的红色基因传承创新实践育人模式。

第六，网络跟进，创建大别山红色基因网络创新实践推广应用平台。"互联网+"以其智能性、即时性、平民性，对大学生生活方式、交往模式、思维观念和情感回归等产生影响。红色基因传承，当充分利用这一"万能钥匙"，搭配移动端"指尖"特征和学生能动性实践，推动红色基因传承大众化、生活化。通过建设大别山红色基因传承主题教育网站，持续推送记录红色文化资料、红色文化教育活动方案、红色文化活动剪影、红色文化教育基地风采、教育感悟等相关资源，建设富有思想性、教育性,信息内容丰富、更新及时,覆盖面广、传播效果良好的主题网站,形成大别山红色基因传承互联网多媒体传播效应。组织上,筹划创建"大别山精神传承网络平台",培育学生网络精英队伍,探寻网络红色文化传播规律,监管、引导并壮大主流思想舆论,讲好中国故事;实施上,聚合网络红色教育资源,运用大别山红色基因传承主题网站开展线上活动,以形式多样的网络渗透,构建学生网上精神家园、文化学园、成长乐园;内容上,以红色文化资源的深刻教育性与红色经典的浓郁趣味性,让大学生"流连忘返";技术上,运用虚拟现实技术,通过对红色资源转化等网络产品研发、开发模拟真实历史事件角色扮演游戏等做法,借助教育性引导体验性与逼真性,创新传播机理。2018 年 4 月,教学团队集体指导的赴金寨"寻访将军故里,践行'两学一做'",获评教育部思政司组织的第二届全国高校"两学一做"支部风采展示之"学生党支部微党课优秀作品";2019 年 10 月,《话说金寨》系列微视频获评"第二届红色微视频盛典"最佳红色微电影奖;2019 年 11 月 29 日《安徽日报》刊发《红色微电影 唱响红色文化》,对公益性制作革命精神的系列微视频进行专访,介绍项目团队致力于红色基因传承、倾心制作《话说金寨》系列微视频相关经验。

三、多维互动:凝练大别山精神传承创新实践经验

基于近 10 年的红色基因传承实践的不懈探索,合肥工大建构了融"看、听、思、悟、行"为一体,通过优化红色文化创新实践教育体系、创新红色文化经典诵读活动、投身红色主题实践和搭建红色文化虚拟实践平台,并从策划组织、运作实施、成果共享和推广应用等层面入手,创建"协同一体"的高校红色基因传承创新实践互动机制。

第一,阐明新时代大别山精神传承现状。详细梳理校内现存红色基因传承教育资源,从教学师资力量、教学内容设计、红色教育资源、现有实践基地物理空间规模、地方支持力度等方面,对现有校内课程思政教育教学情况、大学生社会实践情况以及地方红色资源进行详细梳理,将已具备条件、待开发条件和缺失条件等总体把握;系统梳理新时代大别山精神传承实效性及问题,基于连续 10 年井冈山和大别山红色文化主题实践与跟踪调研,深度探察大别山精神传承的环体、介体、主体、客体等要素,进行历时发展与共时比较分析,从目标实现度、行为感染力、对象获得感及效果持久性等维度出发,系统梳理新时代大别山精神传承实效性及存在的主要问题,探究内在动因,为系统传承模式构建提供研究基础和现实依据;科学设计调查量表,对红色文化育人的多维因子及内在关联因素进行多变量分析,厘清诸变量之间的关系,基于连续 10 年的跟踪调研,确保调查数据的广度、信度和效度,发挥团队优势,集思广益,展开深度透析。2018 年 11 月,合肥工大红色基因传承团队

精心打磨出版《话说红色金寨》,以文绘图,以图释文,实现读文、阅图与视频的全方位覆盖和立体式展现,紧密契合网络时代青少年的实际需求。面世以来,该书相继获得《红色文化学刊》《理论建设》《安徽日报》(农村版)、《安徽社科界》《安徽日报》(理论版)等评价推荐;2019 年第 3 期《红色文化学刊》刊发教育部社会科学委员会委员、武汉大学马克思主义学院博士生导师丁俊萍教授的书评:"一本传承红色基因的优秀普及读物:读《话说红色金寨》";2019 年以来,《话说红色金寨》相继获评安徽省第十五届精神文明建设"五个一"工程特别奖和安徽省社会普及优秀读物。

第二,实现大别山精神传承平台的同频共振。理论课堂融入,优化红色基因传承教育体系,以大别山区域丰富独特的红色资源为依托,探索和创造更多贴近性、对象化、接地气的教育方法,尤其在话语体系上,不断更新、充实红色教学语言表达,增强红色教育的针对性和亲和力,避免甚至消除教师课堂教学话语与学生话语和时代话语之间的"鸿沟";校园文化渗透,创新红色文化经典诵读活动,在全体学生中开展红色经典诵读,还原课堂形式,实现教育范围全覆盖:一方面,通过学校推荐、学院指定与学生自选方式广泛征集,确定一批耳熟能详的红色作品,敦促大学生成为爱国、敬业、诚信、友善的践行者;另一方面,邀请党史理论研究者、一线党务工作者等专家开展红色经典讲坛与读书交流活动,引导大学生研读党史国史,探究不忘初心源头;红色资源整合,投身红色主题社会实践创新,推动大别山区域红色资源向横纵开发,实现资源共享共建,融挖掘、保护、创新、运用于一体,并最大限度地转化为红色基因传承创新实践教育体系,进而实现动态稳定与良性循环。

第三,红色基因传承创新实践路径的多维互动。集合政府部门、社会、高校之力,做好大别山革命史迹的加工和固化工作,搜集挖掘、疏通整理、充实完善英雄事迹,通过革命故事演练,将革命事件与英雄人物事迹凝练成鲜活生动、印象深刻的"小故事",深刻挖掘红色文物背后的故事文化和精神力量;增加在线式、互动式和体验式红色文化传承创新实践活动,引导大学生以亲身体验方式,直观形象地触摸历史,升华思想,传承基因。适应青年学生特点,以大别山区域丰富独特的红色资源为依托,持续深耕 10 年,进而探索和创造出更多切合区域实际、更接地气的创新实践教育方法;更新话语体系、充实红色教学语言表达,增强红色基因传承教育针对性和亲和力,避免甚至消除教师课堂教学话语与学生话语和时代话语之间的"鸿沟";通过仪式教育、问卷调查、实地调研等形式,让大学生深入乡村基层、社区街道,接轨民众生产生活,开展技术帮扶、法律普及、环保宣传等系列活动,将红色基因传承化为实际行动,引导大学生把所学知识转化为服务人民、奉献社会的力量,助推红色基因内化于心、外化于行、固化于果,真正使红色基因"渗进血液,浸入心扉";着力探究红色文化传承时代化、信息化的可行路径,从策划创意、课程体系、主题实践等维度出发,广泛结合运用虚拟现实技术,通过对红色文化资源转化等主题网络产品推送、开发创新等路径拓展,不断丰富完善红色文化创新实践产品体系。2017年《当代青少年革命传统教育的实效性调查及模式构建》,获评全国大学生"井冈情·中国梦"暑期实践季专项优秀实践调研报告,并入编优秀调研报告汇编(全国仅11项)。

第四,推动红色文化创新实践育人合力形成。建构模式,整合理念、平台、路径和机制于一体,打造工大特色、极具影响的示范性大别山精神传承创新实践模式:依照红色文化传承组织实施、成果打造与共享应用的逻辑理路,以策划组织协调为依托,以虚实传承平台运作实施为重点,以成果打造集成为宗旨,以多渠道推广应用为保障,借以构架长效工作模式;构筑红色文化网络传播平台,科学规划网络传播内容,实现丰富多彩的网络渗透,构建青少年的网上精神家园、文化学园和成长乐园。在全社会范围内培育重视红色文化、发扬革命传统的良好氛围,利用多种途径,营造红色文化创新实践环境;通过出版图书报刊、拍摄电影电视、建立红色专题网站和网上博物馆等方式,运用声、光、电等多种现代媒体技术,重现当年革命场景,升华红色基因的当代价值;发挥互联网优势,通过微博、微信、论坛、微视频、直播等方式,构建红色基因教育培训工程,核心自主知识产权的红色视频软硬件开发系统、红色数字音频智能搜索引擎的研发应用;构架新时代红色文化传承保障机制,从运作机制、动力机制、保障机制和评估机制等维度出发,力促大别山精神传承创新实践系统工程内部要素(平台、路径)的匹配耦合,助推内部要素与外部社会环境的有机契合,最终实现内外部诸要素环节的"协同一体"与相融共生。

第五,整合大别山精神传承创新实践着力点。推动资源有效整合,搭建融合机制,对接地方政府和公益机构,建立大别山精神实践教育基地。根据相关历史文献记载,走访联系相关革命遗址,并就建设内容与相关管理部门进行沟通,争取支持,在达成共识的基础上确立实践教育基地;建设大别山精神传承推广平台,构建大别山精神传承平台框架,构架大别山精神陈列展示馆,涵盖红色基因资料库、红色基因教育活动方案库、红色基因传承活动剪影、红色基因传承教育基地风采、教育感悟等版块;形成大别山精神品牌性创新实践教育活动,根据各基地现状和未来规划,结合教育教学内容,设计编排相适应的创新实践教育形式,形成合肥工大特色的系列红色基因创新实践活动体系;推广大别山精神创新实践教育模式,将学生学习笔记、调查所得资料、实践感悟和访谈笔录等进行整理,编撰《红色基因传承创新实践成果汇编》,作为优质教学素材融入"课程思政"课堂,以生动的革命实例感染师生员工,扩大教育成果影响力;多渠道宣传推广大别山精神建设成果。加强红色基因传承推广系列成果的传播和提炼,丰富教学内容,提高教学效果,拓宽活动视野。通过座谈会、报告会、网络传播、公众号推送、研讨交流会等多种形式,推动项目建设系列成果在省内外的应用推广。

四、推广大别山精神传承创新实践育人模式

第一，通过教育部推广应用项目组红色文化建设经验。2020 年 4 月人民出版社出版《高校红色文化资源育人发展报告 2018》中，《寻访将军故里，践行"两学一做"：合肥工大探寻学生党支部红色主题微党课教育创新》《合肥工大持续组织"抗战老兵寻访"主题体验实践》《知·引·融·行——合肥工大创新少数民族大学生红色主题教育实践路径》3 篇研究报告获得全文采用；《合肥工大连续第 5 年参加"井冈情·中国梦"实践季活动》《立足校地资源有机整合，助推青少年革命传统教育：合肥工大发起成立大别山革命历史研究会》等 2 篇报告，获得部分采用。

第二，在全国性学术论坛推广传承大别山精神。2019 年 5 月，项目负责人应邀出席江西井冈山"全国第六届红色文化资源研究理论研讨会"，做大会发言；2019 年 5 月，应邀出席教育部社科中心举办的"新四军精神与高校红色文化育人高层论坛"；2020 年 9 月 8 日，应邀参加"传承红色基因，弘扬大别山精神"研讨会，2017 年、2018 年、2019 年、2020 年，项目负责人连续 4 年应邀参加井冈山承办的"高校红色基因育人"研讨班，并连续做主题发言，引起更加广泛的影响力。

第三，通过各种媒体及政策管道持续扩大成果的社会影响力。2017 年 12 月 1 日《光明日报》刊发《争做社会主义核心价值观的践行者》，介绍了红色基因传承标兵项银霞同学的红色基因传承典型经验。中央电视台多次介绍项目建设成果《话说红色金寨》，《安徽电视台》"江淮新视点"专题报告，集中播放了其中的 15 张项目组活动图片，获得"中国新闻网""人民网""新华网"等主流媒体 100 余篇次的持续关注，仅"中国青年网"系列报道 2021 年就达 30 余篇，包括 7 万余字、配图 30 余幅、完整的 5 篇研究报告，这不仅扩大了项目组创新实践活动的社会影响力，更推动了合肥工业大学大别山精神传承创新实践模式的构建创新。

第四，举办全国性高层论坛，交流推广红色基因融入乡村治理经验。2020 年 10 月 7 日到 8 日，合肥工业大学校庆 75 周年纪念日，来自上海、江苏、江西、湖北、河南、安徽等 6 省市近 40 位专家齐聚合肥工业大学，参加首届"红色基因融入乡村治理高层论坛"。包括李修松、张泰城、丁俊萍、崔之清、朱士群、翁飞、曹能求等著名专家与会。项目组完成会议书面交流报告《红色基因融入乡村治理的路径对策与服务模式：以"两源两地"金寨县为视角》研究报告，共计 8 万多字，立足大别山地区，以习近平总书记亲自走访的金寨县大湾村为重点调研区域，将乡村治理创新作为主攻方向，探索革命老区中国特色乡村善治之路，即构建中国共产党领导、三治融合、五位一体治理体系，并进一步推向全国革命老区乡村，服务模式由点到面，

可持续性强。参加红色基因融入乡村治理高层论坛的张泰城、丁俊萍、崔之清、翁飞等10余位专家专程赴安徽金寨、河南新县、湖北黄安等鄂豫皖革命根据地核心地带，开展革命精神融入乡村治理的实地调研推广工作。"安徽网"相继刊发《安徽举办首届红色基因融入乡村治理高层论坛》《安徽首届革命精神融入乡村治理高层论坛专家组赴大别山腹地考察》，持续报道高层论坛系列成果。

作者：王博元　姚悦　徐海燊

新时代青少年铁军精神传承现状及路径探究①

　　新四军在革命年代中铸就的铁军精神(即新四军精神)是中国共产党革命精神的重要组成部分,为新时代青少年实现明理、增信、崇德、力行提供有力支持。本文梳理新时代青少年铁军精神传承不足,包括国家对红色文物保护力度和对青少年的殊异孵育有所欠缺,社会与家庭缺少相应氛围,区域相对疏于对红色遗迹管理和保护运营,学校红色教育内容相对缺乏,青少年自身难以感同身受五大痛点,并从国家、社会与家庭、区域、学校、青少年五个维度出发,提出相应对策建议,以期对革命精神谱系在国内类似地区的传承弘扬提供有益借鉴。

一、绪论

(一)选题背景

1. 落实党中央最新文件精神

　　2021年2月20日,习近平总书记在党史学习教育动员大会上的讲话中要求:"要抓好青少年学习党史教育,着力讲好党的故事、革命的故事、英雄的故事,厚植爱党、爱国、爱社会主义的情感,让红色基因、革命薪火代代传承。"②2021年5月25日,中共中央办公厅印发《关于在全社会开展党史、新中国史、改革开放史、社会主义发展史宣传教育的通知》,号召在中国共产党成立100周年之际,深入学习领会习近平总书记有关"四史"的深刻论述,特别是领悟总书记在党史学习教育动员大会上的重要讲话精神,促进党史在社会范围内的广泛传播,深入基层、深入人心,引导青少年群体深刻体认党为国家和人民做出的历史贡献,传承党在长期奋斗中铸就的伟大精神,坚定不移听党话、跟党走。因此,实现全面推动青少年党史教育实践模式成为新时代育人领域的重要命题。铁军精神承载着百年党史的历史积淀,

---

① 该文获评全国高校"三下乡""返家乡"优秀实践报告和长三角高校"红色江山红色路,青春力量青春行"大学生"重走革命路"社会实践报告一等奖;同时团队活动视频获评长三角高校"最美视频"奖。

② 本报评论员.学党史-悟思想—办实事—开新局[N].人民日报,2021-02-23(03).

是对青少年展开党史教育的优秀素材。

2. 探寻"铁军精神"传承现状

2016年4月24日,习近平总书记视察金寨县革命博物馆时说:"我们要沿着革命前辈的足迹继续前行,把红色江山世世代代传下去。革命传统教育要从娃娃抓起,既注重知识灌输,又加强情感教育,使红色基因渗进血液、浸入心扉,引导广大青少年树立正确的世界观、人生观、价值观。"①全民族抗日战争爆发后,从大别山区走出的红二十八军改编为新四军第四支队,分别从湖北黄安七里坪、河南信阳、金寨桃岭乡来到花石乡白水河汪家老屋,而后到达皖中抗日前线。江南各地的新四军部队在黄山岩寺组编后,继续进军到泾县云岭镇,然后相继从皖中、苏南等地走上抗战前线。新四军将士们的英勇拼搏孕育了铁军精神,其作为革命精神的重要组成部分,历经时代的厚植、锻造,对培育担当民族复兴大任的时代新人具有重要的理论和实践意义。在党的领导和号召下,铁军精神等优秀红色革命精神在当今社会通过多样方式发挥着引领作用,为青少年群体提供源源不断的精神力量,但其在青少年中的传承依然面临窘境。我们在以金寨为主的7个地点开展调研。据分析,当下铁军精神的传承存在国家、社会、学校、区域、青少年等多重维度问题,制约其树立好、发扬好、引领好时代新风,培育担当民族复兴大任的时代新人。以传承现状为基点,本文意在探寻铁军精神在青少年中的传承优化路径。

(二)选题意义

1. 理论意义

中国共产党领导的新四军在英勇抗战的过程中形成了铁军精神。其主要包括跟党举旗的坚定信念、英勇果敢的钢铁意志、坚忍不拔的顽强作风、众志成城的精诚团结、相忍为国的博大胸怀、步调一致的严明纪律。作为伟大的中国革命精神的重要部分,以铁军精神为内核的新四军精神已经成为中华民族精神的重要体现,无论过去、现在,乃至未来,都具有超越时空的生命力和恒久的精神价值。赓续铁军精神,有利于广大青年学生明辨是非曲直、善恶美丑,筑牢自身革命定力,用革命文化启智润心、用社会主义先进文化培根铸魂。

2. 实践意义

青少年是肩负时代复兴大任的有生力量,习近平总书记在二十大报告中指出:"全党要把青年工作作为战略性工作来抓,用党的科学理论武装青年,用党的初心

---

① 习近平. 论中国共产党历史[M]. 北京:中央文献出版社,2021:108.

使命感召青年,做青年朋友的知心人、青年工作的热心人、青年群众的引路人。"①
在文化交流碰撞的新时代,青少年这一特殊群体更需要树立革命信心,坚定革命信
念。历史是最好的教科书,作为百年党史积淀的革命精神之一,铁军精神为青少年
实现明理、增信、崇德、力行提供了多重可能性,有利于青少年的全面发展。本文聚
焦新时代青少年铁军精神传承现状及路径研究,根据实地调研结果,探索青少年铁
军精神传承过程中存在的问题及相应对策,以期在青少年群体中产生正向影响,增
强青少年群体体悟革命文化、传承革命精神的骨气和底气。

二、铁军精神的内涵阐释及新时代传承价值

在战火纷飞的抗战时期,中华民族历经风霜雨雪,在一次次艰苦卓绝的战争中
孕育出伟大的抗战精神,激励着中华民族不断向前、奋勇拼搏。诞生于新四军的
"铁军精神"也以其独特的影响力,至今教育着当下的青少年群体。

(一)铁军精神的主要内涵

1. 铁的信念(坚贞不移的理想信念)

坚定不移的理想信念是铁军精神的核心内容和灵魂所在。从 1937 年新四军
在武汉组建成立,到 1947 年新四军编入中国人民解放军系列,十年中,其始终坚持
对党的忠诚、听从党的指挥。2016 年 10 月,习近平总书记在纪念红军长征胜利 80
周年的讲话中指出:"崇高的理想,坚定的信念,永远是中国共产党人的政治灵魂。
中国共产党从成立之日起,就把共产主义确立为远大理想,始终团结带领中国人民
朝着这个伟大理想前行。"②新四军从组建之日起,就把对党忠诚、坚定共产主义理
想信念作为建军的根本原则。在无数次身陷险境的残酷斗争中,新四军与侵略者
血战到底,与国民党顽固派生死搏斗,牢记党的方针政策,服从党的决定安排③。

2. 铁的意志(坚忍不拔的钢铁意志)

铁军精神赓续国民革命军第四军的奋斗精神,传承南方红军游击队伍的优良
传统,在八年抗战中,始终以钢铁般顽强的意志克服各种艰难险阻,最终取得胜利。
在皖南事变中,面对国民党反动派的蓄意陷害,新四军以坚忍不拔的钢铁意志,顽
强不屈的民族脊梁,重建军部、重振军旗,坚守抗日战场,为抗日战争的胜利作出卓
著贡献。

3. 铁的团结(顾全大局的赤诚团结)

抗日战争从来不是一个人、一群人的战争,而是全民族、全社会的战争。在抗

---

① 习近平. 高举中国特色社会主义伟大旗帜　为全面建设社会主义现代化国家而团结奋斗[N]. 人
民日报,2022 - 10 - 26(01).

② 习近平在纪念红军长征胜利 80 周年大会上的讲话[N]. 人民日报,2016 - 10 - 22(01).

③ 沈培新. 铁军精神是伟大的民族精神[J]. 学术界,2003(05):151 - 154.

日战争时期,为举全国之力一致抗日,中国共产党与中国国民党两党放下隔阂,齐心协力,共同为抗战胜利艰苦奋斗。其间以新四军为典型的代表队伍接受党的安排,放下此前与国民党斗争的深仇大恨,顾全大局、团结友军一致抗日。此外,新四军在广大敌后根据地,以身作则,赢得了百姓的信任,宣传全民族统一抗战路线,团结和发动人民群众共同抗日。

4. 铁的纪律(步调一致的自觉纪律)

一支优良的队伍必定有优良的纪律,新四军更是以严明的纪律著称。在不同时期,新四军与时俱进地完善丰富军规军纪,从成立之初的"十条军规",到抗战时期结合"三大纪律""八项注意"改良为"三大纪律"和"十项注意"。三大纪律是:服从抗日救国十大纲领,服从命令听指挥,不侵犯群众一针一线。十项注意是:上门板捆稻草,房子扫干净,进出要宣传,说话要和气,买卖要公平,借物要送还,损失要赔偿,大便找厕所,洗澡避女人,不杀俘虏、不搜俘虏腰包。每一项每一条的严格遵守,无不彰显出铁军精神的重要内涵——铁的纪律。

5. 铁的担当(报国为民的果敢担当)

新四军一支队司令员陈毅曾深情地说:"人民乃我军之父母,我军乃人民之卫士,故我军虽临万难,信心坚定,始终如一。"烽火连天的峥嵘岁月里,新四军左肩是民族危亡,右肩是百姓安康,肩挑国与民的安危。在战场上,新四军冲锋陷阵,奋勇杀敌,置生死于度外。在战场后,新四军心系人民,帮助当地民众开挖沟渠,造福一方百姓,担当起肩上的重任,为人民,为国家,不懈奋斗。

(二)新时代"铁军精神"传承的主要价值

1. 传承"铁军精神"有利于新时代继承先烈遗志,赓续红色血脉

2020年10月,在中国人民志愿军抗美援朝出国作战70周年之际,习近平总书记在给四川省革命伤残军人休养院全体同志的回信中表示:"中华民族是英雄辈出的民族,新时代是成就英雄的时代。全党全社会要崇尚英雄、学习英雄、关爱英雄,大力弘扬英雄精神 汇聚实现中华民族伟大复兴的磅礴力量。"[①]铁军精神是新四军(又称"铁军")在枪林弹雨中创造的,这些革命前辈的事迹不应被遗忘,他们值得被永远敬仰。新时代,传承弘扬铁军精神有利于广大人民尤其是青少年群体缅怀先烈、赓续红色血脉,更是弘扬革命传统、传承红色基因、确保红色江山永不变色、革命精神代代相传的现实需要。

2. 有利于总结革命经验,推助民族复兴梦

"文化是一个国家、一个民族的灵魂。文化兴则国运兴,文化强则民族强。没

---

① 习近平给四川省革命伤残军人休养院全体同志回信强调——全党全社会要崇尚英雄学习英雄关爱英雄 汇聚实现中华民族伟大复兴的磅礴力量[DB/OL].人民网,2020-10-22.

有高度的文化自信,没有文化的繁荣兴盛,就没有中华民族的伟大复兴。"①回首中国共产党过往的奋斗路,远瞻中华民族未来的前进路,一定要把党的历史、革命历史领悟好、阐释好,把党的成功经验接续好、传播好。新时代传承弘扬铁军精神,既充分展示了中华民族大无畏的牺牲精神和不屈的战斗意志,无愧于时代的楷模和民族的脊梁,更高度契合习近平总书记对青年学子传承红色基因,弘扬革命精神的殷殷期盼。

祖国建设迈入新时代,需要加强铁军精神的教育宣传工作,以习近平总书记关于文化建设的重要论述精神为主线,探寻铁军精神的传承现状和路径,廓清有关铁军精神传承存在的问题,不让青少年对新四军文化产生陌生感,夯实铁军精神的教育基础,积淀红色基因,让铁军精神成为新时代青少年的思想根基、支撑中华民族伟大复兴的"发动机"。

3. 有利于广大青少年树立正确世界观、人生观、价值观

青少年正处在"三观"养成的关键时期,具有极强的可塑性。传承和弘扬铁军精神,是对青少年进行爱国主义教育和革命传统教育的最好形式之一,重温革命战争时期党和人民军队以及老区人民的光荣历史,增强对抗战英烈的崇敬和爱戴之情,是提升青少年思想道德水平的精神杠杆,可以使新时代青年更好地摆脱拜金主义、享乐主义的侵蚀,从而树立起正确的"三观",始终保持崇高至上的理想、坚定不移的信念、高尚务实的情操,确保青少年健康成长、成人成才。

4. 有利于适应新形势、实施新举措、谋求新发展

实现中华民族伟大复兴,物质力量是必要根基,强大的精神力量也必不可少。铁军精神,是中国共产党人永恒不灭的精神旗帜,同时也是党和人民宝贵的精神财富。当前,国家发展正面临关键时刻、党的事业发展正面临关键节点,奋进新时代、谋求新发展,实现"两个一百年"的奋斗目标和中华民族伟大复兴的中国梦,迫切需要用包括铁军精神在内的革命精神作为引领。

新四军抗战沿线的一些革命老区正处于加快发展的关键时期,面临着大自然与大市场的双重检验、提质量与扩总量的巨大压力、抓当前与谋长远的风险挑战,此外,还需要面对来自思想与制度的创新变革,实现经济社会发展目标、速度效益的平衡调整,要摆脱发展滞后和长期被边缘化的被动局面,老区人民必须从丰富多彩的红色文化资源、积淀深厚的红色基因和伟大的铁军精神中汲取破解难题的思想智慧和精神力量。因此,在当前,进一步扎实做好铁军精神的弘扬和传承工作,显得尤其重要!

---

① 习近平. 论中国共产党历史[M]. 北京:中央文献出版社,2021:11.

三、新时代铁军精神传承的数据解读

我们在以金寨为主的 7 个调研地点开展调研,并通过随机形式,向当地村民发放"新时代铁军精神传承弘扬的调查问卷"。共计发放问卷 140 份,回收有效问卷 132 份,有效率超过 90%。

(一)调查对象基本情况

调查结果显示,受访人群覆盖各个年龄层,年龄在 18 岁以下的受访人数占总人数的 31.8%,青少年人群所占比例较大。18~40 岁、41~60 岁和 61 岁及以上受访人群分别占总人数的 31.8%、21.2% 和 15.2%,这几类人群人生阅历较为丰富,他们对于新时代铁军精神传承情况有较为了解,意见较为客观。受访人群中初高中学历人群分别占比 47.0% 和 4.5%,也有占比 1.5% 的本科及以上学历,整体受教育程度良好,对于新时代青少年中铁军精神传承情况和路径也有独立的认知。小学及以下的青少年人群学历占 45.5%。

(二)对于铁军精神的了解与认识情况

受访者对于铁军精神主要内容的了解程度及关注度均较高。表示"非常了解"的受访人群占 53.0%,"比较了解"占 29.0%,"一般"占 18.0%,说明探究新时代青少年铁军精神传承弘扬路径有着良好的群众基础。另外,受访者对于铁军精神的内涵具有很高的认同感,包括"坚定不移的理想信念"(98.5%)、"坚韧不拔的钢铁意志"(98.5%)、"顾全大局的赤诚团结"(97.0%)、"步调一致的自觉纪律"(92.4%)、"报国为民的果敢担当"(87.9%),每项内涵认同度均高于 85%,体现出在群众心中铁军精神内涵的完整统一性。据调查结果可知,新时代传承弘扬铁军精神的动因,结果依次是"红色基因是宝贵的精神财富"(97.0%)、"促进社会精神文明体系建设"(97.0%),"公民的责任与义务"(97.0%)、"政策的持续引导推动"(92.4%)、多方因素共同促成铁军精神的传承与弘扬。

(三)铁军精神传承现状

当被问及"您身边的铁军精神的文化氛围浓厚吗"时,选择"非常浓厚"和"比较浓厚"的人数分别为总人数的 9.1% 和 34.1%,"一般"(26.5%)、"不太浓厚"(22.7%)、"非常不浓厚"(7.6%),这说明仍有约一半受访群众从身边的环境中感受不到铁军精神文化的气息,加之学校对革命传统教育渗透不够,使青少年在日常生活中难以受到来自周围环境的红色精神熏陶。

在现实的对于铁军精神传承意识情况良好的情况下,同时存在着一些不可忽视的宣传困难,其中有 65.2% 的受访人群指出宣传铁军文化过程中存在"活动形式单一、没有创新性"的问题,"没有区域特色,较为一般化"和"表现手法脱离社会

实际"问题也分别有 54.5% 和 48.5% 的受访人群选择,24.2% 的受访者强调"内容与时代脱节"的宣传困难。

（四）受访群众对于精神及文化传承的认识

绝大多数受访者认为新时代弘扬红色文化的意义是多方面多角度的:"学习先烈爱国奉献精神"（95.5%）"激励鞭策自己"（95.5%）"教育启迪后人"（95.5%）"发扬革命传统"（92.4%）均超过 90%,而赞同"传承红色基因"的受访者也高达 83.3%。

调查群众认为,青少年群体在传承发展革命精神过程中,主要起到"为红色文化传承发展提供创新路径"（97.0%）、"更好地发扬革命传统"（95.5%）、"弘扬红色文化的重要力量"（93.9%）、"将红色江山世世代代传承下去"（92.4%）的多方面作用,整体超过 90% 的受访者表达出支持、认可青年群体参与革命精神的传承与弘扬态度,侧面反映该类群体的影响力。

（五）保护、宣传、开发"铁军精神"的路径

在具体的受访群众所在地区现有的对于新四军文化传承的路径中,"邀请专家开展报告会、讲座"（100%）的方式极为普遍,其后依次是"发展红色旅游"（92.4%）"建设红色育人课堂"（89.4%）、"开展青少年红色研学"（84.8%）、学校教育（83.3%）、"建立红色遗迹纪念馆、博物馆"（80.3%）、"互联网"（69.7%）、"广播电视媒体"（55.3%）等。可见信息媒体高度发展的今天,除传统的学校教育之外,互联网凭借其方便快捷、主动性强的优势已成为了解新闻、学习知识的主要途径。因而我们在弘扬红色文化与进行革命传统教育时,在发挥学校主体教育功能的同时,更应借助新媒体力量,实现两者相辅相成。

新时代传承弘扬铁军精神的途径与方法是多种多样的,除上述本地已有的传承路径之外,受访群众认为还应当通过"加大宣传力度,重视红色文化"（97.0%）、"加强青少年红色教育"（93.9%）、"将红色遗迹及时有效登记入册"（92.4%）、"系统整理当地可利用红色文化资源"（92.4%）等途径加强对铁军精神的宣传。

四、新时代青少年新四军"铁军精神"传承中的难点

习近平总书记指出:"伟大的抗战精神,是中国人民弥足珍贵的精神财富,永远是激励中国人民克服一切艰难险阻、为实现中华民族伟大复兴而奋斗的强大精神动力。"铁军精神作为抗战精神的有机组成部分,是中国人民在抗日战争期间形成的弥足珍贵的精神财富,青少年阶段正值"拔节孕穗期",是学习铁军文化,传承铁军精神的关键时期。然而,现实情况是很多青少年对优秀革命精神如铁军精神缺乏系统性、专业化的了解学习,对铁军精神的发展历程、精神内涵、时代价值存在不

同程度的知识误区,当下铁军精神在青少年中的传承仍然面临诸多痛点,本文从国家、社会、区域、学校、青少年五个方面,具体加以阐述。

（一）红色文物的保护力度和青少年的殊异孵育有所欠缺

党中央的路线、方针、政策是国家红色文化工作的指挥棒和方向标,青少年对包括铁军精神在内的红色文化的传承还存在诸多不足,需要更多国家政策的支持。

红色文物的保护力度仍需加强。革命旧址等红色文物、红色遗迹是青少年传承铁军精神的主阵地之一,但因人才队伍不足、经费短缺、法律法规保护仍不完善等原因,许多红色文物尤其是散落在偏远村镇的红色旧址并未得到充分的保护和管理利用,导致红色资源无故浪费,无法成为青少年传承铁军精神的教育载体。

缺少对青少年的殊异孵育。青少年有其不同于其他年龄段群体的发展特性,不能简单复制其他群体的宣传方式,而是要积极探索符合青少年特性的孵育模式。而现实中铁军精神的宣传模式多为平面或基础性宣传,而没有针对不同目标群体的特性进行殊异化传播。问卷显示,传统的邀请专家开展报告会、讲座仍然是主流的传承途径,而开展青少年红色研学、发展红色旅游、建立红色遗迹纪念馆等投入成本更高的途径则占比相对较低。专家讲座、报告会等大都是单向的传播,既缺少鲜活的党史体验,又缺乏双向的实践互动,隐匿了青少年的主体性。这会产生教育效果短时化,青少年对铁军精神的了解浮于表面,难以产生深刻体悟的效果。

（二）社会与家庭缺少"铁军精神"氛围

在当前经济社会背景下,"大学生的行为与思维习惯都会受到来自社会环境的影响……同时,来自学校和家庭以及个人方面的因素也有复杂化的趋势。"①马克思曾说:"我也是社会的,因为我是作为人活动的。不仅我的生活所需的材料——甚至思想用来进行活动的语言——是作为社会的产品给予我的,而且我本身的存在就是社会的活动;因此,我从自身所做出的东西,是我作为社会做出的,并且意识到我自己是社会存在物。"②每个人都是社会的一分子,个体容易受到周围环境的影响。只有社会环境中满盈铁军精神的氛围,青少年才可以时刻浸润在铁军精神之中,从而将其传承下去。但综合问卷调查结果分析,仍有约一半受访者从身边的环境中感受不到铁军精神的气息,尤其是因为当前背景下社会流行文化的同化,加之学校对革命传统教育缺乏重视意识、家庭教育中不重视铁军精神的氛围营造等,使得青少年在日常生活中难以受到来自铁军精神的环境熏陶。

---

① 乔瑞华. 新时期影响大学生社会主义核心价值观的因素及其培养途径[J]. 思想理论教育导刊, 2014(09):130－132.

② 马克思. 1844年经济学哲学手稿[M]. 北京:人民出版社,2000:83－84.

(三)区域疏于对红色遗迹的管理和保护运营

我们深入皖南、皖中、皖东,赴泾县新四军烈士陵园、云岭新四军军部旧址纪念馆、汤池新四军江北指挥部旧址、无为新四军七师纪念馆、定远大桥中共中央中原局旧址、藕塘烈士纪念馆、来安新四军二师师部旧址以及金寨革命博物馆等地进行调研,探寻当地的铁军精神传承情况。以定远大桥村中共中央中原局旧址为例,该旧址占地3000多平方米,具有丰富的红色文物遗留和深厚的历史意义。但当地政府在拨款进行恢复重建之后,却疏于后续的维护和管理,缺少专业的文博人员对其进行运营,导致除单位集体组织的党史学习教育活动之外,鲜少有人主动前来参观学习,在对青少年进行铁军精神传承上并没有发挥应有的作用。此外,规模较大的革命旧址如无为七师纪念馆、定远藕塘烈士陵园等,接待游客众多,但红色旅游配套服务未跟上,吃、住、购、娱等配套服务几乎为空白,没有形成完整的产业链。

(四)学校红色教育尚不系统

学校教育传承偏于平面,教育实效短时化。邀请专家开展报告会、讲座仍然是学校最主流的传承途径,而开展青少年红色研学,发展红色旅游,建立红色遗迹纪念馆、博物馆等投入成本更高的则相对较少。但专家讲座、报告会等大都是单向的传播,既缺少鲜活的党史体验,又缺乏双向的实践互动,隐匿了学生主体性,导致教育效果短时化,难以达到良好的传承效果。

学校师资力量受限。教师是连接青少年群体与铁军精神的重要纽带之一,教师的理解很大程度上影响铁军精神在青少年群体中的传承情况。铁军精神作为具有深刻研究价值的优秀精神文化,其本身的发展历程、精神内核及时代价值共同构成了一个繁复的知识体系,需要进行长期、专业的学习才能掌握。这对教师提出了专业化、高素质的要求。另一方面,当前的青少年在国家教育制度下专注于必修课程的学习,学校基于应试需求聘任的教师多为必修课程,老师普遍具有基础学科的专业知识和应试教学能力,但具备教授铁军精神在内的优秀革命精神的高素质专业教师人才仍占少数。

(五)青少年对铁军精神难以感同身受

青少年时期是三观塑造培养的重要时期,传承铁军精神对培养青少年的人生观、世界观、价值观意义重大。但据调查了解,当下由于革命历史相对久远,铁军精神的传承内容仍片面停留在过去血与火的年代,与新时代较为脱节,其核心内容铁的信念、铁的意志、铁的情怀、铁的作风、铁的团结等,与和平年代下的多元文化价值进行碰撞,不能很好地契合青少年群体价值观,青少年群体难以切身体会。

五、新时代青少年铁军精神传承路径优化

(一)国家加强对红色文物的保护力度和青少年的殊异孵育

1. 加强对红色文物的保护力度

从制度层面加强对红色文物的保护力度。国家和各省市都在积极制定和完善保护红色文物的法律法规和制度规章。如《中华人民共和国文物保护法》自 1982 年第五届全国人大常委会第二十五次会议通过之后,又在 1991 年、2002 年、2007 年、2013 年、2017 年先后五次修正;《中华人民共和国英雄烈士保护法》于 2018 年的全国人大常委会上通过;《中华人民共和国文物保护法实施条例》在 2003 年国务院公布之后又四次修改;福建、江西、山东、山西、四川、河北、陕西、安徽、上海等省份或直辖市积极颁布地方性法规和规章,促进红色文化遗址的保护利用。

充实文物保护人才队伍,减少红色文物保护领域突出的"小马拉大车"的现象发生。在具体措施上,建立高校和国家大型文博机构联合的人才培养模式,既能提高红色文博人才的输出效率,又能使高校输出的人才更贴合行业需求。还可以增加红色文物保护队伍编制,出台类似教育领域的师生比人员配置标准,引导地方加强红色文保队伍建设,也引导个人投身红色文保领域。增加财政资金在红色文化尤其是铁军精神宣传教育上的投入,健全完善投入保障机制,优化财政投入方式,加大保障力度,在人财物等方面加强保障和支持力度。[①]

推动地方保护众多红色活动遗址和革命文物,整合红色文化资源,建立完善一体化的红色文物保护单位。在当下红色文物保护名单制基础上继续整理红色文化资源,掌握各种史料信息,同步保护众多的红色活动遗址和革命文物,进而针对红色文化进行专项整合,作为真实、可触的第一手资源而存在。挖掘红色文化开发新模式,注重内涵的时代化、丰富化,在尊重史实的前提下,不断提炼创造红色资源新的产品,丰富其内涵,提高其质量,让红色文化贴近青少年生活、融入青少年成长过程中,潜移默化而又深入持久地影响青少年的生活。

2. 加强对青少年的殊异孵育

青少年成长在多姿多彩的互联网时代,具有追求刺激和多样性的特点,社会发展,时代变迁,革命传统教育应本着"以师为尊、以生为本"的教育思想。在教育活动中坚持以人为本的理念,充分尊重青少年群体的主体地位。根据当代青少年追求的生动性和多样性等特点,合理利用多种资源,力求传承内容新颖,传承模式多样,开展丰富多彩的铁军精神宣传活动,在各个细节中充分体现青少年主体性。例如学校可与新四军军部旧址陈列馆等青少年党史教育基地展开深度合作,鼓励青

---

① 蒲晓磊. 制定政策措施加强专业人才培养[N]. 法治日报,2021－08－24(06).

年学生进入陈列馆,担任讲解员,以讲代学,让理论和实践高度统一,在创新形式、增强渗透性和感染力的同时,加强青少年在铁军精神传承中的主体地位,促进青少年主动学习党史知识,不断提高党性修养。

(二)在社会和家庭范围内营造铁军精神氛围

依托新媒体在全社会营造铁军精神氛围。思想政治教育学原理认为:"不仅人的生存及发展要以一定的环境为前提和基础,人的思想政治品德也是在一定的环境中形成并不断发展的,特别是社会环境对其具决定性影响"。[①] 浓厚的氛围对促进青少年传承铁军精神具有不可替代性。新媒体相对于传统的纸媒和广播电视等传统媒体,具有互动性、即时性、个性化等显著优势,弥补了传统媒体缺乏趣味性与灵活性的弱点,能够有效覆盖青少年受众群体,并最大程度上激发其传承红色文化的主动性。在互联网媒介中,微博、微信、抖音等 App 是当代年轻人甚至全年龄段人群聚集、活跃的网络活跃主阵地。根据这一事实情况,可以提升"共青团中央""创青春"和各省共青团等官方账号在各个站点的活跃度,推送兼具学理性和趣味性的文章和视频,充分利用新媒体的传播优势,让社会大众尤其是青少年群体自觉接受铁军精神教育,从而在社会范围内营造铁军精神氛围。同时加强家庭教育中铁军精神氛围。"家庭是人生的第一个课堂,父母是孩子的第一任老师;有什么样的家教,就有什么样的人。"[②]家庭教育是青少年最早接触,也是接受时间最长的。家庭教育的重要作用不可忽视。父母的一言一行都是青少年的学习课堂。让红色基因根植在家风之中,在父母的言传身教中潜移默化地推动铁军精神深入青少年的心田,为青少年提供传承铁军精神的良好家庭氛围。

(三)区域发力助推铁军精神传承

就各地区来说,可以通过举办有关铁军精神的比赛和活动、出台相关的指导意见和地方性法规、政府规章、保护好管理好运用好红色资源等方法来促进传承。

举办相关红色精神的比赛和活动。以红色比赛和活动作为青少年的学习导向,以此激发青少年传承铁军精神的主动性和积极性。如第十七届"挑战杯"竞赛以来增设"红色专项"赛道,激发了大学生赓续红色基因、传承红色文化的高昂积极性;长三角地区高校团委共同开展 2021 年长三角高校大学生重走革命路暑期社会实践专项计划,激励青年群众扎根祖国大地,深入了解国情社情民情,通过社会实践学党史、强信念、跟党走。

出台相关指导意见和地方性法规、政府规章。无论是红色文物保护还是红色

---

① 陈万柏,张耀灿. 思想政治教育学原理[M]. 北京:高等教育出版社,2007.
② 习近平. 在会见第一届全国文明家庭代表时的讲话(2016 年 12 月 12 日)[J]. 社会与公益,2017(01):2.

基因传承活动的开展,都要有法律法规提供导向指引和保驾护航。地方法规比全国性的法规更具有地域性和专适性,能为传承铁军精神提供更加具有可操作性的指导和保护。就红色文物保护来说,把保护红色文物上升至法律规章制度,强化文物保护理念,将依法保护红色文物贯穿到文化遗产保护工作的全领域、全过程、全链条,不仅是对历史文物的负责,也是全社会对中华文化传承的责任与义务。针对文物保护中形成的新经验新成效,及时修改和完善法律,将更好地满足文物事业的发展需求,为这些刻上时代印记的文物提供更加完备的制度保障。① 就区域范围内的传承活动来说,有了相关的法律法规和指导性意见保驾护航,才能为其开辟出更多活动和发展的空间。

保护好、管理好、运用好红色资源。红色资源在广袤的中国大地上星罗棋布。拥有红色资源的地区要践行使命,保护好、管理好、运用好红色资源。一是切实保护好红色遗产,大力推进革命旧址片区化的保护利用,改善革命旧址的周边环境;二是管理好红色资源,打造红色优质景区,将景区服务与建设精细化,例如进一步严格红色博物馆、纪念馆、遗址的设立、运营和管理,准确把握红色发展历史和主流本质,完善红色遗迹及红色历史论述的审查,增强其准确性、权威性、完整性;三是切实运用好红色资源。深挖红色资源和红色文化内涵,发掘红色潜力,使爱国主义教育、革命传统教育和铁军精神教育内容更加丰富多彩。深入发展革命旧址和纪念场馆的教育主阵地作用,建设中小学红色研学旅行教育基地、大学生实践基地,培育党史教育基地和青少年爱国主义教育基地。

(四)各类学校拓展传承形式,打造高水平教师团体

拓展多样教育形式。教育形式的选择是保障铁军文化顺利传承的基础。"开展青少年党史教育,要注意结合青少年的年龄特点、认知特点和思想实际,探索符合其要求的党史教育形式、方法与手段,并不断改进和丰富教育内容,力求生动活泼、行之有效。"②丰富青少年之间传承铁军精神的有效形式,成为破解铁军精神传承困境最直接的方法。在传统课堂环境中加大传承力度,创新传承形式。2021年2月5日,教育部印发了《革命传统进中小学课程教材指南》,为进一步把中华民族优秀红色基因注入中小学生心田做出了指示。抓好教材主渠道,将铁军事迹、铁军精神编入教材,利用课堂教学时间传承铁军精神,为青少年提供系统的学习路径。重视实践,构筑理论知识与实践活动相统一的传承模式。"理论与实践二者相辅相成、不可分割,做到理论与实践的高度统一,是青少年养成主动学习党史知识,不断

---

① 侯朝宣.为历史文物保护提供法治保障[J].中国人大,2021(10):41-42.
② 李飞.以史为鉴明德育人[J].学校党建与思想教育,2011(15):37-38.

提高党性修养的重要法宝。"①积极组织青少年学生参与红旅活动,进行红旅研学。通过参观革命博物馆、烈士陵园、参加红色仪式等方式,激发青少年的家国情怀,促进铁军精神的传承。习近平总书记指出:"革命博物馆、纪念馆、党史馆、烈士陵园等是党和国家的红色基因库。"这就要求社会和学校相互配合,社会在保持好红色文化、夯实红旅基础的同时,学校也要积极组织学生开展红旅研学实践。

打造高水平教师团体。正规的学校教育作为革命精神在青少年中传承的主要方式之一,授课老师的专业素养成为制约铁军精神传承的重要原因。提升授课教师的专业素养,培植高水平的教师团体。一是组织教师定期进修革命文化课程。作为青少年群体与铁军精神之间的媒介,同时也作为社会的一分子,教师也是接受包括铁军精神在内的各种革命精神和革命文化传承的目标群体。学校定期组织本校教职工统一进修革命文化课程,或者把修习革命文化课程作为一项考核标准,以此激励教师系统学习红色文化,为向青少年传承铁军精神积累知识储备。二是引进专业领域内的教师。党史是一个庞杂而专业的知识体系,要想对党史有深刻的理解和认识,需要长时间的专门学习。专业领域的教师对铁军文化有更详尽的学习,从而更好地教授给学生们相应的知识,促进青少年对铁军精神的传承。

(五)增强青少年传承铁军精神的积极性

助力红色文化创造性转化、创新性发展,让铁军精神的文化内核与时俱进,贴近青少年群体的价值观,紧跟潮流,增强对青少年群体的吸引力,实现由被动学习到主动学习的转变。红色文化怎样紧跟时代潮流?泾县云岭星火农庄提交了一份满意的答卷。在逃离城市、进入田园之风日益兴盛的当下,云岭星火农庄贴紧潮流,依托当地的新四军文化和田园山水风光,打造了集铁军文化、休闲娱乐和主题餐饮为一体的红色农庄。园内不仅有大量的新四军文化主题场景、活动,还衍生了大量文创产品。此举寓教于乐,既保有铁军精神的文化特质,又能紧跟潮流,对铁军精神进行创造性转化、创新性发展,使铁军精神的文化内核与时俱进,贴近青少年群体的价值观,让青少年在游学的过程中感受浓厚的红色文化和铁军精神氛围,与铁军精神靠得更近,主动了解铁军精神,影响青少年的世界观、人生观、价值观,发挥铁军精神在青少年群体中的精神引领作用。

作者:徐姗姗　张玉琦　骆诗楹　王茜

---

① 尹鑫,陈含笑,徐洁. 青少年党史教育的意义、困境与对策[J]. 教学与管理,2021(25):10-12.

渡江精神对新时代青少年的成长启示与路径优化①

渡江精神发轫于伟大建党精神,锻造于渡江战役,对新时代青少年厚植爱国情怀,赓续红色血脉,实现明理、增信、崇德、力行具有重要教育意义。调研团队追寻习近平总书记安徽考察路,将渡江精神在新时代青少年中的传承弘扬现状与创新运用路径作为主攻方向,梳理以"坚定信念、革命到底,军民团结、奋勇争先,攻坚克难、勇于牺牲"为内核的渡江精神对新时代青少年成长的启示借鉴,厘清渡江精神传承弘扬面临的挑战,并从政府引导力、社会传播力、教育感染力和家庭渗透力及个体共鸣力等五个维度出发,通过五位一体"同频共振",实现"五力齐聚",助推"五育并举",多维共促渡江精神在青少年群体中的创新运用与弘扬发展,为革命精神谱系的传承弘扬提供有益借鉴。

渡江战役是解放战争期间人民解放军继战略决战后,对国民党军进行战略追击的首个战役。从 1949 年 4 月 20 日至 6 月 2 日,人民解放军以伤亡 6 万余人的代价,歼灭国民党军 11 个军部、46 个师共 43 万余人,解放了南京、上海等大城市,以及江苏、安徽两省全境、浙江省大部及江西省、湖北省部分。作为中国革命从以农村为中心向以城市为中心转折的标志性战役,渡江战役避免了中国再次出现"南北朝"割裂局面。百年赶考路,从未忘"渡江"。渡江战役淬炼的渡江精神,时至今日,依旧启示、激励新时代青少年勇立潮头,开创未来。

一、选题背景与意义

(一)选题背景

第一,宣传贯彻党的二十大精神,强化青少年的历史认知。习近平总书记在党的二十大报告提出:"弘扬以伟大建党精神为源头的中国共产党人精神谱系,用好

① 该文获得中国青年网(2022 - 12 - 09)刊发,并获评 2023 年第十八届"挑战杯",大学生课外学术科技作品竞赛红色专项省级一等奖。

红色资源,深入开展社会主义核心价值观教育,深化爱国主义、集体主义、社会主义教育,着力培养担当民族复兴大任的时代新人。"同时对青年提出殷殷期盼:"广大青年要坚定不移听党话、跟党走,怀抱梦想又脚踏实地,敢想敢为又善作善成,立志做有理想、敢担当、能吃苦、肯奋斗的新时代好青年,让青春在全面建设社会主义现代化国家的火热实践中绽放绚丽之花。"①研究渡江战役历史,探究渡江精神在新时代青少年群体中的启示借鉴与传承弘扬路径,看清楚过去为什么能够成功,弄明白未来怎样才能继续成功,有助于青少年更好地把握党的历史发展的主流本质,高度契合党的二十大报告精神。

第二,追寻总书记视察足迹,增进"两个确立"情感认同。2019 年 9 月 12 日,习近平总书记在香山革命纪念地视察时强调:"要继承和发扬老一辈革命家'宜将剩勇追穷寇,不可沽名学霸王'的革命到底精神,不断增强中国特色社会主义的道路自信、理论自信、制度自信、文化自信,勇于进行具有许多新的历史特点的伟大斗争,坚决战胜前进道路上的各种艰难险阻,使中国号这艘巨轮继续破浪前进、扬帆远航。"②2020 年 8 月 19 日,习近平总书记在合肥渡江战役纪念馆视察时深情地说:"渡江战役的胜利是靠老百姓用小船划出来的。任何时候我们都要不忘初心、牢记使命,都不能忘了人民这个根,永远做忠诚的人民服务员。"③2022 年 8 月 16日,习近平总书记在辽宁考察时指出:"辽沈战役胜利是东北人民全力支援拼出来的,淮海战役胜利是老百姓用小车推出来的,渡江战役胜利是老百姓用小船划出来的。"④作为新时代青少年,应自觉知史爱党、知史爱国,紧跟习近平总书记步伐,增强"四个意识",坚定"四个自信",不断增强对红色文化的情感认同和价值共鸣。

第三,用好红色资源,赓续红色血脉。习近平总书记强调:"要始终赓续红色血脉,用党的奋斗历程和伟大成就鼓舞斗志、指引方向,用党的光荣传统和优良作风坚定信念、凝聚力量,用党的历史经验和实践创造启迪智慧、砥砺品格,继往开来,开拓前进,把革命先烈流血牺牲打下的红色江山守护好、建设好,努力创造不负革命先辈期望、无愧于历史和人民的新业绩。"⑤2023 年 5 月 25 日,中共安徽省委书记韩俊赴渡江战役纪念馆接受革命传统教育时强调:"安徽是一片红色的土地,今天的幸福生活是千千万万革命烈士用生命和鲜血换来的,我们一定要讲好红色故

①　习近平. 高举中国特色社会主义伟大旗帜　为全面建设社会主义现代化国家而团结奋斗[N]. 人民日报,2022 - 10 - 26(01).

②　习近平. 用好红色资源,传承好红色基因　把红色江山世世代代传下去[J]. 求是,2021(10):1 - 3.

③　习近平. 在党史学习教育动员大会上的讲话[N]. 人民日报,2021 - 04 - 01(01).

④　习近平. 在新时代东北振兴上展现更大担当和作为　奋力开创辽宁振兴发展新局面[N]. 人民日报,2022 - 08 - 19(01).

⑤　习近平. 用好红色资源　赓续红色血脉　努力创造无愧于历史和人民的新业绩[J]. 求是,2021(19):1 - 3.

事,传承红色基因,把红色江山守护好、建设好。"①中国共产党人在百年奋斗历程中锻造的以"渡江精神"为代表的伟大精神谱系,是引领青少年健康成长的最好营养剂,是促进青少年成长成才的最佳教育范本。

（二）立意创新

第一,选题前沿,立意深远。革命精神日益成为社会关注热点,推动红色基因代代相传,就是要让红色基因在青少年中渗进血液、沁入心扉。作为整个社会中最积极、最有朝气的力量,广大青少年唯有厚植为民情怀,牢记为民初心,才能永葆为民本色,赓续红色血脉。第二,选点典型,点线成面。2020—2021年,金寨县烈士陵园、渡江战役纪念馆及新四军军部旧址纪念馆、皖南事变烈士陵园相继入选全国红色基因库。西起九江,东至江阴,千里宽阔的渡江战役,皖江区域达到800里。研究团队从合肥渡江战役纪念馆出发,沿着当年人民解放军渡江征途,途经金寨、桐城、望江、繁昌、泾县,打通串联安徽省内三家红色基因库,沿着八百里皖江一路来到渡江战役第二阶段华野主力部队会师地点湖州市吴兴区,选点极具代表性。由点到线,点线成面,调研范围涵括渡江战役在安徽的核心区域。第三,红色基因,铸魂育人。党的二十大报告指出:"要弘扬以伟大建党精神为源头的中国共产党人精神谱系。"②历史是最好的教科书,革命精神谱系是教育广大青年的宝贵资源。以渡江精神为代表的革命精神是新时代青少年成长成才的定向锚和助推剂,发挥着铸魂育人作用,引导广大青年学生树立爱国情怀,牢记为民初心,弘扬革命到底精神。第四,路径探索,深度交融。研究团队通过实地走访、问卷调查、深度访谈等方式,实现理论逻辑、实践逻辑与历史逻辑的融会贯通,着力构建出一套渡江精神传承弘扬可行路径,推动渡江精神在广大青少年群体的入耳入心、入脑入行。

二、新时代青少年渡江精神传承弘扬的数据解读

研究团队于2022年7月通过随机形式,向以在校大学生为主的青年群体,发放"新时代青少年渡江精神传承弘扬的调查问卷",共有24个选题,涵括渡江战役基本认知、传承现状、主要难题和可行路径等维度。发放300份问卷,回收有效问卷292份,主要调查数据介绍如下。

（一）调查对象基本情况

（1）受访者年龄结构,18～25岁的受访者占受访总人数的95%,符合青少年传

① 韩俊在参观渡江战役纪念馆接受革命传统教育时强调 赓续红色血脉汲进奋进力量 在新征程上创造新的更大业绩[N].安徽日报,2023－05－26(01).
② 习近平.高举中国特色社会主义伟大旗帜 为全面建设社会主义现代化国家而团结奋斗[N].人民日报,2022－10－26(01).

承渡江精神的主体身份;(2)受访者学历结构,受访人群中"本科"学历占92%,"硕士及以上"学历占2%,整体受教育程度较高;(3)政治面貌上,受访者以共青团员为主,占受访人数的78.08%,群众占12.33%,中共预备党员和正式党员占9.24%。

(二)对渡江战役的认知情况

(1)对于渡江战役纪念馆的位置,48.97%的受访者认知正确,其余结果依次是"不清楚"(30.48%)、"江苏南京"(11.64%)、"湖北武汉"(8.56%),有超过半数不能准确指出位置,折射出对渡江战役基本知识的匮乏。(2)宣传渡江战役相关历史和精神的意愿,依次是"非常愿意"(50.68%)、"比较愿意"(37.67%)、"不一定,看心情"(9.93%)、"麻烦,不太愿意"(1.71%),近九成持积极肯定态度,说明受访者对于渡江精神弘扬的积极意愿。(3)渡江战役解放了苏、浙、皖、赣、闽、鄂等六大地区,大大加速了中国革命胜利的进程。对"渡江战役涵盖几省边界"的认知,半数同学选择"6省"(48.29%),其余受访者依次选择"5省"(38.01%)、"7省"(7.53%)、"8省"(6.16%)。(4)对"渡江战役最后解放的地方"认知,认为是"崇明岛"的人数占受访者总人数的40.41%,其后依次是"武昌"(25.68%)、"汉口"(18.49%)、"杭州"(9.93%)、"汉阳"(5.48%)。

(三)对渡江精神的认知情况

(1)对渡江精神主要内容的了解,39.38%的受访者表示"基本了解",其后依次是"非常了解"(15.07%)、"不太清楚"(14.38%)、"了解一点"(31.16%),关注不够的比例达到45%,说明渡江精神的普及力度仍需加强。(2)在安徽省国家级红色基因库数量认知方面,认为数量依次为"2家"(12.67%)、"3家"(26.37%)、"4家"(29.45%)、"5家"(15.75%),安徽省实际上有3家国家级红色基因库,但皖南事变烈士陵园和云岭新四军军部旧址,合肥渡江战役纪念馆和肥东渡江战役总前委旧址两家都是打包申报的,说明受访者对红色基因库的了解仍不够。(3)在目前安徽区域入选国家级红色基因库的纪念场馆认知上(多选),结果依次是"合肥渡江战役纪念馆"(89.73%)、"金寨烈士陵园(革命博物馆)"(80.48%)、"泾县皖南事变烈士陵园"(76.71%)、"云岭新四军军部纪念馆"(71.58%)。(4)对渡江精神内涵的认知(多选),依次是"坚定信念,革命到底"(93.15%)、"攻坚克难,勇于牺牲"(92.47%)、"军民团结,勇于创新"(90.07%)、"爱国爱党,奋勇争先"(83.22%)、说明对渡江精神认知不全面。

(四)渡江精神传承现状与必要性

(1)对渡江精神主要内容的关注,依次是"一般"(48.97%)、"较为关注"(26.37%)、"非常关注"(14.73%)、"不太感兴趣"(8.9%)、"完全没有兴趣"

（1.03%），说明对新时代青少年的"渡江精神"传承弘扬仍需调动良好的群众基础。（2）对新时代加强青少年红色文化教育的必要性认知，结果依次是"非常必要"（65.75%）、"比较必要"（30.82%）、"随便"（3.08%）、"没必要"（0.34%），说明绝大多数受访者认为有必要。（3）对传承渡江精神的原因认知（多选），结果依次是"红色基因是宝贵的精神财富"（93.15%）、"公民的责任与义务"（84.93%）、"国家政策的积极引导"（83.9%）、"培养青少年的爱国爱民意识"（86.3%）、"促进新时代文化体系建设"（83.22%）、"其他"（17.81%），可见受访者对渡江精神传承与弘扬的原因认知较为全面。（4）对于新时代大学生参与红色文化传承实践的意义（多选）方面，认为有积极意义的占比依次为"有利于弘扬红色文化，提高当地红色资源知名度"（90.07%）、"高校、地方与学生多方共赢之举"（89.04%）、"展现社会风采，彰显正能量"（85.62%）、"响应党中央号召，把红色江山世世代代传承下去"（83.56%），肯定意见为八成以上；但认为"没有意义、浪费时间、金钱与人力"的消极倾向占比20.89%，需要引起一定的重视。（5）对于学习渡江战役史实、弘扬渡江精神的必要性（多选）方面，认为学习渡江战役史实、弘扬渡江精神的必要性在于"了解感悟党史，英雄事迹值得铭记，精神值得传承""开拓自身眼界，丰富人生阅历""有利于强信仰、明道理、增才干""厚植爱国情怀，瞄准人生航标"等积极意义的受访者占比依次为91.1%、87.67%、86.3%、81.85%，肯定意见占绝大多数；但依然有超两成的受访者持不支持态度，认为"过去的事情，没有学习、传承的必要"占比23.97%。

（五）新时代渡江精神传承中的难题

（1）在传承弘扬渡江精神与新时代社会背景契合度方面，调查结果分别是"非常契合"（57.88%）、"较为符合"（33.56%）、"一般"（8.22%）、"不太符合"（0.34%），总体契合度超过九成，与本文强调渡江精神对青少年的成长启示的立意高度契合。（2）对所在地红色资源传承保护与利用现状上，结果依次是"比较好"（39.38%）、"非常好"（35.27%）、"一般"（22.95%）、"比较差"（1.71%）、"非常差"（0.68%），对红色资源的保护与利用的关注度仍需提升。（3）渡江精神宣传中的主要困难（多选），主要包括"宣传内容往往脱离群众，互动性不强"（76.71%）、"宣传形式单一，缺少创新性"（72.95%）、"没有彰显地域优势资源，特色性不够"（69.18%）、"缺乏网络文化资源的宣传，引导性不够"（68.49%）、"没有关注青少年喜好，针对性不强"（66.44%）。（4）当前红色文化数字化传播中的问题（多选），分别是"整体数字化程度较低"（79.45%）、"数字化形式并不均衡"（77.05%）、"数字化开发手段相对单一"（75%）、"文化内涵挖掘尚嫌不足"（72.6%）、"数字化保护产业链很不完善"（58.56%），宣传不利是多方因素造成的，这需要发散思维多渠道解决。

（六）渡江精神传承的可行对策

（1）渡江精神的传承途径，有"建立红色遗迹纪念馆、博物馆"（92.81%）、"发展红色旅游"（89.38%）、"建设红色育人课堂"（84.59%）、"开展线上渡江战役场景视频展示"（77.74%）、"邀请专家开展报告会"（75.68%），途径丰富，关键在落实。（2）青少年学习渡江精神的路径，有"参观渡江战役相关纪念馆所"（88.7%）、"参与渡江精神相关研学活动"（83.22%）、"拜访渡江战役老兵与船工"（81.51%）、"政府强化区域红色资源利用保护"（77.05%）、"网上展示渡江精神史实史迹"（72.26%），可见采用青少年喜闻乐见的方式，更利于渡江精神在青少年中的传承弘扬。（3）传承和弘扬渡江精神的路径（多选），包括"研究部门系统挖掘当地可利用红色文化资源"（87.67%）、"管理部门及时有效地将红色遗迹登记入册"（85.96%）、"政府加大宣传力度"（80.48%）、"学校加强对学生的红色教育相关课堂"（77.4%）、"家长主动引导孩子参与红色研学活动"（71.58%），政府、学校、家长等形成合力，有利于渡江精神的传承和弘扬。（4）培养渡江精神有效措施（多选），包括"加强红色教育，传承红色基因"（89.38%）、"开展丰富有趣的多样红色活动"（86.64%）、"深入挖掘本地红色文化资源"（85.62%）、"从青少年抓起，学校加大教育力度"（80.82%）、"发展红色旅游"（76.37%）、"推动渡江精神在新时代创造性转化、创新性发展"（69.18%）。（5）新时代渡江精神数字化呈现的优化路径（多选），体现在"推进渡江精神语义呈现的时代化"（88.13%）、"推进渡江精神数字呈现的科学化"（87.33%）、"推进渡江精神数字呈现的大众化"（85.62%）、"推进渡江精神数字表述的中国风格"（78.42%）、"多渠道深挖渡江精神的丰富底蕴"（73.97%）、"完善渡江精神的多维资源传播平台"（69.86%）。

（七）调研数据总结

第一，受访人群中"18～25岁"占比最大，以"本科"学历为主，整体受教育程度较高，政治面貌以共青团员为主，符合调研设计。第二，大多数受访者认为有必要在新时代加强红色文化教育，并且对渡江精神传扬的原因、对青少年参与红色文化传承实践的意义认知全面、正确；受访者宣传和弘扬渡江精神的意愿较高，说明探究新时代青少年渡江精神传承弘扬路径拥有良好的群众基础。第三，尽管青少年学生具有学习渡江精神的自觉性、主动性、积极性，但受制于种种原因，大多数学习传承活动停于表面、流于形式，未能深刻感知精神魅力，未能充分汲取前进力量，未能创新形式，最大程度发挥渡江精神凝神聚气、强基固本的强大功效。第四，调查受众对渡江战役的认知情况有所欠缺，渡江精神弘扬困难的因素包括红色文物保护力度的欠缺、数字化传播程度不足、学校教育引导欠缺等。第五，传承契合新时代社会背景的渡江精神，需要提升红色资源保护与利用；增加对青少年的针对性；克服青少年对渡江精神难以感同身受的困难；并利用好多元化、数字化传承途径等。

三、渡江精神对新时代青少年的成长启示

习近平总书记深情地说:"革命理想高于天,理想信念之火一经点燃就会产生巨大的精神力量。"①百年赶考路,从未忘"渡江"。昔日百万雄师过大江的壮阔气魄,淬炼出以"坚定信念、革命到底,军民团结、奋勇争先,攻坚克难、勇于牺牲"为内核的"渡江精神",时至今日,依旧激励新时代青少年勇立潮头,开创未来。本文结合1949年4月毛泽东主席不朽名篇《七律·人民解放军占领南京》,尤其是习近平总书记在《论党的青年工作》中对青少年的殷殷期盼,梳理凝练"渡江精神"对新时代青少年成长的启示与借鉴。

(一)坚定信念、革命到底

永跟党走。"钟山风雨起苍黄,百万雄师过大江。"作为引风气之先、立时代潮头的中坚力量,青少年的理想追寻决定着国家和民族走向。时代各有不同,青春一脉相承。不论是中国青少年组织参与的运动,还是中国新青年身负的使命,都为中华民族伟大复兴目标的实现带来更多希望。青少年是党的事业的接棒人、国家建设的生力军,要在与党的使命同心同向基础上,奋进新时代,谱写新篇章。

坚定信念。三大战役后,国民党反动派败局已定,搞起"缓兵计"苟延残喘。毛泽东主席提出"将革命进行到底""决不允许使革命半途而废,让反动派养好创伤,卷土重来"②,坚决挫败反动派"划江而治"的图谋。新时代青少年理应扎根中国大地,感知中国力量;从历史长河中,体察渡江精神;在神州沃土上,聆听红色声音,做到志存高远。新时代青少年唯有树立坚定的理想信念,才能激发奋进动力,投身实践天地。唯有终生做牢记初心的坚定信仰者,积极传播先进思想者,模范践行青年精神者,才能用实际行动践履自身理想,争做"大写"的新时代青少年。

终生学习。"问渠哪得清如许,为有源头活水来。"新时代青少年要想努力成长为能担重任的栋梁之才,就必须紧跟时代潮流,在百年党史中汲取奋进力量。唯有目光长远,脚踏实地,才能提高自身能力,明辨是非曲直;唯有用发展的眼光和思维看待问题,在学习思考中创新,在总结经验中提高,才能不断提升自己,与新时代的呼唤相适应,实现人生价值和社会价值的有机统一。

(二)军民团结、奋勇争先

人民至上。情有所归,才能心有所寄,身有所往。青春的魅力,不仅在于人生赛道挥洒汗水、追逐梦想,在专业领域潜心钻研、做出成绩,更在服务人民的征程上

---

① 革命理想高于天,习近平赴江西考察这些话深入人心[DB/OL]. 人民网,2019-05-23.
② 周溯源. 论毛泽东的无产阶级彻底革命精神[J]. 衡阳师专学报(社会科学),1992(02):1-6.

奉献自己、实现价值。渡江战役中,解放军指战员用单薄肉身护住青年船工,宁可自己牺牲也要保全舵手的生命;而渡江百万雄师背后,更是千万人民提供船舶、供应粮草、协助练兵。民拥军的朴素表达,军爱民的深情反哺,正是"人民至上"的庄严宣誓。习近平总书记曾寄语青少年:"希望你们用脚步丈量中国大地,用眼睛发现中国精神,用耳朵倾听人民呼声,用内心感应时代脉搏,把对祖国血浓于水、与人民同呼吸共命运的情感贯穿学业全过程,融汇在事业追求中。"①新时代新青年唯有将自身小我真正融入时代的大我之中,才能实现人生境界跃升、人生价值升华。

志存高远。"宜将剩勇追穷寇,不可沽名学霸王。"历史的书写从未离开过青少年的热血、刻苦与担当,一代代年轻人的接力奋发,成就如今全面小康的历史巨变。新时代新青年更是实现中华民族伟大复兴的中流砥柱,青春由磨砺而出彩,人生因奋斗而升华。迈向新时代,奋斗正青春,新时代青少年要将青春播撒在民族复兴的征程上,让奋斗与时代发展同频共振。习近平总书记曾寄语青年:"青年理想远大、信念坚定,是一个国家、一个民族无坚不摧的前进动力。青年志存高远,就能激发奋进潜力,青春岁月就不会像无舵之舟漂泊不定。"②建成社会主义现代化强国,更需一代代青少年传好接力棒、奋力跑下去。

勇立潮头。青春,意味着无限可能,蕴藏着求新力量;青年是最富活力的群体、最具创造力的代表。青春的朝气,是中国进步的强大力量;青春的激情,是中国革新的动力源泉;青春的奋斗,是中国奋进的时代风貌。党的十八大以来,习近平总书记在许多场合都勉励青少年勇于创新:"让理想信念在创业奋斗中升华,让青春在创新创造中闪光。"③广大青少年唯有怀揣不怕困难的意志,做好逢山开路、遇河架桥的准备,百折不挠,敢为人先,以创新创造贡献国家,以开拓进取服务人民。新时代青少年必须将创新意识融入民族振兴的康庄大道,将创新的理念融入中国特色社会主义道路推进过程,将创新的成果融入伟大复兴的历史使命之中,让爱国之志化为报国之行,让信念在创新奋斗中升华,让青春在创造实践中闪光。

（三）攻坚克难、勇于牺牲

踔厉奋发。"天若有情天亦老,人间正道是沧桑。"青少年最鲜明的品质,就是面对艰难困苦不低头、面对复杂矛盾不退缩。中国人民解放军战士在渡江战役中克服天险,排除万难,秉持初生牛犊不怕虎的初心,保持越是艰难坎坷越向前的刚毅坚勇,一步一个脚印,向着美好未来进发,最终取得胜利,为全中国的解放奠定良好基石。习近平总书记在二十届中央政治局常委同中外记者见面时强调:"我们要

①　习近平.论党的青年工作[M].北京:中央文献出版社,2022:242.
②　习近平.论党的青年工作[M].北京:中央文献出版社,2022:209.
③　习近平.论党的青年工作[M].北京:中央文献出版社,2022:217.

踔厉奋发、勇毅前行,努力创造更加灿烂的明天。"①成就大业的背后,永远是艰辛努力,永远是百折不挠,而并非逃避责任、畏畏缩缩。因此,新时代青少年唯有把艰苦环境作为磨炼自身的境遇,主动在基层一线和急难险重的大熔炉中,多当几回"热锅上的蚂蚁"、多接几次"烫手的山芋",在追梦的道路上淬火成钢,在青春的赛道上踔厉奋发,时刻保持咬定青山不放松的精神,才能为中华民族伟大复兴做出自己的贡献。

笃行不怠。理论脱离实践,就会骛于虚声;理想缺乏行动,就会驰于空想。只有付诸实践,才能将擘画的美好蓝图变为现实,才能让创新成果落地开花。在提升自身的理论知识和思想境界基础之上,新时代青少年要将崇高理想落到实处,还需要以工匠精神打磨理论素养,以实干精神涵养奋斗作风。正如习近平总书记说:"所有知识要转化成能力,都必须躬身实践。要坚持知行合一,注重在实践中学真知,悟真谛。"②青年的成长历程中,会收获成功的畅意与欢乐,无可避免,也会感受到前进时的困阻与压力,更可能会面对失败挫折。但要坚信,成败得失都只是暂时,顺境逆境都是人生历程中万分宝贵的精神财富,而非人生中沉重的包袱,用乐观向上心态,抵御畏难情绪,用百折不挠精神,不怠奋进征程。

勇担使命。"虎踞龙盘今胜昔,天翻地覆慨而慷。"时代总是把历史使命赋予青少年。回望党的百年奋斗历程,无不是青少年将热血青春奉献给祖国、奉献给人民的激昂之词,无不是青少年承担历史使命的奋勇之歌。渡江战役中,年仅14岁的马毛姐毅然决然参加"渡江突击队",冒着枪林弹雨6次横渡长江,用担当谱写青春华章,成为闻名全国的"一等渡江功臣"。1951年,马毛姐受邀参加国庆典礼,受到毛泽东主席的亲切接见,毛主席题词"毛姐:好好学习,天天向上";2021年6月29日,习近平总书记亲自颁授马毛姐"七一勋章"。2023年4月,实践队员专程赴合肥西园街道,对马毛姐和她女儿进行访谈。生而逢盛世,青年当有为,在实现全面小康的基石上,民族复兴的征程已然开启,新时代青少年更当发挥青春力量、勇担时代责任。作为国家未来的主力军,青少年要直面困难,主动迎接挑战,不断增才干、提本领,朝着第二个百年奋斗目标稳步迈进。

习近平总书记在党的二十大报告中指出:"当代中国青年生逢其时,施展才干的舞台无比广阔,实现梦想的前景无比光明。"③伟大时代呼唤伟大精神,伟大精神成就伟大事业。渡江精神既是青少年成长成才路上的宝贵财富,也是在新的历史起点上攻坚克难的强大伟力。高扬渡江先锋帆,青年英俊再出发,信念不渝,才能

① 在二十届中央政治局常委同中外记者见面时的讲话[N]. 人民日报,2022-11-16(01).
② 习近平. 论党的青年工作[M]. 北京:中央文献出版社,2022:123.
③ 习近平. 高举中国特色社会主义伟大旗帜 为全面建设社会主义现代化国家而团结奋斗[N]. 人民日报,2020-10-26(01).

步履不停,让渡江精神,在青少年中代代相传、历久弥新,让青春年华在为国家、人民的无私奉献中焕发光芒、绚丽精彩。

四、新时代青少年红色精神传承中的挑战

青少年阶段正值"拔节孕穗期",是学习红色文化、传承红色精神的关键阶段。现实中,很多青少年对优秀革命传统缺乏系统了解,对红色精神的发展历程、精神内涵、时代价值的认识存在一些误区,青少年革命精神传承面临诸多挑战,以下从社会、学校、政府、青少年自身四维加以阐述。

第一,红色精神的社会传播力不够。新媒体作为当代红色文化传播的重要渠道,能够最大限度地跨越时空局限实现立体传播,通过扩大传播范围,提升传播速度,起到事半功倍的效果。如短视频等新兴媒介,因其场景化、便携化特点,满足了大众的社会需求,已成为近年来传播领域的标志性事件。但就红色文化数字化传播而言,目前尚未得到稳妥应用与广泛推广。

第二,学校的教育感染力不足。教师是连接青少年群体与红色精神的重要纽带,教师群体对红色精神的理解,很大程度上影响在青少年群体中的传承。一方面,红色精神作为具有深刻研究价值的优秀文化,有着繁复的知识体系,需要长期学习方可掌握;另一方面,当前青少年多专注于必修课程的学习,学校基于应试压力,聘任教师多注重专业知识和应试教学,具备教授红色精神的、高素质的、"大思政"能力的专业教师人才仍居少数。

第三,红色精神的穿透力有待强化。青少年有其自身发展特质,绝不能简单地照搬其他群体的宣扬手法,要积极探索符合青少年特点的孵育模式。问卷数据显示,当前传统的报告会、讲座等单向传播仍是主流,既缺少鲜活体验,又缺乏双向互动,隐匿了青年的主体性,导致对红色精神的认知浮于表层。当前,伴随新媒体不断发展,传统文字渐渐失去优势,红色宣传的工作重心也应转向音视频。如何借用新媒体等形式,深度了解大学生的思想状态,明晰其差异性需求,也是目前应高度关注的内容。

第四,青少年自身对革命精神难以感同身受。青少年时期是三观塑造培养的重要时期,传承红色精神对培养青少年的人生观、世界观、价值观意义重大。学生绝不仅是输入知识的"容器",对已经初步形成自身观念的青少年,即使每天都向其灌输勤劳、勇敢等高尚品格,也很难自动成为他们内心的准则;而红色文化又在一定程度上体现出非传递性的特征。道德准则只有为内心接纳,引发思考,才能最终成为自身的价值取向。红色传统教育内涵深远、外延广阔,对其理解与认识是一个不断积累、持续深化的过程。新时代青少年成长于互联网时代,所爱是新鲜,所喜是潮流。红色精神的部分内核与和平年代的价值追求,存在一定缝隙,若不结合

时代需要加以改造,青少年就难以敞开心扉领悟红色精神,也就缺乏践行的能动性。

五、新时代青少年渡江精神传承路径优化

本文将从政府维度增强精神穿透力、社会维度提升数字传播力、学校维度提振教育感染力、家庭维度强化环境渗透力及个体维度的践行共鸣力等五个维度出发,探究构架新时代青少年传承渡江精神的可行路径。

（一）彰显政府主导,增强渡江精神的引导力

新时代青少年成长在多姿多彩的互联网时代,具有好奇心强、创造力强的特质。社会在发展,时代在变迁,使命在召唤。各级政府部门在践行文化职能、进行精神熏陶中,应充分尊重青少年群体的主体地位,契合新时代青少年追求的生动性和多样性等特点,合理调度多种资源,推动渡江精神弘扬"走新",更"走心"。

第一,充分利用国家红色基因库资源,多维度讲好红色故事。安徽省红色资源丰富,渡江战役纪念馆、金寨烈士陵园、云岭新四军军部纪念馆等纪念场馆入选国家级红色基因库。要充分利用红色资源,积极组织青少年学生参与红旅活动,同时整合相关史料信息,作为真实、可触的第一手资源而存在,借以挖掘开发新模式,注重诠释内涵的时代化、丰富性,不断提炼创造新的红色资源"产品",让红色文化贴近青少年生活、融入青少年成长。第二,发挥好大思政实践教学基地作用。2022年7月底,为贯彻落实习近平总书记关于"大思政课"的重要批示精神,推进习近平新时代中国特色社会主义思想"三进"工作,教育部、科学技术部等八部门联合设立实践教学基地,推动各地各校与基地建立长效机制,形成工作合力,着力打造服务"大思政课"实践教学的优质平台。第三,开展丰富多彩的精神宣传活动。依托科学的阐释解读来开展实践活动,充分体现青少年的主体性。如合肥渡江战役纪念馆专题建设青年党史教育基地,与安徽众多学校开展深度合作,鼓励青少年学生进入博物馆担任讲解员,以讲代学,在创新形式、增强渗透性和感染力的同时,强化青少年在"渡江精神"传承中的主体地位,让青少年在自我体验中感触"历史的厚度",体会"红色的温度",感受"精神的力度",达到认知、认同的整体功效。

（二）依托社会资源,提升渡江精神的数字传播力

思想政治教育学原理认为,思想素养与精神追求是在一定的环境中形成发展的,社会氛围环境更是起到决定性影响。利用数字媒介,在社会场域中架构浓厚氛围,是助推青少年感悟渡江精神的关键举措。第一,多渠道楔入,深挖渡江精神的丰富内涵。注重深入准确挖掘文化内涵、实现"视觉重构",通过数字化手段完善对红色文物的保护利用。从采集到保护再至展示传播,对图片、视频、声音等多种信息建立逻辑连接,契合青少年受众形成独特的视听体验,使红色文物随时随地、

生动活泼地得以展现。第二,多途径呈现,善用现代化传媒的优势。红色媒体作品不仅是镌刻着红色基因的载体,更是培育红色初心的养分。借力数字手段,有利于对红色文物修复还原、红色资源采集储存。如合肥渡江战役纪念馆采用"VR+5G"技术,将 VR 技术的代入感、现实感与 5G 的超高速数据传输相结合,受众可以用自身的终端,随时随地进行实景沉浸式参观,能够更加全面了解渡江战役的发生背景、历史意义,深刻领会渡江精神的深刻内蕴。第三,多形式展示,完善渡江精神的传播路径。相较于传统媒体,新媒体在社会氛围营造上凸显互动性、即时性、个性化优势,能够有效覆盖青少年受众群体,并激发其传承渡江精神的主动性。微博、抖音等媒介渠道是新时代青少年乃至全年龄段人群集聚、活跃的网络平台,能够实现宏大主题精细化、具像化,强化内容的吸引力和影响力。

(三)丰富教育模式,增强渡江精神的教育感染力

学校教学是对青少年进行思想熏陶、思政教育的主渠道、主阵地,在教学中应融入渡江精神等优秀红色文化。第一,建好思政课主渠道,发挥"大思政"作用。将渡江事迹搬进课堂,为青少年提供系统的学习路径。习近平总书记说:"我们办中国特色社会主义教育,就是要理直气壮地开好思政课。同时,要挖掘其他课程和教育方式中蕴含的思想政治育人资源,实现全员全程全方位育人。既要有惊涛拍岸的声势,也要有润物无声的效果。"①各门课程都要积极探索和改进教育教学方式,做到有条理、有内涵式的阐释,采取适合年轻人特点的语言,把偏向概念的渡江精神转化为贴近生活实际的小道理,增强青少年积极参与意识。第二,探索贴近性、对象化、接地气的理论教育方式。结合青少年的年龄特点、认知特性和思想实际,通过形式丰富、创新载体,力求符其特质、生动活泼、行之有效、能够有效帮助青少年学习渡江精神的深刻内涵;应不断发掘新的教学话语,提高红色精神教育亲和力与全面性;消除课堂教学与学生认知间存在的鸿沟,促进学生真正达到"动情、动心、动脑、动口、动手"的"五动"状态,坚定红色信仰,传承渡江精神;引导青少年将红色基因内化于心、外化于行,使红色基因真正做到"渗进血液,浸入心扉"。第三,推动理论教学与社会实践的良性互动。理论学习能为青少年构筑知识体系,而实践活动参与能培育精神素养,使之自愿参与传承弘扬渡江精神活动中。把思政学习小课堂同社会生活大课堂紧密结合起来,立鸿鹄志,做奋斗者,把成长成才建立在社会准确认知和自身正确定位上,进而接力实现社会稳步前进与自身发展成长;以广泛持久的红色主题引导学生,将渡江精神同学生的"知"与"行"紧密结合,使理论得以拓展到实践中,起到事半功倍效果。

---

① 习近平.论党的青年工作[M].北京:中央文献出版社,2022:194-195.

(四)传承家风家教,强化渡江精神的家庭渗透力

第一,言传身教,上好"第一堂课"。父母待人接物的言传身教、积极向上的人生态度等,对孩子的成长成才影响巨大。习近平总书记说:"家庭是人生的第一个课堂,父母是孩子的第一任老师""家长特别是父母对子女的影响很大,往往可以影响一个人的一生"。① 家庭是青少年最早接触、也是时间最长的教育环境,父母的一言一行都是孩子的学习课堂,家庭教育对青少年的渗透作用不可忽视。第二,家校合作,注重家风养成。革命精神的学习效果,与家长、家庭、家风密切相关。让红色基因根植在家风之中,在父母的言传身教里,潜移默化地把渡江精神渗透进孩子心田。第三,耳濡目染,强化家长对红色文化的认同。言于心,立于行。大多数青少年都是最先从家中长辈口述中了解红色历史的。作为父母,其自身对红色精神的敬仰和信服的重要性不言而喻,应该把美好的观念从小就传递给孩子,《看不见的战线》《渡江侦察记》等经典故事,通过代代传递,曾影响了一代代青少年的健康成长。家长经常对孩子讲述革命故事、带孩子去革命圣地参观等行为,都是力所能及且行之有效的做法。

(五)立足五育并举,激发个体践行的共鸣力

坚定信念的德育活动。建设基于生活实际的融合课程、知行合一的融合德育、教学问题的融合研修、共同目标的融合管理体系。打造温情、高质量的红色课堂和实践活动,坚持党建引领,培养主流意识形态认同。红色基因库赋能红色教育,让青少年更好地走近爱国故事,培养爱国情怀,增强民族自豪感。

足智多谋的智育活动。通过红色基因库学生可以足不出户参观革命圣地,跨越时空与革命先辈对话;利用4K视频的拍摄,打造基于开放课程的开源教学平台,定期向青少年推送渡江精神学习资源,打造优秀宣讲团队;积极组织开展云端教学,以培智润心为目标,推动学生创新思维的发展。设计开发"渡江故事我来说"等系列历史课程,着力讲好、讲活红色故事,让青少年在探索中学习,在知识探索中成长。

奋勇争先的体育活动。"文明其精神,野蛮其体魄。"发展红色运动,提升"体育"成效。依托渡江战役纪念馆,打开校馆合作新篇章,结合新课标进行合理的课程教学设计,形成有效的实践模式,磨炼意志、净化心灵。

匠心独具的美育活动。设计"红歌颂"系列教育课程,以耳熟能详的红歌为切入点,通过视频教学,介绍红歌的创作者、创作背景、创作历程和时代意义。帮助青少年静心静气、祛除浮躁、开拓视野、释放不良情绪,获得美的享受。聚焦美育学科

---

① 习近平. 论党的青年工作[M]. 北京:中央文献出版社,2022:133.

融合和课程供给均衡化的场景设计,完善学生日常生活的场景设计,实现红色教育与在学校生活的有机统一。

耕耘树艺的劳育活动。通过"初心之旅"品牌教育活动,通过教育摄影、书法、绘画、演讲、知识竞赛,声情并茂的讲述等青少年喜闻乐见的形式,借以追寻革命先辈们的光辉足迹,弘扬渡江精神,培养青少年的爱国意识。让青少年在劳逸结合中全面、阳光、健康发展。通过动手实践、出力流汗,接受锻炼、磨炼意志,促进学生形成正确的三观。

我们着力构建的青少年渡江精神传播路径体系,实现国家、社会、学校、家庭、青少年自身的"同频共振"和"五力齐聚",最终达到助推青少年学生成长成才的"五育并举"。

作者:王雅璐　汪宸宇　徐海燊

红色基因融入新时代乡村振兴路径探查

内容导读

红色基因融入新时代乡村振兴路径探查,包括安徽典型革命老区乡村振兴面临的共性难题,以及红色基因融入新时代革命老区(金寨县、泾县等)乡村治理、乡风文明建设和美丽乡村建设可行路径的探索。借以建构出红色基因有机融入宜居宜业和美乡村建设的"五四三二一"模式:即产业振兴的"五好模式";乡村治理的"四治融合"模式;乡风文明建设的"三位一体"模式;以及"两山理论"指导下的"红色基因+绿色生态"的生态文明建设模式;最终形成红色基因融入革命老区乡村全面振兴的"一体化"解决方案。

典型地区乡村振兴的难题与对策探究

——以安徽泾县为视角①

"三农"问题是关系国计民生的根本性问题,实施乡村振兴战略是实现"精准脱贫"和"全面小康"之后农村永续发展的总体方向。泾县背靠苏浙沪,有着绝佳的区位优势,传统文化资源、绿色生态优势和红色旅游资源异常丰富,是"看得见山,望得见水,记得住乡愁"的典型样本。研究报告充分发掘泾县贯彻落实乡村振兴战略中遇到的瓶颈问题,解析深度矛盾,构建对策体系,进而为区域发展建言献策。在此基础上,报告深度剖析以泾县为代表的典型地区乡村振兴的五对矛盾:坚守传统特色与打造现代文化的矛盾,立足自身特色与依赖苏浙沪的矛盾,优化一般工业与打造特色文化产业的矛盾,生态有效保护与产业持续发展的矛盾,高社会知名度与普通群众无法受益的矛盾。有效解决五大矛盾的政策举措较具针对性和创见性,进而为省内外类似地区持续推进乡村振兴提供政策借鉴和有效样板。

一、泾县乡村振兴考察样本的典型特色

(一)区位优势凸显

宣城市是全国首批国家生态文明试点市和全国文明城市,泾县背靠苏浙沪,有着绝佳的区位优势,优异的生态环境,丰富的传统文化资源和经典的红色旅游资源,使其在安徽省甚至国内都具有非常典型的区域优势。然而,泾县的发展相对于宣城市甚至安徽省其他县市较为落后,需充分发掘泾县实施乡村振兴战略的难点所在,探寻关键环节和发展机遇。

背靠苏浙沪,放眼长三角。G60科创走廊经历了从1.0到3.0的发展。3.0版以上海、嘉兴、杭州为基础,扩展发展到金华、苏州、湖州、宣城、芜湖、合肥等九个城市,形成了"一廊一核多城"的多维空间布局规划。宣城也迎来了新的发展机遇。泾县作为宣城市辖县之一,自然不会错过这个机会,积极投身参与其中。为了促进

---

① 该文获评2019年安徽省社科联"三项课题"研究活动优秀成果三等奖。

区域企业转型升级,特别是在培育战略性新兴产业等市场领域方面,泾县利用政府产业引导社会投资,凭借自身的优势文化产业,以科技创新和文学创作的理念重点扶持"科创+文创"的小镇和园区,为特色优势产业创造技术路线图,并以此作为产业升级转型的蓝图。

泾县作为安徽省重点山区县之一,经济发展相对落后,然而,相对于其他县市而言,泾县离长江、南京和杭州都比较近,地处长江经济带规划范围内,在区域发展上有其独特优势,符合长江经济带战略协调发展要求,可借助都市经济圈发展机遇,全面推动经济发展。

(二)全域旅游范本

泾县生态、传统文化与红色旅游资源异常丰富,是"看得见山,望得见水,记得住乡愁"的典型样本。云岭新四军军部旧址纪念馆先后入选全国 12 个重点红色旅游景区、30 条红色旅游精品线路和 100 个红色旅游经典景区,也是安徽省首家 4A 级和全国"红色旅游十大景区"和全国爱国主义教育示范基地;位于泾县城郊水西山的"皖南事变烈士陵园",以邓小平题写"皖南事变死难烈士永垂不朽"纪念主碑为中心,组成完整有序的有机整体;军部旧址与烈士陵园成功入选国家首批红色基因库试点单位;传统宣纸制造艺术被联合国教科文组织认定为"非物质的人类遗产",也是省内唯一完整的人类文化遗产项目,中国宣纸文化园、中国宣纸博物馆和宣纸传播基地是安徽省唯一的国家科研旅游和工业旅游示范基地;泾县桃花潭集自然景观和人文景观融为一体、查济古镇是中国历史文化名村和中华写生第一村;上佳生态风景区是全国唯一注册成功"江南第一漂"的漂流品牌……泾县目前有七家国家 4A 级、七家国家 3A 级风景名胜区,还获得"中国最美生态休闲旅游目的地"等荣誉称号。全力打造皖南特色的旅游路线,延伸发展了旅游产业链,充分发挥旅游业的带动作用,实现旅游业带动一、二、三产业的一体化发展,增加了旅游供给,优化空间组织形式,规划"风景营地走廊道路"四大网络形式,构建科学合理的全球旅游发展空间,形成可复制、可扩展的空间组织形式①。近年来,泾县相继获评国家级生态县、国家级园林城市、中国研学旅行最佳目的地、全国深呼吸百佳小城、中国文化百强县。2023 年获评安徽省全域旅游示范区。

(三)生态农业发展基础优异

泾县森林覆盖率高达 60.7%,同时林木绿化率也达到 64.2%。境内的太平湖(陈村水库)总库容 28 亿立方米,成为安徽省目前最大的人工湖,控制流域面积达2800 平方公里,有"黄山情侣""东方日内瓦""未经雕琢的翡翠"等美誉,湖区内无

---

①　张泽培,李文财,李兰,查从政.乡村振兴的绿色产业路径——以安徽省泾县为例[J].农业展望,2019,15(06):100－103.

工业污染源,无泥沙淤积,山绿树绿水绿,湖水澄碧幽深,清澈如镜,水天相接,翠绿相映,兼有西湖的妩媚、太湖的坦荡、漓江的秀丽和三峡的神奇;起步于泾县蔡村镇的皖南川藏线,被誉为"江南天路";"水墨汀溪"号称中亚热带东北部最后一方"绿色净土",一派纯生态"水墨丹青"绝版境地;蔡村镇月亮湾村被誉为"华夏毛竹第一镇",《红色的记忆》《渡江侦察记》等多部优秀红色经典影视作品都曾在此拍摄外景……美仑美奂的山水人文资源,为泾县生态农业奠定了良好基础,未来将信息技术与农业生产运营的深度融合,全力打造泾县的特色农产品;着力打造生态农业,将农业同乡村旅游相结合,培育乡村新型产业。

(四)强力政策对接

农业、农村和农民问题是关系国计民生的根本性问题,必须始终把解决好"三农"问题作为全党工作的重中之重。党的十九大报告中对乡村振兴战略进行了规划,提出要坚持农业农村优先发展,按照乡风文明、生态宜居、产业兴旺、生活富裕、治理有效的总要求,建立健全城乡融合发展体制机制和政策体系,加快推进农业农村现代化。

2018年2月4日,中央一号文件,即《中共中央国务院关于实施乡村振兴战略的意见》公布。2018年3月5日,李克强总理在政府工作报告中,提出大力实施乡村振兴战略。同年5月31日,中共中央政治局召开会议,审议《乡村振兴战略规划(2018—2022年)》,其核心内容包括乡村规划布局、乡村产业、乡村治理、生态环境保护、民生保障、扶贫攻坚、乡村文化、城乡融合发展等8个方面。实施乡村振兴战略,在党的十九大报告中正式提出。报告将之列入决胜全面建成小康社会需要坚定实施的七大战略之一。党的十九大以来,习近平总书记多次提及乡村振兴战略,从不同层面对推动这一重要战略的落实提出具体要求。从实施途径到目标效果,走好中国特色社会主义乡村振兴道路,把握好这些重点,实施乡村振兴战略就找准了方向。

自乡村振兴战略推广实施以来,泾县政府紧抓落实,制定乡村振兴战略的相关意见。2018年3月23日,以泾发【2018】11号印发了《实施乡村振兴战略三年行动计划的意见》、以泾发【2018】10号印发了《大力实施"三乡工程"促进乡村振兴的实施方案》,同时制定了《泾县乡村振兴战略2018年工作要点》,并以项目化为核心,对各项工作进行分解,确定目标,明确责任单位。2018年10月18日,召开乡村振兴大会战新闻发布会。力求乡村振兴取得重大进展,制度及政策的体系都基本形成。

二、泾县乡村振兴的实地调研和数据透析

2019年7月到9月,合肥工业大学赴泾县乡村振兴调研服务团,深入泾县县政府、琴溪镇、泾县人才交流中心,云岭新四军军部旧址,泾县三兔宣笔有限公司,宣纸文化园以及皖南事变烈士陵园等走访调查、深入访谈,探寻典型地区实施乡村振兴战略的瓶颈问题,解读深层矛盾,借以打造泾县特色产业、红色文化以及农业种

植的突出优势。

（一）总体调查情况

调查过程中，我们将被调查者配合度较低、填写较随意的问卷以及中途放弃填写的问卷标注为无效问卷，回收有效样本整体质量较高。团队共发放调查问卷185份，其中有效问卷172份，有效率达93%。调查结束后，我们将调查问卷的数据输入 EXCEL 中，后期利用 SPSS 软件进行分析得出结论。

（二）信度与效度分析

1. 信度分析

信度是指采用同样的方法对同一对象重复测量时所得结果的一致性程度。我们将调查得到的问卷用 SPSS 软件做信度检验，通过克隆巴赫信度（Cronbach's alpha）系数检查结果的稳定性和可靠性（参见表1）。

表1　克隆巴赫信度系数表

克隆巴赫信度	基于标准化项的克隆巴赫信度
0.872	0.873

＊信度系数在0.9以上，表示量表的信度很好；在0.8~0.9之间，表示量表的信度可以接受；在0.7~0.8之间，表示量表有些项目需要修订；在0.7以下，表示量表有些项目需要抛弃。

利用 SPSS 软件对172份调查有效问卷信度分析得出克隆巴赫信度系数表，表中克隆巴赫信度系数是0.872>0.8，信度可以接受，即本问卷具有可靠性和稳定性。

2. 效度分析

效度（Validity）即有效性，是指测量工具或手段能够准确测出所需测量的事物的程度。此次调查问卷的 KMO 值为0.776，适合做因子分析。根据表2的贡献率可知，具备信度的问题一共可以提取12个主成分，这12个主因子解释的方差占到将近71.186%，由此认为，这次提取的12个公因子在充分提取和解释原变量的信息方面比较理想。且通过观察旋转后的因子载荷矩阵，所有题项都仅只在某一个主成分上的载荷比较大，因此调查问卷中的每一个题项是具有效度的。

表2　解释的总方差

成分	合计	提取平方和载入方差的百分比（%）	累计（%）
1	2.63	9.739	9.739
2	2.339	8.664	18.403
3	2.072	7.675	26.079
4	1.695	6.278	32.357

（续表）

成分	合计	提取平方和载入方差的百分比（%）	累计（%）
5	1.654	6.127	38.484
6	1.552	5.747	44.231
7	1.413	5.232	49.463
8	1.318	4.88	54.343
9	1.274	4.72	59.063
10	1.136	4.209	63.272
11	1.122	4.155	67.426
12	1.015	3.759	71.186

（三）描述统计分析

调查总体情况。受访者年龄大部分在 18～60 岁之间，包括 18～40 岁（43.33%）、40～60 岁（27.5%）、60 岁以上（20%）、18 岁及以下（9.17%）。年龄不同对乡村振兴的了解和认知也不同。月收入 2000～5000 元（33.33%）、2000 元以下（28.83%）、5000～8000 元（22.83%）、8000 元以上（15%）。

家庭主要收入。泾县家庭主要收入来源有种植（32.50%）、经商（31.67%）、外出务工（15.83%）、政府提供的保障资金和补助（14.17%）、子女或亲戚的援助（5%）以及其他几种情况。以种植和经商为主要收入来源的家庭人数占 64.17%，当前泾县经济发展还是以农业为主，也有部分受访者靠做生意维持生计，脱贫之后部分居民依然可以享受政府提供的保障资金和补助。

（四）乡村振兴认知分析

绝大多数受访者都听说过乡村振兴战略，依次为了解一点（35.83%）、非常了解（33.33%）、了解一些（18.33%）、未听说过（12.50%）。可见泾县十分重视乡村振兴战略的实施，积极响应国家号召，把相关政策向百姓进行有效的宣传，这对于进行乡村振兴战略的实施有积极作用。

乡村振兴战略有待改善之处。有超过半数的受访者希望乡村振兴战略重点对交通道路建设（64.17%）、农村基础设施建设（59.17%）和就业与社会保障（53.33%）几个方面加以改进，由此可以看出，泾县的基础设施建设尚未达到人们的期望，需要在之后战略实施中重点强化。分别有 32.5% 和 25% 的受访者希望能加强经济建设，关注民生，继续重视教育、养老、医疗，为人民带来更好的社会保障。

乡村振兴战略实施后的改善情况。实施乡村振兴战略以来，泾县在各个方面都有了一定的发展。在调查研究中发现，受访者认为随着乡村振兴战略的实施，改变较大之处是就业与社会保障(49.83%)和乡村文化教育(47.50%),均有超过三分之一的受访者认为泾县在住房条件(33.33%)、乡村产业和道路交通建设(35%)方面有了较大改善。可见,乡村振兴战略的实施,对泾县经济社会发展和人民生活水平的提高有显著作用。

未来持续发展方向。半数的受访者希望泾县可以通过政府提供资金帮扶(49.17%)和进行相关技术培训的方式(50%)实现更好的发展,34.17%的受访者认为需要利用泾县的红色资源和文化底蕴大力发展旅游业,29.17%的受访者认为泾县需要招商引资,发展特色产业,其余受访者认为需要进行产业调整(23.33%)。从中可以直观地了解泾县乡村振兴发展的主要方向,为助力乡村振兴战略的实施提出更具体有效的对策建议。

乡村振兴战略实施前景。39.17%的受访者认为乡村振兴战略前景一般,乡村能够取得较大发展,33.33%的受访者认为乡村振兴战略前景好,乡村能够得到很大改善,15.83%的受访者觉得前景不好,11.67%未发表意见。绝大多数受访者对乡村振兴战略有较大信心,认为泾县通过战略的实施可以取得较大的发展,人民生活水平得到提高,但整体认同率有待提升。

（五）基本调查结论

调查问卷从受访者基本情况、乡村振兴战略的实施几个方面入手,对泾县居民进行调查访问。调查发现,泾县受访村民经济来源靠种植和经商的占多数,月收入相比之前有了提高,泾县政府在乡村振兴战略的宣传上较为到位,大多数村民对国家给予的补助政策比较了解,贫困户也真正享受到了补助政策,在扶贫对象、资金、措施和成效方面做到了精准扶贫。随着乡村振兴战略的实施,泾县在就业与社会保障、乡村文化教育、住房条件、乡村产业和交通建设等都有了一定程度的改进,战略初显成效。

调查数据重在探寻实施乡村振兴战略的瓶颈问题,发掘泾县特色产业、红色文化以及农业种植的突出优势,形成综合调研报告,并将解决对策反馈给调研地政府和各大企业,并与对接单位保持长期联系,服务当地百姓,提升自身价值。

从总体上看,受访民众希望能重点对交通道路建设、农村基础设施建设和就业与社会保障等方面加以改进,加大乡镇基本公共服务投入,传承发展提升农村优秀传统文化,通过政府提供资金帮扶、进行相关技术培训、招商引资,发展特色产业、大力发展旅游业等手段使泾县得到更好发展,加强乡村治理人才队伍建设,充实基层治理力量,结合本地实际,加强农村文化引领,推进法治乡村建设等等。

三、典型地区泾县乡村振兴中的难题探究

（一）交通闭塞山区较多,农村教育资源有限

泾县部分经济相对落后地区由于资源匮乏、环境恶劣、交通不便等自然因素和

长期的发展滞后,所导致的生产技能差、思想观念落后、文化素质低等社会因素,阻碍了当地经济发展和文化素质的提高。大多数欠发达户本身受教育程度偏低,对子女教育重视不够,直接影响了后代对学习知识的观念。教育可以转变思想观念,是带领欠发达地区人民共同致富的重要手段,但由于环境因素,交通不便利,大多数地区教师资源有限,无法对每家每户的孩子做好思想教育工作。

(二)乡村振兴认知有限,缺乏农业技术人才

农户对农业新技术和新设备基本无法灵活应用到农业生产中去,直接影响劳动生产效率。单独靠政府资金的帮助不可能从根本上形成高效率的作业形式,所以首先要从观念上彻底改变滞后的教育观、发展观,也就是先从文化振兴开始,从根本上引导农民振兴的主动性和生产技术上的创造性。农户对于农产品的种植多以小户分散种植,规模小且技术落后,专业种植技术指导人才缺乏。加上经济能力低和思想观念陈旧,他们更不愿去为引进新技术新设备而支出。政府部门需要以更直观的效果改变农民固有的生产观念。另外劳动力少也是一主要原因,劳动力少就意味着更少的输出,在安徽的南部一个地级市人口可能还不如中原地区的一个县级市人口多,人口少就意味着在一些边际效益递减的产业上,该地区处于窘迫的处境。现阶段泾县基层文化工作人员普遍素质低,技能不高,制约了当地乡村振兴工作的持续推进,当地就业环境差、开展工作难等症结,也导致了泾县人才流失严重。

(三)人才流失比例较高,公共设施体系不足

专业技术人才是带领人民致富和协助政府的必不可少的指导者。现阶段泾县部分地区基层文化工作人员普遍素质低,技能不高,工资待遇低,村级地区没有相对应的文化工作人员。导致人才流失的主要因素是在当地就职环境差、开展工作困难等。

现阶段泾县农村公共设施建设相对滞后,主要原因是政府部门在开展工作时更注重能够带来实体经济效益的项目,容易忽视公共文化对当地居民的积极作用,在缺少公共文化设施的情况下,开展文化振兴工作会导致工作效率降低,从而影响振兴工作的进行,同时公共文化设施体系与当地特色文化不相关,过于规范化,造成区域文化的退化和消失,这也会导致当地失去彰显文化特色的经济发展方向。影响最大的是交通设施与红色旅游景点不对接,如皖南事变烈士陵园周围交通闭塞,直达公交和交通设施少之又少,红色旅游资源转换效益比较困难,导致丰富的旅游资源不能有效整合,难以创造更高的经济效益。

(四)红色旅游模式单一,旅游产业链不完善

泾县是安徽红色旅游资源的富集区,当前泾县红色旅游开发采用的是以观光

为主的旅游目的地体系,多以文物展示为主,度假、休闲、会展功能较弱;受地理位置影响,没有充分融入当地文化特色,导致旅游业的发展不够充分,造成游客旅游体验低。不仅如此,维护不可再生的红色文化遗址需要投入巨大的人力物力,如果遗址不能带来实际效益,当地居民就越加难以致富。泾县拥有良好的生态环境和多处适合旅游的景点待开发利用,如果能配合红色旅游主题,开发系列旅游资源,大力丰富旅游内容,将大大增加景区收益。

(五)五大矛盾冲突,顶层设计难以开展

构建科学、合理、规范的乡村振兴实施战略,顶层设计至关重要[①]。明确宣城市和泾县的自身定位,扬长避短,进而确定自身发展方向、方法。经过问卷调查和实地走访考察,泾县实施乡村振兴战略主要有以下五对矛盾冲突。第一,坚守传统特色与现代文化相结合的矛盾。泾县传统宣纸文化源远流长,是长期的社会发展进程中所积淀的物质文明和精神文明的文化遗产,而现代文化主要受西方社会影响,与我国传统文化差异较大,在我国现代化建设进程中两种文化彼此冲突,存在相容调和的矛盾。第二,立足自身特色与依赖苏浙沪的矛盾。虽说“酒香不怕巷子深”,如果通往外界的“巷子”又窄又偏,那么再香洌的美酒也难以广为人知,基于此,在集中精力打造自身特色与开拓苏浙沪的精力分配方面存在着矛盾。第三,优化一般工业与打造特色文化产业的矛盾。现代化建设过程中,产业优化与转型升级不可避免,如何分配优化资源,如何决定优先转型产业问题,尤其是一般产业与文化特色产业的抉择问题,还有具体转型措施方案,这些矛盾亟待解决。第四,生态有效保护与产业持续发展的矛盾。泾县生态良好,在进一步发展区域经济的同时,如何兼顾生态保护,合理地提升当地经济发展问题不容忽视。坚守“绿水青山就是金山银山”的发展理念,忽视科学发展观,盲目发展经济可能会导致事倍功半的结局。同样,一味强调产业发展来谈生态保护,也不会有真正全面发展。第五,社会知名度高与普通群众无法受益的矛盾。尽管泾县宣纸、新四军军部旧址、太平湖、桃花潭等驰名海内外,受到社会广泛认可,享有极高的社会知名度。不过当地普通群众难以从中受益,如宣纸产量不高难以形成规模效益,全域旅游难以转换成经济效益等,较难带动当地产业发展从而惠及普通群众。

三、典型地区泾县乡村振兴的对策体系构建

(一)优化资源环境畅通闭塞山区

第一,以人与自然和谐共生为前提。我们应坚持“生态兴则文明兴,生态衰则

---

① 廖彩荣,陈美球.乡村振兴战略的理论逻辑、科学内涵与实现路径[J].农林经济管理学报,2017,16(06):795-802.

文明衰"的绿色原则①。泾县凭借其自身优越的环境生态以及丰富的旅游资源,应当充分发挥与之临近的琴溪、蔡村、汀溪等东部乡镇河流纵横的特色优势,构建现代生态系统中的美丽公路、美妙风情。与此同时,高度重视人文环境资源,立足宣纸文化、云岭茂林红色文化、桃花潭历史文化的丰富内涵,打造特色文化示范线,优化自然和人文环境,融生态、文化、产业、旅游等要素于一体,推进全域旅游发展,从而带动乡村振兴。

第二,全力推进交通建设。抓住高铁开通和多条一级公路的建成的契机,努力完善交通环境,着力服务全域旅游。以国省干线公路为重点,积极改善农村公路,提升交通环境,做到区内交通基本顺畅、对外交通渐趋便利,大力推进城乡客运一体化,重要旅游公路沿线做好环境绿化工程。泾县以农村道路振兴联动发展,把农村道路的畅通作为推进人口转移就业的基础性工作,力争实现转移就业"出行容易、就业不难"的目标,利用便利的交通、丰富的旅游资源,吸引更多的外来投资者,使乡村振兴战略的实施更加有力,使人民的生活水平更加美好。

第三,利用自然资源,开发休闲旅游。泾县的地理位置优越,拥有良好的生态环境和桃花潭等优美自然景观,发展以农家乐和聚集村落为主的食宿、游乐、采摘、购物相结合的"农家乐"模式,当地的居民和游客接触更加融洽,从而实现经济平稳增长,贯彻实施"两山"理念,助力乡村振兴。目前泾县旅游产业之间尚未能形成强大的产业链,红色旅游以参观及相关教育为主,度假、休闲方面比较薄弱,我们看到泾县具有良好的生态环境及可开发的土地资源,多处适合旅游的景点待开发。如果能形成完善的旅游产业链,将会提高周围居民的生活质量,为更多人带来就业机会,同时增加景区收益,发展泾县经济。

第四,立足地方优势,发挥自身特色错位发展。泾县作为宣城所辖县,自身有着很多特色优势。作为文化大县、文化名县,泾县有着传统文化资源优势,2100年的历史悠久流传,非物质文化遗产的宣纸宣笔逐渐成为泾县文化产业领头羊,而且引起越来越多人的重视与关注。红色旅游产业也成为泾县经济发展的助力器。泾县丰富的人文景观和美丽的自然山水是其独特优势,这些优势必能吸引更多的人来投资与合作。

(二)引导人才下乡重视理论认知

第一,加大对乡村教育事业的投入力度。由于当地群众对乡村振兴战略实施认识不足,缺乏对政策的支持性活动,因此,无法保证乡村教育有充足的资金发展。应鼓励和引导社会力量对乡村教育事业的资助。

① 索志敏.农村振兴战略背景下的农业经济发展路径探索[J].产业与科技论坛,2019,18(13):13-14.

第二,培养高技术指导性人才。授之以鱼,不如授之以渔,提高人民素质的关键在于教育。应鼓励其进行相关的技术培训,帮助他们用知识来改变生活。培养一部分懂技术的高素质农民,让其他人在他们的指导和带动下走上发家致富的道路。

第三,强化对农民进行技术培训。开设相关培训课程,对依据当地发展资源条件以及"一村一品"发展策略,进行针对性的技术扶持和相关培训,将先进科学的农业种植技术知识真正传授给村民,通过培养一部分高技术高素质农民,把技术理论融入实践发展中,从而带动地方经济发展,实现特色产业驱动;创新教育振兴机制,优化教育提升资源,充分发挥教育强民、技能富民、资源惠民的作用,即需要各地区政府企业以实际行动将技术知识传授给人民,才是地区发展的根本方法。用科学的理念,长远的眼光,务实的作风对待产业振兴工作,才能充分发挥高技术指导性人才应用的带头作用。

第四,出台政策,鼓励和引导高校人才下乡发展。政府要充分发挥自身价值进行相关政策扶持,进一步完善公共设施服务,提高高校人才的福利待遇,鼓励他们去基层发展,扎根基层建设乡村。要从支柱产业、振兴政策与就业关系,以及引才渠道、引才成效等方面进行详细规划,采用龙头企业带动工厂企业联合发展,丰厚员工福利,尽量减少高校人才流失;落实泾县每年面向高校毕业生的创业培训计划以及创业贷款政策,鼓励大学生创业的同时,通过设置更多岗位解决就业问题,带动经济发展;奖励引进及培养双一流大学毕业生、高级技术人才的企业,实行政府补贴,通过各大企业渠道更好地留住人才。

第五,充分发挥人才资源的引导作用。对于人才吸引均采取一系列相关鼓励措施,出台优惠政策,鼓励高校人才回乡创业、就业,用专业知识建设家乡。引进人才的同时更需要为其提供完善的创业、就业平台载体[1]。即在创业方面提供资金、政策、技术等支持;在就业方面,鼓励地方企业挖掘人才特长,发挥其主观能动性,用好高校人才福利政策,做到真正把人才资源为企业发展带来的潜力发掘出来。泾县拥有邻近苏浙沪地区的地域优势,可以充分采取苏浙沪地区高校人才资源的引进措施,出台对于高层次人才资源的吸引政策,加大人才引招力度。人才下乡需要更加完善性的鼓励与支持,提升人才服务保障水平。进一步简化优化人才服务流程,提高人才服务效率。提供人才下乡生活安居保障,加强人才激励制度,构建优化人才生态,促进人才横向流动。

(三)加强传统文化建设,树立独特文化品牌

泾县气候温润宜人,既是农桑之区,又以文风昌盛而闻名,拥有独特的文化优

---

① 钱有龙. 安徽宣城市泾县——汇聚能人回乡助力脱贫攻坚[J]. 老区建设. 2019(08):8.

势,且自然和人文资源丰富。在更加注重文化素质和文化底蕴培养的今天,泾县在积极践行乡村振兴战略的同时,应加强文化阵地建设、文化创新活动开展和文化技术培养。传承发展提升优秀传统文化,文化是人类的全部精神活动及其产品。这是历史发展的结果,更是古代先辈的伟大成果,文化传承不是为了追求经济发展就一味地接受,而是要在时代发展中弘扬与创新。在文化宣传的过程中提升本身产品的价值,引导其产业主动影响市场的发展方向。泾县应立足自身特色,打造特色文化品牌。

第一,推动传统文化的现代转化。实施乡村振兴战略,实现农业农村现代化不是全盘接收或者全部丢弃重来。我们要做的是去其糟粕取其精华,并将其有用的部分向现代转化。对于目前尚存的农村物质文化遗存,要保护起来,让他们成为乡村振兴的一大利器。对于非物质文化遗存,要结合新时代新兴技术,把文化资源现代化,提供多维度多结构的现代呈现方式,实现传统与现代的融合,满足广大游客及村民的体验需求。

第二,加大文化投入,丰富公共文化设施。乡村地区的公共文化设施严重不足,居民文化生活单调。因此我们应根据地域特点来因地制宜地提供一些丰富多彩的公共文化服务项目,以满足群众日益增长的文化需求。针对宣纸、宣笔文化的发展现状,以横向产业带动文化经济与文化传承的发展方式,是未来泾县企业发展的方向之一;未来文化产业的发展将会是泾县发展的重要部分,也将为产业带动就业问题发挥更大作用。

第三,打造特色文化品牌,增强文化氛围。根据泾县地区乡风民俗等文化资源的特点,以特色文化为导向,打造知名全国品牌。通过文化产业的发展,既可以营造高品质的生活氛围,也可以增加当地人民的收入,扩大就业范围,缩小收入差距,从而有效地提升振兴效果。为将文化资源优势更好地转换为市场优势,应结合地方优势资源,发展多结构大规模的文化产业,结合科技创新,创立有特色有内容成品牌的知名文化产业,既做到因文而美,更做到因文而胜。作为泾县经济发展的文化产业支柱,宣纸文化作为泾县地方名片,向全国各地展现其纸墨涵香的魅力,宣纸文化的继承与发掘,必须泾县经济发展同频共振,不断进步,在收获认可的同时,实现文化、经济双丰收。

第四,提升教育服务水平,加强乡村振兴的文化认同。教育事业的发展是乡村振兴战略实施的前提条件,高素质的人才能带来更高效率和先进的生产,国家应建立合理的教育结构,特别是针对贫困地区,给予适当的特殊照顾,保证每一个孩子都能完整地受到良好的义务教育。同时,提升教育服务水平,加强当地学校师资力量,提高老师们的待遇;增加乡村振兴相关知识的普及,强化民众的认同感。

(四)打造特色产业集群发展

针对当前的发展阻碍,泾县应打造特色产业集群,建设红色养老基地,进行特色种植,在乡村振兴战略的引导下,发挥自身优势,提高竞争力①。

第一,重点建设产业集群,加速工业发展。着力打造四大产业集群,利用自身优势引进技术与人才,并借机不断拓展新市场,努力扩大企业的规模和数量,进一步延伸产业链,加快技术改造和产品升级。

第二,完善红色养老基地建设,构建红色旅游产业链。泾县当前红色旅游业形式仍过于单调,应着力开发带给游客参与感的活动,形成参观、休闲度假相结合的产业链条,深化红色旅游业的发展,加快完善红色养老基地,利用红色资源宣扬红色文化,助力泾县乡村振兴战略的实施。

第三,加强特色种植,充分利用特色农产品优势。泾县的特色农产品加工企业可以通过政府部门和协会组织,扩大自身规模及发展渠道;建立统一销售网络,形成供应需求一体化,打开特色农产品市场;制定相关政策,确定行业统一标准。

第四,利用文化资源,打造全国知名产业化品牌。宣纸、宣笔等相关产业应加大产品研发力度,不断拓展新市场,跟随市场潮流适应不同受众需求,打造宣纸宣笔特色发展平台。在政府和企业的大力支持下,宣纸文化园、宣纸小镇等"文化+旅游"项目在不断被开发,旨在为人们提供一个更加优质、富有文化内涵的旅游场所,同时也能够真正发挥文化产业的经济效用。

(五)解决五对矛盾,规划顶层设计

1. 坚守传统特色与现代文化相结合

第一,传统产业实现转型升级是推动区域经济持续发展的重要手段。传统文化是实现现代化的基础,是现代化成功的保障,而现代化又是未来的传统文化。传统—现代的往复循环,作为典型的传统产业,泾县宣纸、宣笔产业需要不断创新,在技术市场规模有限、污染治理成本上升、原材料短缺的背景下,发展受到极大制约,已经不适应中国经济新常态的发展趋势。因此,解决传统与现代经济矛盾是极其必要的。

第二,注重传统文化转型和文化整合,创新改革传统文化产业。如宣纸、宣笔这类文化产业,可以与现代商业和旅游模式相结合,设立产业链,实现文化整合,设立文化产业园,宣纸、宣笔文化研究中心,开设特色文化小镇,以符合当今追求文化休闲的潮流。为了提升产品文化,促进产品进入高质量价值链,发挥宣纸产品的特有文化元素,经过现代文化衍生品加工,在此基础上实现传统产业的转型和现代化,有两种路径:第一种路径是结合当地文化的经典元素,即从泾县提取家客文化的精华,以创新思想为基础,参考清明上河图,打造城市形象,并提高所用宣纸的质量,改善纸张生产方法,不断开拓新的纸张品种和扩大纸张市场。第二种路径为结

---

① 朱燕. 泾县生态农业建设及其发展[J]. 农家参谋,2019(08):8.

合当地独特的旅游资源,泾县是安徽省著名的文化旅游城市,可以将其独特的文化、旅游特产的销售、旅游资源的利用和开拓新的消费市场结合起来。不仅为了在游客中传播和发展造纸文化,而且有利于促进宣纸的销售。

第三,扩大文化服务内涵,不断提升产品增值。文化产品如宣纸、宣笔等的生产过程不限于原始工艺,但这种增加须以原始工艺为基础。该路径有两种:第一种路径为体验传统公益过程,即整合宣纸制作过程,与技术人员一起体验项目,从而实现创新。同时,消费者在体验中也传播当地文化,得到消费者积极的认可。第二种路径为复古景观一日游。通过恢复历史的生产和经营场景,让游客观看图像或录像,展示出古人的工匠精神。同时,建立与这些文化相关的亲子经验项目,让游客感受到强大的文化魅力,带来强烈的共鸣。

2. 立足自身特色与依赖沪苏浙

泾县经济虽然发展落后于沪苏浙地区,但有着独具地方特色资源的优势,在促进县域经济发展中可以采取以下战略:第一,发展资源导向型经济模式。泾县是皖南国际旅游文化示范区的核心区,山川美丽。有国家重点保护文物单位1处和14处省重点文物保护单位,著名景点有如桃花潭、太平湖、查济古镇等。泾县先后获得国家生态县、国家园林县、全国县城旅游综合实力百强县、传统村落集中连片保护利用示范县等标志性荣誉称号,是中国的宣纸之乡、中华诗词之乡。泾县自身得天独厚的资源优势是其乡村振兴的有力保障。第二,依靠周边沪苏浙地区发展辐射作用。沪苏浙三地是我国目前经济最具活力的区域之一,上海是中国的也是世界上的首要都市圈,是中国第一大中心城市,拥有最大的经济实力和最高的经济效益,也最开放最与国际接轨。沪苏浙地区经济实力雄厚,工业经济发达,面向世界,经济繁荣,快速发展,有众多的企业集团,地区经济实力最强大,是实现经济高质量增长的重要力量,企业和人口仍在快速地向这个地区集中,为泾县经济快速发展创造出有利的外部环境。第三,以发达区域经济带动,助推区域发展。城市化只是一种城市间社会经济联系的多中心体系,建立都市圈可以使中国以多极方式发展其空间经济,提高城市化和经济增长的速度。联系经济发达的一线城市和城市功能覆盖较强与经济有密切关系的地区,包括经济吸引力和放射性可促进县域经济最大限度发展的地区。依靠沪苏浙的位置优势,泾县可以在规模经济、地区经济带动中抓住快速发展的机遇,在传统产业文化传播以及工业、新兴电子产业的发展中都可以借助长三角都市群的发展便利。第四,通过加大自身优惠政策,吸引人才和外资企业。沪苏浙地区的经济发达背景使得其高校人才资源充足,投资企业遍地开花。泾县虽然资源充足,但人才与投资企业匮乏,泾县发展更加需要政策引导。因此,泾县必须积极考虑大城市的特殊经济条件和高效率的市场机制,如吸引外来经济和创新传统产业,加速知识的扩散刺激,通过知识、经济以及技术的革新推动产业结构的升级,为泾县朝着更加专业化的产品和服务市场发展提供良好的支撑。

3. 优化一般工业与打造特色文化产业

近年来,泾县重点放在工业集群和核心项目上,优化产业结构,增强企业的创新能力,加速发展高新技术产业十分重要,实现县域工业经济高质量发展。智能制造、生产线升级改造正在泾县电机主导产业中稳步推进,助力泾县产业结构进一步转型升级,但在泾县工业发展进入新阶段的同时,也面临文化特色产业进入瓶颈期的发展处境,解决好工业与文化特色产业协调发展,成为泾县实现文化与经济并进的关键。第一,利用特色产业发展带动区域经济发展。我国在产业政策上,强调城市工业优先发展;在资金流向上,重点流向城市,使得农村居民向城市的流动仍存在较多障碍和限制。这种产业发展政策使得县域经济在发展中受到较大限制,因此,泾县相关部门通过招商引资发展特色工业在目前仍是非常重要的关键一环,在工业发展方向、定位等方面选择适度、适当、适合,与当地原有产业相融合才是发展之道。第二,加快文化特色产业改造升级。推动产业由低利用价值状态、低技术水平向高技术水平高利用值状态上升。而生产技术高新化可以加快特色文化产业的技术产品创新,地方区域经济发展需要以高新化技术产业经济支撑,而后者以当地传统产业为依赖,因此推进和发展泾县文化特色产业是贯彻乡村振兴战略发展的必要因素。泾县相关部门可以通过利用宣纸、宣笔等特色产业品牌,不断吸收优秀适用的高新技术,借以改造部分地区相对落后的企业发展战略政策和制度,还可以根据国内外各大市场需求,在保留传统手艺的情况下,积极进行产品创新,从而扩大本地文化特色产品知名度。第三,设计产业合作的实现机制。合理的产业分工布局是发展泾县城乡产业合作的基础。知识相对密集型产业如新能源制造等,高关联度产业如宣纸、宣笔互补品和红色旅游业应进行合理适当布局分配。将劳动力需求性较高的企业主要布局于类似琴溪镇的小城镇,同时重点发展乡村农业及休闲养老业。注重各产业的相互依赖性与互惠性是泾县特色产业合作的源泉,重点打造宣纸、宣笔横向一体化发展战略,提升当地群众就业水平是实施乡村振兴战略的必要条件,也是泾县发展区域经济应该考虑的问题。

4. 生态有效保护与产业持续发展

2013 年 9 月 7 日,习近平主席在哈萨克斯坦纳扎尔巴耶夫大学回答学生问题时指出:"我们既要绿水青山,也要金山银山。宁要绿水青山,不要金山银山,而且绿水青山就是金山银山。"[1]2019 年 6 月 14 日,泾县召开生态文明与环境保护委员会扩大会议暨"三大一强"专项攻坚行动推进会。坚决落实绿色发展理念和环境保护政策要求,决不以牺牲环境为代价换取一时的经济增长,坚持可持续发展和科

---

[1]　习近平谈生态文明 10 大金句[N]. 人民日报海外版,2018 - 05 - 25.

学发展,努力把绿水青山转化成为推动高质量发展的支撑点、人民生活的增长点、展现泾县形象的发力点;坚决打好污染防治攻坚战,在经济发展的同时,不忘生态环境的保护,时时刻刻贯彻绿色发展理念、践行"两山理论";利用自身旅游资源发展相关产业,不仅是加强对生态环境的保护,更结合优势借机发展经济。

5. 高社会知名度与普通群众实质受益

泾县有"云中美人雾里山"之誉的云岭镇,泾县还是被列为首批全国非物质文化遗产名录、人类非物质文化遗产代表作名录的宣纸的原产地。泾县旅游资源丰富,有桃花潭、水西双塔、月亮湾等名胜古迹。泾县也在宣传自身旅游资源,提高社会知名度。让村民真切感受到自己所居住环境的优势,村民外出打工时,就可以将泾县宣传到各个城市。强化基础设施建设,为群众创造实际利益;实施全域旅游战略推介"魅力泾县";积极筹措、整合资金,加大宣传营销力度,提升泾县知名度和美誉度;通过"赛事搭台、旅游唱戏"的方式,宣传推介泾县,吸引人气、增添活力;打造系列文化产业和全域旅游产业,为群众创造更多自主创业的机遇,大力发展农家乐、旅游特产等相关营销门店。

作者:冯敬生　徐海燊

红色基因融入新时代乡村治理的
路径与模式探究①

创新乡村治理体系,走乡村善治之路,是新时代乡村振兴一个紧迫的时代性课题。将红色基因融入乡村治理模式创新作为主攻方向,以著名革命老区、"两源两地"金寨县为考察样本,梳理乡村治理的有效做法,探索革命老区中国特色乡村善治之路,重在构建以基层党建为引领,以人民为中心的自治、德治、法治"三治融合"的老区乡村治理模式,实现自治增活力,法治强保障,德治扬正气。以党建为引领,将基层党组织建设贯穿于乡村治理的全过程,教育引导民众提高政治觉悟,坚定不移跟党走;以自治为基础,将红色基因融入村民自治过程、乡村经济组织、社会组织和文化建设中;以德治为教化,将红色基因融入个人道德、家庭美德、社会公德、职业道德建设中;以法治为保障,将红色基因融入民主法治观念培育、村规民约制度整合、法律服务机制建构及示范法治乡村评选中,进而在主体、价值、制度三个维度上,为红色基因融入乡村治理提供可行经验,以治理模式创新为乡村振兴提供组织保障。

一、选题缘起

党的二十大报告提出,"全面建设社会主义现代化国家,最艰巨最繁重的任务仍然在农村。坚持农业农村优先发展,坚持城乡融合发展,畅通城乡要素流动。加快建设农业强国,扎实推动乡村产业、人才、文化、生态、组织振兴。"②

在庆祝中国共产党成立 100 周年大会上,习近平总书记代表党和人民庄严宣告,我们实现了第一个百年奋斗目标,在中华大地上全面建成了小康社会,历史性地解决了绝对贫困问题。在脱贫攻坚战取得辉煌成就之后,乡村振兴成为新阶段

---

① 该文相继获评 2021 年中国国际大学生"互联网+"大赛红旅赛道省级金奖和全国第十七届大学生"挑战杯"课外学术科技作品竞赛红色专项省级一等奖。

② 习近平. 高举中国特色社会主义伟大旗帜　为全面建设社会主义现代化国家而团结奋斗[M]. 北京:人民出版社,2022:37.

农村建设的主要目标。实现乡村有效治理是乡村振兴的重要内容,并作为国家治理体系的重要组成部分,成为实现国家治理体系与治理能力现代化的重要基石。本项目致力于创新治理模式,为乡村振兴提供组织机制保障,依靠乡村善治助推乡村振兴,进而实现乡村全面振兴。

习近平总书记高度重视基层乡村治理问题,党的十八大以来,党中央、国务院接连发文要求保障革命老区乡村持续发展和加强治理。2019 年 6 月,中办、国办印发《关于加强和改进乡村治理的指导意见》,意在加强党对农村工作的全面领导,巩固党在农村的执政基础,加快推进农村现代化①。2022 年第 7 期《求是》发表习近平总书记重要文章《坚持把解决好"三农"问题作为全党工作重中之重　举全党全社会之力推动乡村振兴》,文章强调,要"加强和改进乡村治理,要以保障和改善农村民生为优先方向,围绕让农民得到更好的组织引领、社会服务、民主参与,加快构建党组织领导的乡村治理体系。"②2021 年中央一号文件提出:"开展乡村治理试点示范创建工作,创建民主法治示范村,培育农村学法用法示范户。"③2021 年 6 月实施的《中华人民共和国乡村振兴促进法》提出:"建立健全党委领导、政府负责、民主协商、社会协同、公众参与、法治保障、科技支撑的现代乡村社会治理体制和自治、法治、德治相结合的乡村社会治理体系,建设充满活力、和谐有序的善治乡村。"乡村振兴专项立法的出台,无疑为推进乡村治理、服务乡村振兴指明了前进方向,提供了法治保障。2022 年中央一号文件指出:"健全党组织领导的自治、法治、德治相结合的乡村治理体系,推行网格化管理、数字化赋能、精细化服务。"④乡村治理受众与服务范围具有巨大需求,将红色基因融入乡村治理具有广阔前景。研究团队以革命精神传承弘扬为切入点,着力打造美丽乡村,力求为国家乡村治理提供模式借鉴和有效样板。

地处鄂豫皖三省交界处的金寨县,是中国革命的重要策源地和人民军队的重要发源地,书写了中国革命的光辉历史。习近平总书记一直牵挂革命老区高质量发展问题。2016 年 4 月 24 日,他到安徽考察第一站便前往金寨县,在对大湾村进行调研考察时深情地说:"无论是革命战争年代还是改革开放新时期,老区人民为党和国家作出了巨大贡献。老区人民对党无限忠诚、无比热爱。老区精神积淀着红

---

　　①　关于加强和改进乡村治理的指导意见[N]. 新华日报,2019 - 06 - 24(03).

　　②　习近平. 坚持把解决好"三农"问题作为全党工作重中之重　举全党全社会之力推动乡村振兴[J]. 求是,2022(07):4 - 17.

　　③　中共中央国务院关于全面推进乡村振兴加快农业农村现代化的意见[N]. 人民日报,2021 - 02 - 22 (01).

　　④　中共中央国务院关于做好二〇二二年全面推进乡村振兴重点工作的意见[N]. 人民日报,2022 - 0 2 - 23(01).

色基因。在今天奔小康的路上,老区人民同样展现出了强烈的奉献奋斗精神。"①

研究意义。理论上,习近平总书记在主持十九届中央政治局三十一次集体学习时强调:"红色资源是我们党艰辛而辉煌奋斗历程的见证,是最宝贵的精神财富。""要用心用情用力保护好、管理好、运用好红色资源。"红色基因不仅是革命年代党带领人民夺取胜利的重要法宝,更是当前全面贯彻习近平新时代中国特色社会主义思想、加快推进国家乡村治理现代化的现实理据,实践上,从红色基因和革命精神传承出发,以金寨县大湾村、东冲村作为乡村治理切入点,透视红色基因在乡村治理中的多重体现,架构基层党组织领导、以人民为中心的"三治融合"革命老区乡村治理模式。着力将红色基因融入乡村治理,健全乡村治理和服务机制,实现政府治理和社会调节、村民自治之间的良性互动,并将总体治理模式反向输入调研村,将现有治理经验进一步整合统一,验证理论成果,促进项目持续性完善推广,进而为革命老区乡村治理提供有益借鉴。

二、红色基因融入乡村治理调查数据解读

研究团队分别于 2020 年 7 月、9 月,2021 年 2 月、3 月、7 月,2022 年 1 月及 2023 年 3 月,七次前往金寨县大湾村、东冲村进行调研,采取现场走访、专家座谈等多种形式,同金寨县红色文化及乡村治理研究的部门负责人、村两委干部、产业带头人、相关群众开展深度交流,梳理现有经验和成果,并针对治理难点给出对策。在金寨大湾村和东冲村向当地村民随机发放调查问卷 110 份,收回有效问卷 103 份,针对数据综合运用统计学处理、分析,从数据分析中得出问题结论。在发放问卷的同时,每位村民赠送一册安徽省第十五届精神文明建设"五个一工程"特别奖图书《话说红色金寨》,该书重点诠释了以革命老区金寨、红安、新县为代表的"坚贞忠诚,牺牲奉献,一心为民,永跟党走"的"大别山精神"②,通过点对点、面对面互动,将大别山精神为代表的红色基因传递给大别山革命老区民众。

(一)问卷调查对象基本情况

第一,受访者年龄结构。受访者年龄主要集中在 45 ~ 60 岁(29.13%)及 35 ~ 45 岁(24.27%),其后依次是 25 ~ 35 岁(15.53%)、60 岁以上(14.56%)、18 ~ 25 岁(11.65%)和 18 岁以下(4.85%)。在所有受访者中,35 岁以上者高达 67.96%,符合当下农村人员结构。第二,受访者学历结构。受访对象的学历处于较低水平,以"初中及小学"(61.17%)占比最高,其后依次是"高中"(21.36%)、"大专"

---

① 习近平到金寨. 新华社"新华视点"微信公众号[EB/OL]. http://www.xinhuanet.com/politics/2016-04/25/c_1118723583.htm.

② 曹能求,胡遵远,檀江林. 话说红色金寨[M]. 合肥:合肥工业大学出版社,2018:164.

（10.68%），"大学及以上"仅占6.80%。受访村民总体年龄偏大而文化水平又偏低，成为制约乡村高质量发展的一个重要原因。

（二）红色基因融入乡村治理的目标及内容

第一，以金寨为中心的大别山革命老区红色基因的核心内容上，调查占比依次是"一心为民"（61.17%）、"永跟党走"（56.31%）、"坚持不懈的奋斗精神"（50.49%）、"奉献精神"（46.60%）、"大无畏牺牲精神"（43.69%）。充分凸显了"一心为民""永跟党走"等精神内核在大别山老区人民心中的重要位置。第二，乡村治理的主要目标上，调查结果依次是"建设充满活力、和谐有序的乡村生活环境"（60.19%）、"提升老百姓的幸福感"（57.28%）、"促进乡风文明及美丽乡村建设"（51.46%）、"让老百姓实现共建共治共享成果"（41.75%）、"推进平安、法治乡村建设"（35.92%）。显示人居环境改善、提升老百姓幸福感、促进乡风文明及美丽乡村建设等都是村民的主要期望。第三，红色基因融入乡村治理的主要目标上，调查结果依次是"以德治弘扬正气"（64.80%）、"完善党的基层领导方式"（38.83%）、"用革命精神来凝聚人心"（37.86%）、"以村民自治提升村组织的活力"（33.98%）及"以法治保障村民自治"（21.36%）。凸显强化德治是村民群体最关注的目标，而法治保障和强化自治能力的关注度相对较低。第四，目前乡村治理存在的主要问题，调查结果依次是"人口空心化现象严重"（62.14%）、"村民自身素质有待提高"（44.78%）、"相关组织服务意识不足"（37.86%）、"村级产业发展缺乏长期性"（26.21%）与"基层权力缺乏监督"（23.3%）。可见，大量年轻人口外流，长住人群受教育水平较低，乡村治理缺乏人才问题突出。

（三）红色基因融入乡村治理的可行方法

第一，完善乡村基层民主的主要方法上，结果依次是"有效监督基层权力"（72.82%）、"搞好基层党支部和村委会建设"（44.66%）、"及时化解村民之间的矛盾纠纷"（39.81%）、"完善老百姓农业服务体系"（32.04%）及"完善老百姓自治"（27.18%）。凸显基层权力得到有效监督和基层"两委"建设，成为完善乡村基层民主的重要抓手。第二，村委会在乡村治理的功能定位上，结果依次是"调解老百姓之间纠纷"（61.16%）、"主持办理公共和公益事务"（57.28%）、"协助治安维护"（43.69%）、"畅通表达社情民意"（42.72%）和"增强群防群治力量"（36.89%）。村民对村委会在基层治理中应承担的角色提出较高要求，尤其在调解老百姓之间纠纷、主持办理公共事务等维度上。第三，提升村民自治能力的主要方法上，结果依次是"完善纠纷调处化解机制"（57.28%）、"推动党支部强基增能"（44.66%）、"推动党员民众'四联四帮'"（39.81%）、"发挥支部成员'头雁'地位"（36.89%）和"促进村民自我教育、自我服务"（33.98%）。凸显乡村治理应尽快完善纠纷调处化解机制，推动党支部强基增能，从百姓切身权益入手，提升自治能力。

第四,推进法治乡村建设的有效方法,结果依次是"推动村内骨干人士学法守法"(50.49%)、"开展村民法治宣传教育"(49.51%)、"创建民主法治示范村"(45.63%)、"推进法律进乡村活动"(44.66%)、"设置各类法治宣传广告"(35.92%)。法治乡村建设要落到实处而不能流于形式,从党员干部到乡村民众都要系统接受法治教育,发自内心地做到学法、懂法、守法、用法。

综合分析调查结果,受访村民对乡村治理的主要期望是村委会不断增强职能,发挥好示范引领作用;希望通过加强乡村德治建设,注重调解民众纠纷,带头做好学法、用法、守法并有效监督基层权力;乡村治理的主要难题在于村民的文化教育水平整体偏低及农村人口空心化现象,年轻力量外流严重。

三、红色基因融入乡村治理路径设计

结合革命老区多年实践调研,项目组认为,创新乡村治理现代化必须紧扣乡村振兴战略的实质内涵,立足赓续红色血脉,弘扬伟大建党精神,更加注重坚守初心的政治站位,更加注重秉承真心的为民情怀,更加注重精铸匠心的品质追求,更加注重成于慧心的创新路径,全面提升革命老区乡村治理水平。红色基因融入乡村治理有效路径设计如下:

(一)把政策语言转化为农民话语

通过对金寨各层次干部群众的走访与座谈,我们发现在进行红色基因的弘扬与传承中,基层干部始终秉持与人民平肩齐进的态度,在宣传、实践过程中将政策语言通俗化,转化为农民可吸收的"接地气"语言。大湾村驻村第一书记余静展示了将政策语言转化为农民话语的红色基因传承路径,充分践行从群众中来、到群众中去的工作作风。经过大量工作实践与反馈,她决定村里开会不允许直接念文件,需把文件研究透彻以后,用村民感兴趣的方式,把要实施的政策逐项解释给村民听。只有将红色基因传承与发展战略部署和宣传踏实落地,让传承过程中各种文化形式内容变成村民喜闻乐见的形式内容,以朴素平实的语言,让基层民众真正了解政策,才能使村民真正拥护政策、配合管理,群众才能入耳入脑入心,才能将红色基因传承落实到位。

研究团队在金寨大湾村、东冲村等地推广服务时,将政策语言转化为农民可吸收的接地气语言,从而让国家政策、法律实施、红色经验更好地落地实施,才能使群众坚实践行"听党话、跟党走",在脑海中形成政策理念,真正拥护政策,主动参与乡村治理。

(二)把祖辈英雄事迹转化为当代行为典范

红色基因传承的有效路径是将红色基因结合祖辈英雄事迹,通过具体事迹、范例宣扬传播,使群众对于红色基因产生更深切真实的感受,进而将祖辈英雄事迹转化为当代行为典范,助推精神传承成为日常行为指引。习近平总书记2019年在河南考察时曾强调,要"要讲好党的故事、革命的故事、根据地的故事、英雄和烈士的故事,加强革命传统教育、爱国主义教育、青少年思想道德教育,把红色基因传承好,确保红色江山永不变色。"①大湾村汪家大湾先辈在革命战争年代前赴后继,参军参战;新中国成立后盖学校、修路桥,代代传承着甘于奉献、勇于牺牲的精神。大湾村委会副主任汪建国作为汪氏家族的后代,长期践行奉献奋斗精神,积极服务村民。小到村中矛盾调解,大到村中修路建桥,汪建国一直走在奔波操劳的前列,受到村民广泛赞誉。他深有感触地说:"汪家祖祖代代为大湾儿女服务奉献,我作为汪家后辈更应继承先辈优良传统,将这宝贵的红色基因传下去。"

(三)把革命精神传承共识转化为自觉行动

只有将传承共识转化为自觉行动,革命精神传承才能真正发挥最大效力,以革命精神传承提高村民内心认同,促进价值生态的形成,进而将传承共识转化为自觉行动。桃岭乡东冲村党支部书记傅贤悦,积极开展服务型党组织建设,坚持每周接访群众和分片走访群众,不仅促进乡村发展,更为人民树立良好榜样。东冲村所在的全国示范农业合作社党支部书记、第13届全国人大代表、全国劳动模范陈先志,数十年来坚持把党的领导作为"不锈钢的定海神针",坚持一个信念铸就一个劳模,一份真情感召一方百姓,一个企业盘活一片荒山,一片叶子成就一个产业,一份坚持惠泽一方桑梓,成为"五星"劳模带动群众参与乡村治理的典范。红色基因融入乡村治理模式基层服务的最终目的,是将治理共识转化为自觉行动,把革命精神融入乡村治理的宣传及实践。将纸面要求化为群众内心的追求,将革命精神传承共识转化为自觉行动。研究团队指导教师带队在农村普法过程中,就非常注意以贴近农民的话语,将法律宣传在群众心中走深走实。

(四)把法治要求内化为思维、外化为行动指南

红色基因传承的重要内容包括法治观念的培育与践行,促进农村法治思维内化、行动外化。桃岭乡陈先志作为全国劳模和全国人大代表,在红色基因传承中时刻牢记法治社会的根本目标,自觉践行普法工作。全国两代会结束后,陈先志一刻也没闲着,就向县、乡、村干部群众宣传会议精神,对农民群众关心的基层治理、乡村振兴等问题进行专门辅导。只有坚持不懈地开展面向基层、面向群众的法治宣传教育活动,做到德法兼修,才能让每一名群众成为法治建设的忠实崇尚者、自觉遵守者和坚定捍卫者。要不断健全民主法治建设观念,推动村民树立正确的法治观念,从而增强基层治理体系和治理能力现代化的信心,坚定不移地走中国特色社

---

① 习近平.坚定信心埋头苦干奋勇争先 谱写新时代中原更加出彩的绚丽篇章[N].人民日报,2019-09-19(01).

会主义法治道路。

（五）强化基层党建引领，彰显治理"主心骨"地位

基层党组织是农村各种组织和各项工作的领导核心，是乡村治理的力量源泉。不论是发展乡村产业、兴建公益事业，还是化解村民矛盾纠纷，都离不开基层党组织的核心作用。全国劳模、金寨四季春茶叶合作社党支部书记陈先志强调："党旗红，市场兴，产业旺。我所在的村子，得益于党支部的坚强堡垒作用，才实现茶产业链的延伸和农民持续增收。"彰显大别山精神"永跟党走"的根本宗旨，通过推动党建有机融入乡村治理，切实发挥基层党组织的调动资源和政策优势，运用红色资源，教育引导广大党员、干部坚定理想信仰，增强"四个意识"、坚定"四个自信"、做到"两个维护"，真正统一基层党员干部、村民的思想和行动，共同为乡村振兴贡献智慧力量。

（六）完善红色基因融入乡村治理服务机制

合肥工业大学文法学院红色基因融入乡村治理团队的服务对象为老区红色文化养育下的乡村，包括村委会、经济社会组织、农村家庭和农民个人等。乡村治理的关键在于"扶智"，采用多种服务方式，如普法宣讲、送法下乡；政策宣讲、时政引导；田野调查、反哺治理；提炼融合、总结模式等都经过长期实践而得。团队成员致力于乡村治理与红色基因传承，调研经验丰富，研究方式得当，成果非常显著。2020 年 10 月，在首届"红色基因融入乡村治理高层论坛"会上，本研究团队提供了 6 万余字的书面综合研究交流报告。张泰城、丁俊萍、崔之清、邓燕平、翁飞等省内外知名专家团队，对团队构建的红色基因融入老区治理及服务机制给予了高度评价，并共同赴大别山腹地著名老区安徽金寨、河南新县、湖北红安等地，开展实地考察和深度交流。

四、红色基因融入乡村治理的"三治融合"模式构建

乡村治理的现代化转型，既是思想观念的转变，也是方式方法的深刻变革。应因地制宜，坚持以基层党建为统领，将红色基因融入乡村自治、融入乡村德治进程、融入乡村法治建设。研究团队精心构建了红色基因融入乡村治理创新模式——即"以红色文化聚人心、以自治增活力、以法治强保障、以德治扬正气"的革命老区乡村治理体系，形成共建共治共享的社会治理格局。服务团队已形成"目标精细化，工作系统化，服务明细化，推广梯次化"的总体原则，持续为革命老区乡村治理提供专业精准服务，助推乡村全面振兴。

（一）红色基因融入乡村自治实践

将红色基因融入乡村自治，不断完善村民自治组织，推动乡村治理实现自我管

理、自我服务、自我教育、自我监督,既能凸显村民意愿意志,更增进其获得感、安全感、幸福感。

融入村民自治过程。人民福祉是乡村治理的根本指向,维护人民利益是中国共产党矢志不渝的奋斗目标,以人民为中心是党的根本立场。村委会作为推进乡村治理的主体,应自觉在以人民为中心的立场之下,健全村民自治机制、农村选举和村务公开制度,加大村民文化知识教育力度,总结乡村长效治理经验,在宏观法律、政策背景下,结合当地实际制定村规民约,增强法治在乡村的适应性,切实发扬大别山精神"一心为民"的优良传统。在保证充分发挥村委会自身职能前提下,增强村组织动员能力,充分调动村民参与自治的热情与自主性,紧紧依靠村民,密切联系群众,让村民在治理中发挥"主人翁"作用,自主参与乡村治理,真正做到维护人民群众的根本利益。

融入乡村经济组织。乡村经济组织主要形式是各类新型农村合作社,一般由几户到几十户农村家庭组成,共同投资,共担风险,在乡村经济发展和产业振兴中一直发挥着重要作用。合作社成员们需在组织建设中发扬团结合作的精神,在生产生活中培育自强不息的吃苦精神,在经营活动中恪守诚实信用原则,服务经济组织发展。同时,推动社会力量广泛参与乡村治理,鼓励返乡人员加入到日常生产活动中来,历练他们敢于担当、不懈奋斗精神,从源头上提高老区人民的文化素质和科学技术水平,推动乡村经济组织蓬勃发展。

融入乡村文化建设。革命老区红色资源丰沛,红色文化已经深深镌刻在广大老区人民心中。在尊重村风村俗、保护老区文化传统前提下,挖掘蕴藏在乡村中原汁原味的文化财富,把红色血脉融入乡村文化建设,开发内容丰富、形式多样、贴近生活、村民喜闻乐见的主题活动。利用村民故事会、村民大电影、村民红歌节等形式,宣扬革命精神,讲好红色故事,厚植家国情怀,增强老区人民对于红色文化与革命精神的认同感、归属感、荣誉感,既满足了农民基本精神需求,更推动红色基因代代相传。

融入乡村社会组织。治理主体选择上,多元化社会组织引入和协同治理,对治理体系构建日益重要。破旧俗、树新风是提高乡村治理能力和确保实效的重要环节。有针对性地建立起红白理事会、反邪教组织、自发性政策宣传队等乡村社会组织,积极向人民群众宣传党的方针政策,引导村民移风易俗,耐心做好思想疏导工作,坚持革命精神教育,把实事求是的唯物主义观念输送给村民,坚定马克思主义真理信仰和共产主义远大理想,引导老区干群成为中国特色社会主义共同理想的坚定信仰者、忠实践行者。

(二)红色基因融入乡村德治进程

道德具有深切、持久的引领力量。中共中央国务院《关于加强基层治理体系和治理能力现代化建设的意见》中,关于加强思想道德建设方面指出,应培育和践行社会主义核心价值观,推进习近平新时代中国特色社会主义思想进农村、进家庭。道德融入是引导乡村社会风气形成和凝聚治理人心的重要依托,充分发挥中华优秀传统文化的底色作用,通过道德滋养引导,乡村治理才会充满温度。

红色基因浸入个人品德。金寨作为中国革命重要策源地和人民军队重要发源地,涌现出一大批名垂党史、影响重大的革命先驱。他们以坚贞不渝、敢于担当、砥砺奋进的崇高品质和人格风范,共同书写了中国革命的英雄史诗。在新时代乡村治理的崭新课题中,不论是领导干部还是村民群体,都要发扬革命先辈在长期奋斗岁月中面对各种困难挑战时无私奉献的高尚品德和英勇顽强的英雄气概,淬炼个人品德,磨炼个人意志,在村级管理与生产建设中发扬奉献、助人的革命精神,不畏困难,迎头而上,助推乡村治理,促进乡村振兴。

红色基因嵌入家庭美德。家庭是孩子教育的第一阵地,也是红色基因传承的前沿地带。良好的家庭文化环境,有利于培育良好的乡风。家庭德育务必从小抓起,从娃娃抓起。要发挥好革命老区红色家风的优良传统,抓好优秀革命传统这一主线,让革命后代自小夯实中国共产党领导的思想根基,发扬革命斗争精神,树立正确的历史观、民族观、国家观、文化观,增强维护祖国统一和民族团结的意识和能力,铸牢中华民族共同体意识,厚植爱国主义情怀,让红色基因伴随家庭美德教育一代代传承下去。

红色基因养成社会公德。一个村庄就是一个小社会,每个村民为了这个小集体的利益都应遵守乡村约定俗成的行为道德规范。在维护乡村社会公德时,真正做到实事求是,在解决村民纠纷时,村委会须发挥带头作用,尊重各方意见,合法合情做出相应处理,争议各方也应该认清形势,遵守诚信原则,主动参与和解;持续鼓励热心助人,发扬"人人为我,我为人人"优良传统,树立爱村爱岗的敬业意识和道德观念,树立互帮互助的乡村文明新风;形成乡村价值认同。持续增强村民的乡村集体感、荣誉感、认同感、归属感,以道德治理推进制度建设,推进个人、家庭中的价值认同上升到村规民约。

红色基因融入职业道德。职业道德是从业人员在从事职业活动中应当遵循的基本行为准则。伴随广大农村陆续融入现代经济发展体系,新时代乡村一改往日劝课农桑的传统格局,出现了诸多新兴产业。农民全新的职业身份诸如生态炒茶工、生态护林员、红色旅游讲解员等如雨后春笋般出现在革命老区的沃土之上。艰难困苦,玉汝于成。红色基因哺育下的老区人民继承艰苦奋斗的优良传统,在齐心协力搞建设、昂首阔步促富裕的劲头激扬下,对待工作认真热爱、勤恳负责,全心全意对待服务对象,以自力更生、艰苦奋斗的革命精神,在新时代的舞台上谱写崭新篇章,以良好的职业操守,传扬爱岗敬业、诚实守信、办事公道等现代职业道德。

(三)红色基因融入乡村法治建设

法治是社会治理现代化的重要标志。在中共中央国务院《关于加强基层治理体系和治理能力现代化建设的意见》明确指出,要推进基层治理法治建设,应培育民主法治观念,整合村规民约制度,建构法律服务机制,评选示范法治乡村,充分发挥法治规范社会行为、引领社会风尚的重要作用,不断将乡村法治建设向纵深推进。

培育民主法治观念。以法治承载道德理念,道德才有可靠制度支撑。在红色革命的沃土上根植法治意识,在红色基因引领下培育民主法治观:第一,民主观念。基层群众自治已经在农村地区得到普及和健全,极大地提升了村民民主意识和农村民主程度。人民民主是一直以来长期延续的革命传统,发挥村民在民主监督中的作用,提高村民文化素质,对乡村治理推进有重要作用。第二,法治观念。达成共产主义理想目标要通过建设中国特色社会主义来实现,而其最有效的实现路径便是全面依法治国。法治观念的树立有利于农村地区村务管理的科学化、民主化、规范化,提升基层党员、干部法治素养,引导群众积极参与、依法支持和配合基层治理。第三,法治宣传教育。助力民主法治观,结合乡村法治宣传工作实际,解决村民关注的重点问题、法治乡村建设的难点问题和时下法治工作的热点问题,普及与生产生活息息相关的法律知识,对革命老区农民尤其是青少年进行普法、守法、用法教育。

整合村规民约制度。村规民约作为乡村内部规范的主要表现形式,是乡村法治成果的体现,是维护乡村秩序的基本规章。将红色基因中的理想信念、实事求是、人民中心、艰苦奋斗等主要原则,确立为村规民约中的基本条款,上升为村委会管理村务的原则性规定。并作为村民在职业道德、家庭美德、个人品德方面的评价标准,与道德治理同向相协,将红色精神外化为代代相传、约定俗成的行为规范。

建构法律服务机制。有效化解村民间纠纷才能实现乡村范围内的良法善治,在村民间形成紧密利益共同体,为红色文化传扬提供有利环境。提供可行的法律服务是促进纠纷解决的有效途径,严格落实"一村一顾问"制度,坚持需求导向。围绕土地承包纠纷、宅基地纠纷、环境污染等关系到农村留守儿童、老人、妇女等弱势群体权益保护的切身问题开展法律服务,提升村民对公共法律服务及法治建设的获得感。以村干部、村妇联执委、人民调解员、网格员、村民小组长、退役军人等为重点,加快培育"法律明白人"。鼓励村民依法办事,化解矛盾纠纷,完善和解、调解等多元纠纷解决机制。运用智能化信息治理手段,为纠纷解决提供更有效的公众参与平台。

评选示范法治乡村。将红色基因传承效果列为法治乡村评选的要件,对红色基因传承好、红色旅游开发好、红色故事讲述好、红色精神利用好的乡村优先参与评选。全面落实以各级民主法治示范乡村为支撑点和重要抓手,推进法治乡村建设,严格落实创建标准,增强村民法律素养,依法建章立制,严格村务公开,维护乡村稳定,持续将乡村法治建设向纵深推进。

(四)以人民为中心,党组织领导贯穿治理全程

坚持以人民为中心,进一步增强基层党组织乡村治理水平和元治理能力,延伸党的群众路线,线上线下结合,汇民智、借民力,创新乡村治理,打造共建共治共享的革命老区乡村治理新格局。

推进自治、德治、法治"三治"有机融合。践行以人民为中心的思想,起引领作用的是基层党组织。乡村基层党组织要在自治、德治、法治各方面发挥全面领导和组织作用。最终形成宣传革命精神、策划治理体系、指导村民自治、营建美丽乡村、引导乡风文明、服务乡村振兴的良好治理体系。

增强基层党组织乡村治理水平和元治理能力。2023年2月,习近平总书记在学习贯彻党的二十大精神研讨班开班式上的重要讲话中指出:"党的领导直接关系中国式现代化的根本方向、前途命运、最终成败。党的领导决定中国式现代化的根本性质,只有毫不动摇坚持党的领导,中国式现代化才能前景光明、繁荣兴盛;否则就会偏离航向、丧失灵魂,甚至犯颠覆性错误。党的领导确保中国式现代化锚定奋斗目标行稳致远,我们党的奋斗目标一以贯之,一代一代地接力推进,取得了举世瞩目、彪炳史册的辉煌业绩。党的领导激发建设中国式现代化的强劲动力,我们党勇于改革创新,不断破除各方面体制机制弊端,为中国式现代化注入不竭动力。党的领导凝聚建设中国式现代化的磅礴力量,我们党坚持党的群众路线,坚持以人民为中心的发展思想,发展全过程人民民主,充分激发全体人民的主人翁精神。"[①]党建引领乡村治理是新时代加强和完善党的领导的内在要求,同时也是实现乡村治理有效的重要政治保障。引导基层自治组织、经济社会组织和村民群众参与乡村治理与服务,使基层党建融入社会治理。加大派驻干部到农村工作的力度,发挥好大学生村官作用,通过"传帮带"提升农村党组织元治理能力。集中整合优势资源,反映各方治理效能,着力解决群众高度关注的突出问题,真正实现党组织对于乡村治理的引领作用。

运用信息化手段助推治理能力现代化。信息化是乡村治理方式现代化的重要手段,应加强基层智慧治理能力建设,做好规划建设,整合数据资源。发挥好农村网络公共空间在引导群众参与方面的独特优势,让其成为政府信息公示和民间舆论的交汇点、贯通点和发酵地。利用网络手段,整合多方资源,将对权力的监督手

---

① 习近平在学习贯彻党的二十大精神研讨班开班式上发表重要讲话——强调正确理解和大力推进中国式现代化[N].人民日报,2023－02－08(01).

段系统化、全面化,方便监督快速到位,能够更大限度保障群众的利益得到实现。同时,提高乡村治理数字化智能化水平,提升政策宣传、民情沟通、便民服务效能,让数据多跑路、群众少跑腿。

项目组建构了基层党组织领导、以人民为中心的自治、德治、法治"三治融合"乡村治理模式,即以自治为主体、德治为基础、法治为保障,实现"自治增活力,法治强保障,德治扬正气";在主体、价值、制度三个维度上,实现红色基因传承与乡村治理效能的有机统一。红色基因融入乡村治理服务模式,涵括服务主体(学生团队和指导教师团队)、服务对象(村民委员会、村集体组织、社会组织、村民及家庭)、服务内容(革命精神宣讲、乡村教育帮扶、乡村法治建设及理念普及)以及资金支持(学校、社会企业等)。

习近平总书记在庆祝中国共产党成立100周年大会上的重要讲话中指出:"历史川流不息,精神代代相传。我们要继续弘扬光荣传统、赓续红色血脉。"在全面推进和实施乡村振兴战略的伟大进程中,充分运用好红色资源,发挥红色基因的重要作用,推进基层党建引领自治、德治、法治"三治"有机融合,力争在革命老区乡村治理重点领域和关键环节取得突破性进展,使革命老区乡村治理体系基本健全、治理能力明显提升、矛盾风险有效化解、社会生态得到优化,让人民群众在实现乡村全面振兴中持续提升安全感、幸福感、获得感。

作者:王博元 成东升 檀明

红色文化融入新时代乡风文明建设路径探究^①

　　2022 年 10 月,金寨入选国家乡村振兴示范县创建名单。乡风文明建设是乡村振兴战略的灵魂与保障,红色文化是中国共产党带领人民在革命战争年代形成的先进文化,是最宝贵的精神财富。研究团队将乡风文明建设作为主攻方向,选取金寨县下属乡镇花石乡和桃岭乡作为典型样本,了解当前红色文化与乡风文明建设现状,探究乡风文明建设中的不足,梳理金寨红色文化传承与乡风文明建设融合发展的宝贵经验,创新性构架红色文化融入新时代乡风文明建设的可行路径——以价值体系为灵魂,以实体体系为支撑,以制度体系为保障。价值体系上,通过革命精神、先进文化、公序良俗塑造村民的思维方式与价值观念;实体体系上,以家庭家风、社群生活、美丽乡村融入平台建设与实体支撑;制度体系上,以基层党建、民主法治和村规民约提供制度保障,以期促进我国更多革命老区的红色基因传承与乡风文明建设。

一、选题缘起

(一)红色文化融入新时代乡风文明建设的意义

　　党的十九大以来,国家对"三农"问题做出重大决策部署,提出乡村振兴战略,作为决胜全面建成小康社会的重大任务。2022 年中央一号文件再次指出,"从容应对百年变局和世纪疫情,推动经济社会平稳健康发展,必须着眼国家重大战略需要,稳住农业基本盘、做好'三农工作',持续全面推进乡村振兴。"^②

　　2022 年 3 月 6 日,习近平总书记在看望参加全国政协十三届五次会议的农业界社会福利和社会保障界委员时强调,"乡村振兴不能只盯着经济发展,还必须强化农村基层党组织建设,重视农民思想道德教育,重视法治建设,健全乡村治理体系,深化村民自治实践,有效发挥村规民约、家教家风作用,培育文明乡风、良好家

---

　　① 该文获评全国第十七届大学生"挑战杯"课外学术科技作品竞赛红色专项省级一等奖。
　　② 中共中央国务院关于做好二〇二二年全面推进乡村振兴重点工作的意见[N]. 人民日报,2022 – 02 – 23(01).

风、淳朴民风。"①2022 年第 7 期《求是》刊发的习近平总书记的重要文章《坚持把解决好"三农"问题作为全党工作重中之重 举全党全社会之力推动乡村振兴》,文中强调,"乡村不仅要塑形,更要铸魂。农村精神文明建设是滋润人心、德化人心、凝聚人心的工作,要绵绵用力,下足功夫。要加强农村思想道德建设,弘扬和践行社会主义核心价值观,推进农村思想政治工作,把农民群众精气神提振起来。"②革命老区在战争年代为国家作出巨大贡献,有着宝贵的群众智慧与红色文化,促进革命老区乡村振兴,探索革命老区乡风文明建设的可行路径,是推动国家治理能力和治理体系现代化的重要环节。

图 1 调研团队与大湾村红色文化宣传员汪达海(左三)深度交流

红色文化是先辈们留下的精神文化遗产,具有增进爱国情怀、培育高尚情操、铸就创新精神和加强文化先进性建设的经验价值,不仅是中国共产党革命建设史的记录和精华,更是践行社会主义核心价值观的"摆渡人"与和谐社会的助推剂。2021 年 6 月 25 日,习近平总书记就用好红色资源、赓续红色血脉进行中共中央政治局第三十一次集体学习时强调:"红色资源是我们党艰辛而辉煌奋斗历程的见证,是最宝贵的精神财富,一定要用心用情用力保护好、管理好、运用好。"③党的二

---

① 习近平. 把提高农业综合生产能力放在更加突出的位置 在推动社会保障事业高质量发展上持续用力[N]. 人民日报,2022 - 03 - 07(01).

② 习近平. 坚持把解决好"三农"问题作为全党工作重中之重,举全党全社会之力推动乡村振兴[J]. 求是,2022(07):4 - 17.

③ 习近平. 用好红色资源、赓续红色血脉,努力创造无愧于历史和人民的新业绩[J]. 求是,2021(19):4 - 9.

十大报告强调:"弘扬以伟大建党精神为源头的中国共产党人精神谱系,用好红色资源。"以史为鉴,开创未来。国家大政方针走向越发明确,红色文化正成为新的社会生长点。乡风文明建设作为乡村振兴中的重要环节,将红色基因世世代代传承下去,就要将红色基因有机融入乡村振兴实践,融入乡村精神文明建设,融入新时代民众的日常生活,红色文化融入乡风文明建设理念应运而生。

报告以金寨县具有代表性的桃岭乡与花石乡为例,深入探究金寨红色文化与乡风文明融合发展轨迹,研究红色文化在乡风文明建设中所起的作用及运行逻辑,层层思考,打造新时代中国式现代化与中国之治的典型标本,为安徽省乃至全国革命老区乡风文明建设和乡村振兴实践提供有益借鉴。

(二)红色文化融入新时代乡风文明建设的选点样本

地处鄂豫皖三省结合部的金寨县,是中国革命的重要策源地和人民军队的重要发源地,被誉为"红军的摇篮,将军的故乡"。2020 年金寨县革命博物馆获批全国首批"红色基因库",金寨县获评"全国文明县"。在金寨县属众多乡村中,桃岭乡和花石乡因其丰厚的红色底蕴和先进的建设经验,成为红色文化融入新时代乡风文明建设的典型样本。桃岭乡是著名的"将军乡",也是新四军兵站所在地,第二大将军县金寨的 59 位将军中,桃岭乡以 9 位将军所在地而位居全县各乡镇首位;花石乡所在的汪家老屋是抗日战争时期中共鄂豫皖区委所在地。

革命战争年代,金寨人民以大无畏的牺牲精神塑造了弥足珍贵的大别山精神;21 世纪以来,金寨成为国家重点生态功能区,再一次作出巨大的牺牲奉献。习近平总书记对革命老区具有深厚的感情,2016 年 4 月 24 日,习近平总书记到安徽重要一站便前往金寨县花石乡大湾村,同当地干部群众共商脱贫攻坚大计,了解致贫原因、脱贫情况。在党的关怀下,金寨成功脱贫,县属花石乡与桃岭乡更是凭借自身特点,成为精准脱贫与乡村振兴衔接的最佳样本。近几年来,金寨县被评为安徽省实施乡村振兴战略实绩考核优秀等次,荣获国务院 2021 年度"促进乡村产业振兴、改善农村人居环境等乡村振兴重点工作成效明显的地方"激励表彰。2022 年10 月,金寨县成为安徽省入选国家乡村振兴示范县创建名单。红色文化是金寨宝贵的精神财富,继承并发扬好这一文化力量,必将是金寨实现乡风文明建设、促进乡村振兴的助推剂。

二、红色文化融入新时代乡风文明的调查数据解读

2021 年 2 月、3 月、7 月,2022 年 2 月及 2023 年 3 月,研究团队数次前往金寨干部学院、金寨县新时代文明实践中心、金寨县史志室、桃岭乡高湾村、东冲村、花石乡大湾村等地,实地搜集第一手资料,进行深度访谈,从理论到实践、实践到理论,反复逐次提升,通过多次应用反馈,了解金寨红色文化的具体内容与乡风文明建设

成效。在桃岭乡和花石乡多个村共计发放问卷 150 份,回收 146 份,有效问卷 133 份,有效率为 88.67%。

(一)调查基本情况

第一,受访者年龄结构。受访对象的年龄主要集中在 45~60 岁(36.09%),其后依次是 35~45 岁(24.81%)、25~35 岁(20.30%)、18~25 岁(12.03%)、60 岁以上(6.02%)和 18 岁以下(0.75%)。由于调查主要在春节及暑假期间进行,大部分村民在家,符合实际村情。第二,受访者学历结构。受访对象的学历处于较低水平,以"中小学"(39.85%)占比最高,其后依次是"大专"(28.57%)、"高中"(21.8%)、"本科及以上"(9.77%)和"硕士及以上"(0.75%)。受访者整体学历偏低,但大专和本科及以上也有一定占比,说明随着生活水平的提高,年轻一代村民的文化教育程度在逐步提升。

(二)红色文化融入乡风文明的有效性

第一,红色文化融入新时代乡风文明建设的可行性。大多数受访者认为"可行性高"(61.65%),只是极少数受访者认为"可行性较低"(0.75%),说明红色文化融入新时代乡风文明建设理念得到绝大多数村民的认可和支持。第二,乡村法治宣传对乡风文明的促进效果。大多数受访者认为"非常好"(63.16%),还有相当一部分村民认为"较好"(24.81%),只有少数受访者认为"一般"(10.53%)和"较差"(1.5%),反映出村规民约、人民调解等法治途径在解决基层矛盾纠纷中的重要作用和新时代村民法律意识的不断提高。第三,基层村民日常文化生活丰富程度。尽管大多数受访村民认为"较为丰富""丰富"(合计70.68%),但仍有相当一部分受访者认为"一般"和"不够丰富"(合计29.32%),说明仍需进一步加强农村精神文化建设,供给更多的高质量文化产品和服务。

(三)红色文化融入乡风文明的内容体系

第一,红色精神所包括的内涵(多选),其中"实事求是的思想路线"(80.45%)被认可最多,而后依次是"共产主义理想信念"(78.95%)、"艰苦奋斗传统"(76.69%)、"以人民为中心的立场"(75.94%)和"爱国主义情怀"(72.93%),而"革命斗争精神"(63.91%)相比其他选项占比较少,因此针对年青一代村民加强红色精神教育势在必行。第二,新时代乡风文明建设内容。"美丽乡村及村容村貌整治"(84.96%)与村民的生活联系紧密,认同最多;"新时代先进文化"(77.44%)也广受重视;而"革命精神教育"(66.92%)和"传统公序良俗"(64.66%)相对较少,再一次凸显在老区乡村强化红色文化宣传和乡风文明建设的重要性。第三,乡风文明建设中的问题。"人口空心化严重"(79.70%)最多,其后依次是"受经济发展水平制约,资金投入不够"(61.65%),"村民文化水平较低,乡风文明建设难以深入"(63.16%)。"对红色文化和革命精神的内涵挖掘不够深入"(47.37%)和"红色文化传播手段单一"(37.59%),凸显大多数村民认识到人才外流和资金不足对乡村振兴的不利影响,但对红色文化内涵挖掘不深入和红色文化的现代传播形式单一的关注度总体不够。

(四)红色文化融入乡风文明的有效路径

第一,红色文化融入乡风文明建设路径(多选)。被调查者对"党员的带头作用"(77.44%)最为认可,其后依次是"定期开展红色文化主题教育活动"(74.44%)、"大力开展移风易俗活动"(67.67%)和"组建丰富多样的文艺体育活动"(58.65%)。第二,不同主体在乡风文明建设中的作用(多选)。受访者对"党员的先锋模范作用"最为赞同,同时"尊重农民的主人翁地位"(77.44%)、"村两委的组织动员"(71.43%)、"家庭响应号召"(64.66%)和"社群组织积极参与"(60.90%)也备受关注。第三,红色文化融入乡风文明建设的目标路径(多选)。依次是"营造文明的乡村氛围"(86.47%)、"提高村民的知识文化水平"(77.44%)、"实现红色文化的创造性转化、创新性发展"(72.93%)、"提高村民幸福感"(69.17%)和"激发村民的奋斗精神"(66.92%),代表着村民对文明乡村生活的美好向往和期待。

从问卷调查总体状况上看,受访者年龄、学历结构较为均衡;绝大多数人对红色文化融入新时代乡风文明建设理念表示肯定;对党员的先锋模范作用和发挥村民主人翁地位最为关注;对新时代先进文化、营造文明的乡村氛围和村容村貌改善要求较为迫切;对农村越来越明显的"人口空心化"问题深为忧虑,但对革命精神的培育重视相对不够。

三、红色文化融入乡风文明建设中的不足

革命老区的发展建设曾是脱贫攻坚的"硬骨头",更是乡村振兴的重点。2021年7月、2022年2月和2023年3月,研究团队多次深入金寨基层,在花石乡大湾村和桃岭乡东冲村、高湾村等地开展深度调研,针对类似革命老区存在的共性问题,梳理出革命老区红色文化融入乡风文明建设中存在的痛点问题。

(一)革命老区在乡风文明建设中普遍存在的共性问题

经济发展相对落后,优秀人才大量外流。受特定历史年代影响,革命老区多位于几省交界地区或者交通闭塞区,长期发展滞后。近年来,尽管国家政策对老区有所倾斜,但不少老区的经济发展仍缺乏内生动力。开发文旅资源、发展相关文化产业对财政支出的依赖性较强,制约着经济文化的可持续发展。且由于经济落后,无法提供高质量就业保障,考虑自身发展机遇,众多优秀人才选择离乡,迁移到发达地区扎根。教育基础薄弱,人民知识水平低,所培养的专业人才无法留归本土,更

扩大了老区人才需求缺口。

年轻人革命精神淡薄,红色文化受众市场狭隘。革命历史相对久远,加之现今文化日益多元,当代年轻人难以对革命战争年代形成的红色精神感同身受,从源头上阻碍了红色文化融入乡风文明建设。当前各地广泛开展的红色文化宣传与革命精神弘扬活动主要依托红色景点参观、展板展示、视频播放、人工讲解等形式。此类口述、展览的传播模式较为传统枯燥,难以满足大众心理需求,缺乏感染力,使红色文化在吸引青年群体时陷于"心有余而力不足"的窘境。①

优秀传统文化断裂,核心价值体系制度架构不完善。中华传统文化历史悠久、博大精深,无论是红色文化还是社会主义先进文化,都是对中华优秀传统文化的创造性转化、创新性发展。红色文化植根于优秀传统文化,诞生于革命战争年代,而在现实红色文化传承工作中,众多老区仅将目光聚焦于革命战争年代的红色文化,相对忽视对优秀传统文化的传承发展,制约了红色文化进一步发展。

(二)金寨在红色文化传承与乡风文明建设中的现实困难

国家生态功能区对于经济发展的相对制约。金寨曾在社会主义建设年代为响应毛主席"一定要把淮河修好"的号召,相继淹没 10 万亩良田、20 万亩经济林和 3 大经济重镇,修建了梅山水库和响洪甸水库;改革开放时期金寨作为国家生态保护功能区,又推拒众多开发项目,实施封山育林、退耕还林,当地百姓曾经"守着绿水青山,过着贫困生活"。现如今,金寨仍然承担着国家重点生态保护功能区重任,尽管近年来逐渐走出一条红色旅游与绿色经济相结合的发展之路,但生态功能区确实在一定程度上妨碍了金寨的经济发展,也对红色革命遗迹的保存与重建造成一定影响。

村民居住与红色景点分布过于分散。金寨位于皖西边陲、大别山腹地,处于鄂豫皖三省七县二区结合部,地形地质条件复杂。长期以来,特殊的地理环境加上水库带来的移民,当地居民分布较为分散,无法集中开展文化教育活动,为开展精神文明活动和乡风文明建设带来实质性困难。由于众多景点分布在各个乡镇,沟通联动困难。对于主打红色旅游的革命老区,景点分散难以形成线路,无法给游客带来一站式的红色文化旅游体验,制约了红色旅游的可持续发展。

路径创新意识不强,文化引领功能受阻。金寨在推进红色文化融入新时代乡风文明建设过程中,尚未将其作为综合工程加以研究利用,多数情况下只是将宝贵的红色资源当作旅游景点或文化资源加以开发,红色文化资源开发保护上尚未形成多方合力。另一方面,金寨红色文化的宣传形式仍依赖于传统媒介,如博物馆陈

---

① 许屹山,傅康. 新时代区域红色文化创新发展与传承普及路径探赜——以安徽省为例[J]. 通化师范学院学报,2020,41(09):90-95.

列展览、故居遗址、导游讲述等,没有契合新时代青年受众的审美趋势,缺乏互联网意识和多媒体展现形式。伴随物质生活水平的提高,大众对精神文化有了更高追求,不再满足于刻板宣讲,也很难从缺乏人文关怀、易产生乏味感的形式中受到教育与启迪,使得红色文化资源的教育功能发挥不够顺畅,文化引领功能受阻。

四、金寨红色文化与乡风文明建设的经验梳理

团队总结金寨红色文化融入乡风文明建设成果,梳理金寨红色文化与乡风文明建设的内容体系,通过实地调研、深度访谈、专家座谈等方式了解金寨县的典型经验。

(一)红色文化融入乡风文明建设的内容体系

1. 红色文化的实体内容

红色文化融入乡风文明,首先要具备丰富的红色文化资源。金寨因其红色历史留下了包括县革命博物馆、花石乡汪家老屋红色故址、斑竹园红色小镇及汤家汇红色名镇等在内的众多红色故址,拥有丰富的红色文化资源。其中,金寨县革命博物馆于 2020 年入选中宣部全国首批红色基因库建设试点单位。即使是在乡镇之中也拥有着丰富的红色基因资源,例如斑竹园红色小镇通过定期组织干群参与穿红军服、走红军路、制作《红军小镇斑竹园》等一系列红色节目。

从红色文化即革命精神的主要内容看,以安徽金寨、湖北红安、河南新县为中心的大别山精神核心内容为"坚贞忠诚,牺牲奉献,一心为民,永跟党走",高度契合 2021 年 2 月教育部《革命传统进中小学课程教材指南》的革命传统教育主体内容。

2. 乡风文明的建设内容

新时代乡风文明建设,其内涵包括婚丧嫁娶革新、乡风民风评议、村规民约倡树、社会主义核心价值观宣教、优良家风培育、先进文化惠民行动、文明村镇创建行动等内容。而金寨县经过红色文化与乡风文明的充分融合,在多个乡村文明内涵中取得可观成果。

第一,移风易俗革新有办法。近年来,金寨县完善村级"一约四会",大力弘扬革命时期简朴美德,提倡"婚事新办、丧事简办、其他不办",积极推动移风易俗,树立新风正气,防止铺张浪费导致的人情"变味"。尤其是深刻把握村民风俗实际,联合振风超市,推出"红黑榜"积分奖励形式,对于婚丧嫁娶简朴办理的村民,奖励积分购物代金券,以物质奖励推动移风易俗建设。第二,乡风民风评议促建设。金寨县积极开展新民风教育活动,通过民主评议乡风来推选好人善举,"群众说、乡贤论、榜上亮",宣传榜样模范的先进事迹。金寨已连续七年定期开展乡风民风评议活动,按照法定程序推选新乡贤,并邀请村干部等相关人员共同成立道德评议委员

会。乡风民风评议活动在金寨县形成奖优罚劣浪潮,使群众见贤思齐,乡风文明建设稳步推进。新民风激活了金寨县乡村振兴的红色底蕴。第三,先进文化惠民靠行动。金寨充分挖掘自身红色文化,并将其积极转化为人民喜闻乐见的影视、文学作品等形式,促进先进文化传播惠民。2016年以来先后在金寨大湾村开拍了微电影《风从大湾来》,纪录片《大湾村的笑声》《八月桂花遍地开》等一系列影视作品;同时编撰《红军源》《将星闪耀》《奋进》等专著近20部,相继推出《红色金寨的革命历史》《总书记听说过的讲解词》等数百篇红色文化普及文章。

(二)红色文化融入乡风文明建设的平台体系

1. 家庭家风,引领乡风文明"新气象"

第一,乡邻关怀。家庭作为社会的基础构成,家风对创建良好乡风文明具有重要作用。金寨县以家庭为平台,弘扬红色文化互帮互助、友善关怀的美好品德,进行"传递浓浓邻里情,互帮互助暖人心"邻居节便民服务活动,联合社区志愿者共同为社区邻里服务,提供生活帮助。第二,文明评比。桃岭乡各村结合农村实际,评选五星级文明家庭,对于积极就业、提供公共服务、家庭孝敬老人、夫妻互敬互爱的家庭,每月评选并给予积分表彰,利用荣誉表彰和物质奖励,积极建设乡贤文化。第三,模范引领。桃岭乡高湾村积极开展模范引领宣传活动,徐秀云在丈夫从兵十年间照顾老人、和睦家庭,无怨无悔,2018年荣获"安徽省最美媳妇"、六安市"最美家庭",以别样爱恋谱写家国情怀,传承中华民族传统美德。

2. 社群生活,形成乡风文明"新风尚"

第一,组建村民艺术团。随着脱贫攻坚完成,群众精神文化需求迈上新台阶。大湾村成立"金寨大湾情艺术团",建设乡村大舞台,用大鼓书、丝弦锣鼓、舞狮子、划旱船等特色民俗节目,勾勒红色文化新路径,展现乡村文明新面貌。第二,开展送戏下乡活动。高湾村开展新时代文明实践之送戏下乡活动,上演根据高湾村扶贫鲜活事迹和社会主义核心价值观编排的新颖节目,还别出心裁地穿插表彰颁奖。通过评选孝老敬老、环境卫生、崇尚公益、家庭和睦明星称号,让群众在享受文化盛宴的同时,更能提升精神素养,推动乡风文明进入新阶段。第三,尽展民族团结之美。在大湾村大别山农耕文明展览馆,有许多各式各样、造型别致的特色民族服装,表达着多元民族独特的文化与习俗,既可以供全体村民欣赏,也可以让少数民族村民感受家的温暖,让文化礼堂成为全体村民凝心聚力、感受民族团结友爱的红色文化沃土。

3. 美丽乡村,构建乡风文明"新地标"

大湾村通过美丽乡村建设,从村庄规划建设、经济发展、生态环境、公共服务全方面打造红色美丽乡村,助推乡风文明平台建设。大湾村将村落规划成红色党建旅游区、茶文化体验旅游区、旅游配套服务区、绿色景观旅游区等四个板块,并通过十里漂流将其串联起来。在不断完善公共配套设施、优化服务质量的同时,相继探索绿色可持续发展道路,将红色旅游业作为支柱产业,物质精神两手抓。大湾村相继入选第二批全国乡村旅游重点村名单和2020"中国最美休闲乡村",都是对其持续多年美丽乡村建设的充分肯定。

(三)红色文化融入乡风文明的制度建设

1. 物质基础保障

第一,大湾村"2+1+4"发展模式。大湾村继承弘扬红色文化中实事求是的精髓,深入挖掘当地优越发展条件,规划资源合理分配,发展特色产业,使之成为当地产业振兴的主动力。以对标"两不愁,三保障"为要求,以解决当地基本交通、基本教育、基本住房、基本医疗为主线,为乡村振兴和乡风文明建设提供物质保障。[①]第二,高湾村四大产业体系。高湾村则根据自身特点,通过种植业、养殖业、旅游业、工业实体等四大产业体系支撑走上一条新颖之路。种植业,以四季春茶叶合作社为中心,形成万亩良种生态茶园示范基地;养殖业,积极发动新型经营主体抓住契机,推动蚕桑和猪仔养殖产业发展;工业,引进葛洲坝电力集团光伏项目,带动务工、入股分红为村集体经济带来稳定收益;旅游业,打造茶叶采摘体验式旅游、田园观光和农家乐等项目,大力发展乡村红色旅游。

2. 基层党建领航

第一,不断加强理论建设。为充分发挥党员模范先锋作用,大湾村党委积极创新开展党员主题日活动,加强理论学习,做到"既定步骤做到位、规定动作不走样、自选动作有特色"。定期推送党的理论知识、党组织建设动态、家乡新鲜事,增强学习的灵活性和吸引力。2021年6月,花石乡大湾村党总支入选全国先进基层党组织。第二,狠抓落实作风建设。花石乡党委探索党员管理方式,通过优选"领头雁"等措施,不断提高党员战斗力、凝聚力和向心力,强化党组织"两个服务"功能。在外服务务工乡友,打造"党群之家"品牌,集思广益帮助困难党员、乡友解决问题,对内助力家乡建设,服务乡邻,引领友好互帮互助乡风文明建设。

3. 民主法治助推

良好乡风文明的形成,不仅需要领头雁,更需要每一位村民投入。花石乡通过群团建设,积极发挥青联、妇联、团支部等各方力量,全民推进乡风文明建设。第一,推进妇联工作。基层妇女组织是党和政府联系广大妇女群众的桥梁和纽带,肩负联系家庭的重任,良好家风、文明乡风的形成离不开妇女。夯实妇联基层基础,增强妇联组织凝聚力始终是花石乡的重要议题。第二,开展法治教育。充分发挥

① 孔维龙,郑煜. 探究乡村特色产业脱贫发展模式——以安徽省金寨县大湾村为例[J]. 农家参谋,2020,01(17):20.

"法律明白人""乡土调解员"的作用。花石乡大湾村不断加强普法宣传力度,以乡贤、老村干、老党员、产业带头人为重点培育对象,充分发挥本地乡贤良好的群众基础优势,开展公益法律服务,实现法治护航,引领乡风文明新发展。第三,推进志愿服务。高湾村和大湾村积极开展公益护林、志愿护河、社区环境整治、关爱老人儿童等多项活动,全力推动志愿服务落细落实,建立健全"全员志愿,全域服务"的常态长效机制。

五、红色文化融入新时代乡风文明的路径构架

项目团队在金寨等地的经验推广中,充分认识到局部经验向全国推广的可行性,从价值体系、实体体系与制度体系着手,寻求红色文化融入乡风文明建设的可行路径,总结金寨的先进经验,对标乡风文明发展困境,探索出一套科学的路径体系。

（一）红色文化融入乡风文明的价值体系

价值体系居于统摄和核心地位,直接影响村民的思维方式与行为习惯,进而助推产生红色文化融入乡风文明建设的内生动力,将其细化为革命精神建设、先进文化建设和公序良俗建设等三大价值体系建设。

红色文化融入新时代革命精神建设。革命精神是对红色文化的高度凝练和升华,红色文化与革命精神之间是源与流的关系。革命精神孕育于红色文化当中,但又是对红色文化的抽象和升华,具有更普遍的借鉴意义。将红色文化融入革命精神体系建设,以红色文化载体传播革命精神,以革命精神促进乡风文明建设,进而助推乡村振兴。

红色文化融入新时代先进文化建设。红色文化蕴含的价值取向,始终是社会主义文化保持先进性的定向锚。加强革命历史教育、传承红色基因、赓续红色血脉,将革命精神内核与新时代条件紧密结合,不断焕发社会主义先进文化的无限光彩和磅礴力量,以此促进乡风文明的内涵延伸,从而助推第二个百年奋斗目标的实现与乡村振兴的持续推进。

红色文化融入公序良俗建设。乡村公序良俗主要表现在社会主义核心价值观指导下农民的善恶观念、规则意识和家风家教。培养良好的公序良俗观念可以在潜移默化中提高村民对乡风文明建设的接受度与认同感。一方面,树立规则意识,形成良好公序。长期以来,老区教育相对落后,农民文化水平较低、法律意识较为淡薄,可通过弘扬红色文化中的严守纪律、听党指挥等优良作风,推动村民树立规则意识,遵守村规民约与法律法规,促进良好公序形成。另一方面,培育善恶观念,引领善良风俗。塑造村民正确的善恶观,对于精神文明建设具有基础性作用,要广泛宣传善良风俗,继承弘扬中华传统文化中的尊老爱幼、以和为贵、和睦邻里等优秀精神,鼓励村民向上向善,营造朴实善良的村风民风,建设和谐乡村。

（二）红色文化融入乡风文明的实体体系

实体体系是乡风文明建设的组织平台与主体保障，也是乡风文明建设的抓手和着力点，可分为个体家庭、社群组织和基层组织即村"两委"，三者相辅相成。家庭对于塑造人们的道德观念具有启蒙作用，在精神文明建设中处于基础性地位；社群组织作为村民日常接触极为密切的平台，是红色文化融入乡风文明的助推者；美丽乡村建设是基层党员发挥先锋模范作用的实践场所，更是红色文化融入乡风文明的主要着力点。

红色文化融入家庭生活实体。良好家风家教对于开展乡风文明建设至关重要。因此，以个体家庭为基本单位，广泛开展红色文化宣传活动，深入挖掘优秀乡土文化，持续推进农村移风易俗，开展"五好家庭""美好家庭""模范家庭"评选活动，让村民在家庭生活中感受到文明乡风的力量。传统文化底蕴较为深厚的老区乡村，还应汇编整理村史村志，记载村民家族发展脉络，刊载人文习俗精华，记录家族名人和乡贤事迹，强化家族文化认同。广泛开展传承革命家训，弘扬红色家风等系列活动，通过"立、议、写、晒、说、学、推"，让革命家庭的优良红色家风出厅堂、进学堂、入心堂，形成比学赶帮超的优良氛围。

红色文化融入社群生活实体。社群生活实体作为类型最多、村民接触最为频繁的平台，在乡风文明建设中具有主导作用。一方面，将红色文化融入艺术体育实体，不仅可以陶冶情操，更有助于引领乡风文明建设，如放映队组织村民观看红色影片；戏曲队将传统历史剧本与红色革命文化相结合，创作具有本土特色的红色戏本，以群众喜闻乐见的方式将红色文化"演起来"；开展重走革命路体育健身活动，在强健体魄中铭记革命历史，珍惜当今生活。另一方面，将红色文化融入政治生活实体，与广大村民交往最多的政治实体便是村"两委"，由于村民知识水平有限，在基层乡村宣传推广红色文化，要发挥村"两委"的领导带头作用。党员干部要自觉学习红色文化，遵守村规民约，践行善良风俗，将红色革命精神内化于心、外化于行，以实际行动传承红色基因、赓续红色血脉。

红色文化融入美丽乡村建设。美丽乡村建设全方面统筹乡村发展是培育红色乡风、营造良好氛围的重要法宝。要将红色文化中实事求是、艰苦奋斗、以人为本等重要内涵融入美丽乡村建设，进而实现文明和谐乡风美。首先，深入挖掘本地优势和特色，美丽乡村建设过程中不能"千村一面"，要立足当地实际，整合当地特殊资源优势，探索适合本地的美丽乡村建设之路。其次，充分发挥艰苦奋斗、薪火相传精神。红色文化的艰苦奋斗精神对于美丽乡村建设具有激励作用，美丽乡村建设内容广泛、系统复杂，需要不断摸索和长期奋斗。从群众到党员、从社会团体到乡镇政府，都要大力弘扬吃苦耐劳、艰苦奋斗精神，怀揣"功成不必在我，功成必定有我"的宽广胸襟，发扬"一锤接着一锤敲"的"钉钉子"精神，一代接着一代赓续奋斗,持续将自己的家园打造成宜居宜业和美乡村。

(三)红色文化融入乡风文明建设的制度体系

制度体系旨在将乡风文明建设过程中的成功经验上升到机制层面加以总结,使其更具有普遍效用,从而推广到其他地区。制度体系为价值体系和实体体系提供有效的制度供给和环境支撑,为乡风文明建设提供有力制度保障。制度体系主要分成三个维度:即基层党群、民主法治和村规民约等。

红色文化融入基层党群组织建设。基层党团组织是党在社会基层组织中的战斗堡垒,是党的全部工作和战斗力的基础。无论是传承红色文化还是引领乡风文明,都是基层党组织的义务。基层党组织要带头学习红色历史,感悟一心为民的革命精神,并将其作为行动指南贯彻落实到日常工作当中,时刻谨记为人民服务的宗旨,优化工作方式,创新工作手段,依法文明办公。基层政府要在为民服务中不断提升工作能力,将党群队伍打造成坚强的"新时代战斗铁军"。

红色文化融入基层民主法治建设。其一,红色文化融入基层民主政治。乡镇政府和村委会要担负红色文化弘扬与乡风文明建设的责任,定期开展红色廉洁文化主题教育活动,不忘共产党人一路创业的不易,增强基层党员干部的廉洁自律意识。利用丰富的红色文化资源教育基层党员干部,坚定听党话、感党恩、跟党走。其二,红色文化融入法治宣传教育。加强对革命老区民众尤其是青少年法治宣教活动,引导他们尊法、用法、守法、护法。通过大力开展移风易俗行动,打击取缔聚众赌博等不良行为,营造良好的法治氛围。广大党员干部更要严格依法开展工作,主动发挥榜样带头作用。其三,大力推进新时代"乡贤"工作。将有较高政治觉悟、较好道德品行和显著社会声望的老革命、老干部、老党员、老教师、老村干等评选为新乡贤,广泛宣传其遵纪守法、无私奉献的事迹,引导村民向上向善。并将这些乡贤吸纳到村人民调解委员会、治安保卫委员会、妇联、村民议事会、红白理事会、道德评议会、乡贤参事会和关心下一代委员会等自治组织中,借助新时代文明实践站、所阵地,宣传法律法规和民主知识。

红色文化融入村规民约建设。没有规矩不成方圆,推进乡风文明建设需要村规民约作为支撑。村规民约作为村民自治的规章制度,有利于聚集民智、化解民忧、引领民风。养成遵守纪律、自律自省的红色精神,整顿不良民风,引领纯正乡风。乡村文化设施如文化广场、农家书屋、家庭发展中心、文化礼堂、红黑榜展示窗等种类丰富。通过加强红色文化在这些乡规文化场地的融入,例如在农家书屋当中增加关于革命历史的书籍、在文化礼堂开展红色历史课堂、在家庭发展中心分享祖辈红色故事,借以拓宽红色文化融入村规民约的路径,进而助推乡风文明建设。

作者:徐海燊　檀明

红色基因融入新时代美丽乡村建设路径

　　红色文化是先辈们留下的精神文化遗产,能够激活百姓爱国底蕴,陶冶人民素养情操,赋能基层创新蝶变,不仅是我党革命建设史的记录和精华,更是践行社会主义核心价值观的基石与和谐社会的助推剂。新时代孕育新方法,新时代青年响应党和国家号召,促进革命老区乡村振兴、探索革命老区红色美丽乡村建设路径。

　　合肥工大团队师生 20 余年深耕安徽革命老区,以高校思政品牌社团"中研会"("习研会")为服务主体,持续开展红色基因传承实践,大力实施"十百千万"工程,整合学校与国家、社会、区域资源,科学架构红色基因融入美丽乡村建设的"五四三二一"典型模式,在创新竞赛、创业实践和宣传推介方面取得诸多成果,并总结凝练红色基因融入美丽乡村建设项目的若干经验,借以促进省内外类似革命老区美丽乡村建设。

一、"把红色江山世世代代传下去",践履习近平总书记安徽考察的郑重嘱托

　　第一,美丽乡村是乡村振兴的美好愿景和最终目标。党的十九大提出的乡村振兴战略是迄今为止最为重大的利好,为推进乡村振兴战略而配套落实的一系列政策制度,成为实现美丽乡村目标的重要抓手。① 2022 年 5 月,中办国办印发了《乡村建设行动实施方案》,进一步明确了乡村建设建什么、怎么建、建成什么样,对扎实稳妥推进乡村建设行动,持续提升乡村宜居宜业水平具有重要指导意义。"美丽乡村"已成为我国农村建设的基本政策,乡村振兴的五个要求,归根到底是要实现"社会主义美丽乡村"的美好愿景。党的二十大报告提出,"全面建设社会主义现代化国家,最艰巨最繁重的任务仍然在农村。……加快建设农业强国,扎实推动乡村产业、人才、文化、生态、组织振兴。""巩固拓展脱贫攻坚成果,增强脱贫

　　基金项目: 国家大学生创新实验计划项目《红色文化融入新时代乡风文明建设路径研究》(G202110359109),曾获评 2022 年安徽省社科联"三项课题"研究成果二等奖及 2022 年中国国际"互联网+"创新创业大赛红旅赛道省级银奖。

　　① 魏玉栋. 乡村振兴战略与美丽乡村建设[J]. 中共党史研究,2018,12(03):14－18.

地区和脱贫群众内生发展动力。统筹乡村基础设施和公共服务布局,建设宜居宜业和美乡村。"①习近平总书记就乡村振兴战略多次作出重要指示:"要推进城乡区域协调发展,全面实施乡村振兴战略,实现巩固拓展脱贫攻坚成果同乡村振兴有效衔接,改善城乡居民生产生活条件,加强农村人居环境整治,培育文明乡风,建设美丽宜人、业兴人和的社会主义新乡村。"②习近平总书记关于乡村振兴的系统阐述为推动美丽乡村建设、打造红色美丽村庄提供了遵循、指明了方向。

第二,把红色基因传承好,确保红色江山永不变色。2016 年 4 月 24 日,习近平总书记视察安徽金寨时说:"我们要沿着革命前辈的足迹继续前行,把红色江山世世代代传下去。"2022 年 8 月 16 日,习近平总书记在辽宁考察时强调,"红色江山来之不易,守好江山责任重大。要讲好党的故事、革命的故事、英雄的故事,把红色基因传承下去,确保红色江山后继有人、代代相传。"③

第三,红色基因助推美丽乡村建设具有深厚的理论根基。红色基因是中国共产党在长期艰难困苦的革命历程中所凝聚孕育形成的精神支柱,它集中体现了我们党和国家的宝贵精神财富和核心优势,是推进新时代中国特色社会主义各项事业不断前进的重要法宝。④ 革命老区孕育了深厚的红色基因,红色基因以其深刻的精神价值,在红色文化的孕育、形成与发展过程中打下了深深的烙印。革命老区的振兴发展必须承担起传承红色基因的责任,以传承红色基因为主线。另一方面,孕育于革命老区乡村的红色基因内容丰富、内涵深刻、符合时代发展需要,彰显了中国共产党人坚定的理想信念,凝聚了广大基层民众深厚的爱国主义情怀和团结奋斗的时代品质。

二、由点及面:梯次拓展对象,持续推进服务

促进美丽乡村建设的服务对象主要包括村民及农村家庭、农村基层党群组织、村民自治及中介服务组织等;服务地区包括金寨县等有着优秀红色基因的革命地区、由近及远持续扩展到皖南、长三角地区和全国类似革命老区。

第一,村民及农村家庭,主要帮助开展模范引领宣传活动、送红戏下乡活动、在家庭发展中心分享红色家风故事等,促进村民对红色文化的理解和对红色基因的传承。第二,农村基层党群组织,与村两委及其所属的民兵营、妇女之家、儿童之家积极互

---

① 习近平. 高举中国特色社会主义伟大旗帜　为全面建设社会主义现代化国家而团结奋斗[M]. 北京:人民出版社,2022:37.
② 习近平. 坚定不移走高质量发展之路　坚定不移增进民生福祉[N]. 人民日报,2021 - 03 - 08(01).
③ 习近平. 在新时代东北振兴上展现更大担当和作为　奋力开创辽宁振兴发展新局面[N]. 人民日报,2022 - 08 - 19(01).
④ 刘浩林,范国盛. 激活红色基因的途径与方式[J]. 中国井冈山干部学院学报,2015,8(06):91 - 96.

动,及时传达与总结先进经验,发挥基层党员和基层党组织在美丽乡村建设中的先锋模范和战斗堡垒作用。第三,村民自治及中介服务组织,积极为村规民约和方针政策提出可行对策,加强农村公共服务、社会治理等,为其数字化智能化建设提供智力支持,并在其中融入红色文化和革命精神,为推进美丽乡村建设提供组织支撑。

项目团队立足于金寨红色文化融入美丽乡村建设经验,自 2001 年以来,持续关注并实地考察、调研革命老区的红色文化传承与美丽乡村建设的有机联系及其运作模式,探索红色文化融入乡村治理有效机制,从巩固脱贫攻坚成果、红色文化育人、美化乡村风貌、村民思想建设等方面着手,归纳借鉴前期研究经验与成果,因地制宜,构建设计革命老区美丽乡村建设推广服务持续进展计划。

(1)打造"金寨模式+"体系。项目组以红色文化领域 20 余年的研究经验为依托,深入剖析金寨桃岭乡与花石乡美丽乡村建设成果,致力于发展金寨模式的可推广性与灵活性,即以金寨经验模式为服务体制,适用各地优秀传统文化及革命文化。当下打造"金寨模式+大别山革命文化"、"金寨模式+新四军革命文化",未来创建"金寨模式+长三角地区乃至全国革命老区机制",持续着力于革命老区红色文化引领美丽乡村建设服务体系。

(2)"重点出击"皖南地区。皖南地处皖浙赣三省交界地带,是新四军军部所在地的核心区域。同时,作为古徽州千年文化重要传承地之一,皖南历史底蕴丰厚,优秀传统文化资源开发潜力高,使得根植于传统文化的红色文化具有浓郁的历史人文色彩、底蕴内涵丰富,具有极大的样本价值。其红色文化与优秀传统文化与生俱来的高度融合是检验服务推广体系的有效手段;同时,在泾县云岭等地的推广过程中,"金寨模式+"体系得到不断的健全与完善,与时俱进、因地制宜。

(3)延续扩展长三角地区。以金寨经验为框架、红色旅游为主线,打造"红色+绿色""红色+优秀传统文化""红色+互联网""红色+科技"等乡风文明建设形态,促进红色文化与优秀传统文化传承、政治经济发展的深入融合,深入挖掘、扩充长三角地区的红色文化资源,让珍贵的革命文物、革命遗迹重现于世,以博物馆、纪念馆、红色文化广场等为载体,发挥红色文化的育人、教化功能,让中老年人重温激情岁月,让年轻人聆听红色故事,将红色江山世世代代传下去。

(4)惠及全国类似地区。项目组以"两源两地"金寨地区的典型经验为切入点,探索红色基因融入美丽乡村建设的有效机制,建立"金寨模式+"体系,整合吸取在皖南地区与长三角地区的服务经验,借以助推全国类似革命老区美丽乡村发展。

三、知行合一:深入基层调研,理论实践并举

合肥工业大学围绕"红色基因融入美丽乡村建设"这一主题,依托全国"百佳"理论社团"习研会"持续开展创新实践,自 2021 年 2 月以来,相继前往金寨、定远、

庐江、潜山、岳西、望江、旌德、浙江枫桥等省内外革命老区开展红色基因融入美丽乡村实践 20 余次,足迹遍及安徽省内三家红色基因库试点单位与皖西、皖南、皖东等主要革命老区,广泛开始红色美丽村庄服务推广。

第一,依托高校思想理论社团品牌:合肥工大"习研会"。合肥工业大学红色基因融入新时代美丽乡村建设项目的主要依托主体是"合肥工业大学习近平新时代中国特色社会主义思想研究会"(以下简称"习研会")。该社团渊源于 1997 年成立的合肥工业大学研究生"邓小平理论研究会"。2011 年,应国家政策的发展,改为"中研会",首任常务副会长武晓妹曾以"学霸姐"和"打工帝"著称,受到《解放军报》《中国青年报》《新京报》等 50 余篇次系列报道,相继获评 2013 年中国大学生自强之星标兵、首届大学生励志成长成才人物典型,提名 2014 年中国大学生年度人物。2013 年11 月–12 月,武晓妹先后参加第二批"我的中国梦·奋斗的青春最美丽"全国巡回分享活动;2014 年 5 月到 6 月,作为全国第三批分享团的唯一学生代表,武晓妹应邀赴中央机关、中直机关、国家机关、金融系统及中央企业等单位,开展 30 余场分享活动。"中研会"2014 年获评"全国优秀社团",2015 年相继获评安徽省"青年文明号"和全国"百佳"学生理论社团。2016 年"中研会"创新实践群体,获评合肥工业大学首届校长创新创业奖。10 年来,"中研会"一直成为合肥工大学生开展红色基因传承与服务乡村实践的一面旗帜。2018 年"中研会"改为"习近平新时代中国特色社会主义思想研究会",在首任会长武晓妹同学奋斗奉献精神的影响下,"习研会"核心骨干代代接续奋斗,时任会长姚悦也获评 2021 年度安徽省"百优大学生"。

第二,多次前往革命老区开展红色基因融入美丽乡村推广服务。项目组与安徽省大别山革命历史研究会及中共金寨党史与地方志研究室等单位开展紧密协作,深度挖掘安徽大别山区域的红色基因丰富素材,进行系统整理加工提炼,分门别类地进行归纳梳理,结合各地乡村实际融入红色元素,并整理汇编典型案例。2022 年 1 月,项目组再次赴金寨斑竹园镇邢湾村、花石乡大湾村、全军乡熊家河村及汤家汇镇,就红色美丽村庄建设展开调研服务,初步构建起红色基因融入美丽乡村建设的模式。2022 年 6 月、7 月,项目组先后 4 次前往望江县漳湖镇、旌德县版书镇、绩溪县瀛洲镇、湖州市织里镇、诸暨市枫桥镇等地,开展红色基因融入乡村治理推广服务,梳理总结典型老区乡村治理范式,提出基层党组织领导下德治、自治、法治"三治融合"的情理法一体基层治理思路。仅 2021 年初至今,红色基因融入美丽乡村建设项目组共开展推广服务 20 余次。2023 年 3 月,项目组再次来到了金寨县花石乡大湾村、桃岭乡高湾村、全军乡熊家河村等地,推广头雁引领乡村产业振兴成功模式。

第三,线上线下推广驱动,主流媒体跟踪报道。《中央电视台》新闻联播曾介绍项目建设成果,《安徽电视台》"江淮新视点"专题报告,集中播放 15 张项目组活动图片,获得学习强国平台"中国新闻网""人民网""新华网""安徽网"等主流媒体 100 余篇次的持续关注。其中仅"中国青年网"就相继刊发《红色基因代相传,乡风文明展新貌》《赓续红色血脉,助力乡村振兴》《工大学子赴皖西南调研乡村治理新模式》等系列报道近 70 篇,包括 5 万余字、配图 40 余幅的《关于红色文化融入新时代乡风文明路径的实践报告——基于安徽省金寨县桃岭乡和花石乡的实地考察》等 3 篇研究报告被"中国青年网"全文采纳应用,不仅扩大了项目组创新实践活动的社会影响力,更推动了红色基因融入美丽乡村建设的模式构建创新。

四、模型构建:实施赋能工程,推广先进模式

2016 年 4 月,习近平总书记在知识分子、劳动模范、青年代表座谈会上强调:"所有知识要转化为能力,都必须躬身实践,要坚持知行合一,注重在实践中学真知、悟真谛,加强磨炼、增长本领。"①基层是青年施展才华、大有作为的最好沃土,新时代大学生尤其要有投身基层的勇气,在扎根中国大地、走进乡村一线,体察国情民情,在反哺乡村、服务社会中,磨砺自身,提升能力。

第一,持续推进"十百千万工程"。自 2001 年合肥工业大学人文经济学院吴椒军教授等带领团队深入六安市独山镇开展农村税费改革实践推广,并获得全国第七届"挑战杯"课外学术科技作品竞赛一等奖以来,红色基因融入美丽乡村项目团队已深耕大别山革命老区 20 余年。在普法宣传、红色教育、政策宣讲、产业规划、环境整治、技能培训等领域持续推广服务,组织实施红色基因融入美丽乡村建设"十百千万"服务工程,即历经 20 余年,组织服务团队 130 余次,服务村镇 110 多个,直接参与学生 1500 余人次,直接受益群众 50000 多人,为红色基因传承、美丽乡村建设赋能助力。从"两源两地"金寨出发,项目团队的推广足迹依次向鄂豫皖老区、中央根据地老区、陕甘宁边区等地"三阶段梯度推进",由点到面,层层递进,不断完善,最终形成可推广、可复制、可持续的完整模式。

第二,科学建构红色基因融入宜居宜业和美乡村建设的"五四三二一"模式。合肥工大红色基因融入美丽乡村建设项目基于长期实地调研与服务推广实践,针对革命老区红色基因融入乡村建设中的痛点问题,着力构建"五四三二一"模式,予以针对性解决:(1)产业振兴上,针对基层组织产业统筹力不足、专业人才瓶颈制约、产业转型困窘等问题,提出发挥基层党支部的战斗堡垒作用和支部书记的内引外联作用,培育龙头地标企业和产业带头人的示范引领,最终形成产业群的"五好模式";(2)乡村治理上,针对基层权力缺乏有效监督、矛盾多元化解机制尚未形成等问题,提出政治、自治、法治、德治等"四治融合"模式;(3)乡风文明上,针对红

---

① 习近平. 在知识分子、劳动模范、青年代表座谈会上的讲话[N]. 人民日报,2016－04－30(02).

色文化挖掘不充分、建设平台分散、模式保障力低等痛点,提出以价值体系为灵魂、实体体系为支撑、制度体系为保障的"三位一体"模式;(4)生态文明上,针对缺乏科学理念指导、缺乏系统规划、资金不可持续等问题,提出以"两山理念"为科学指导,"红色旅游+绿色生态"二元合一的持续优化环境;为革命老区建设红色美丽村庄提出了一体化解决方案。"五四三二一"模式梳理各地老区乡村发展中存在的普适性问题,着力打造可复制、可行性高、可持续推广的革命老区宜居宜业和美乡村建设样板。详见图1。

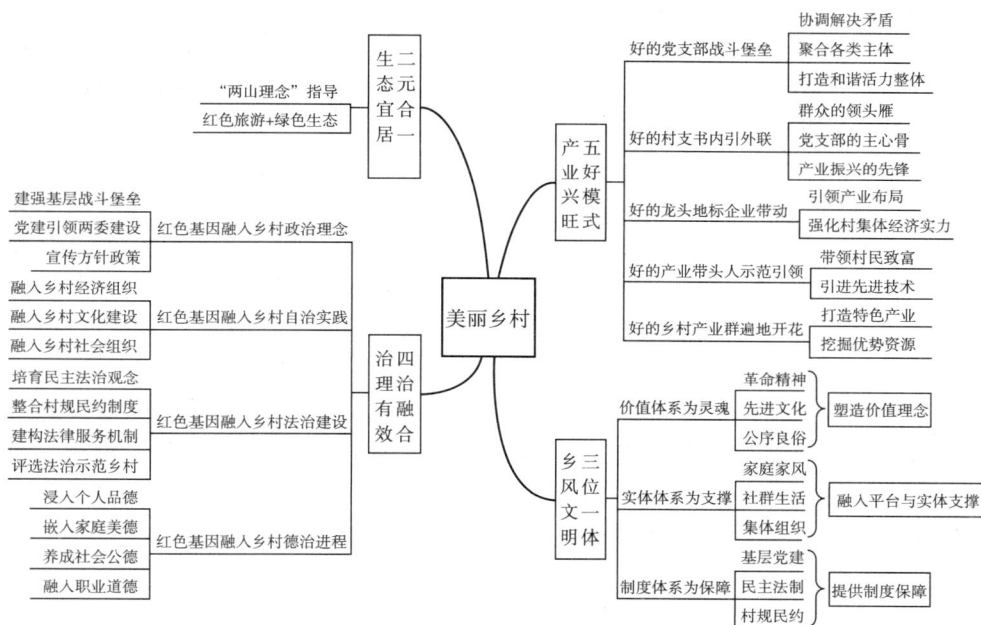

图1 红色基因融入宜居宜业和美乡村的"五四三二一"模式构建

国家要富强,民族要复兴,乡村振兴必然是其中的重要一环。项目组从价值、实体、制度三个路径构建"三治融合"的革命老区乡村治理模式,从不同层面助推革命老区美丽乡村建设,助力乡村振兴。

1. 将红色基因融入乡风文明建设

以宣传教育服务乡村价值建设。价值认同是行为模式的核心驱动力,只有在价值层面向红色看齐、向人民看齐,才能从根本意义上建好乡风文明。项目组通过对当地红色资源的整合,在当地展开法治与红色宣传教育,引导革命老区民众尤其是青少年尊法、守法、用法、护法,深入挖掘与传承创新红色文化,同时赋予传统农耕文明新时代的新内涵。帮助展开移风易俗活动,通过积分制、道德评议会等做法,将红色文化融入新时代革命精神建设、新时代先进文化建设和公序良俗建设等,打好乡风文明建设的精神基石,拓展新时代文明实践建设,深化群众性精神文明建设活动,营造向上向善的文明乡风。并为深受革命文化熏陶的革命老区梳理出可供推广的宝贵经验,不断在全省其他地区进行教育与宣传,推动革命精神的宣传普及。

以深入交互服务乡村实体建设。不拘一格信息咨询服务公司制定专属服务模式,囊括个体家庭、社群组织、美丽乡村建设等三个维度的乡村实体,由点到面,全平台输出红色文化服务乡风文明建设的有益经验。第一,个体家庭维度,从历史与现实两个层面帮助开展家庭评选活动,总结出历史上的典型"红色家庭",弘扬红色家风家教;帮助开展"模范家庭"评选,并帮助村委对其事迹予以总结和宣扬,深入每家每户展开红色文化宣传以及红色知识援助。第二,社群组织维度,项目团队提供"送戏下乡""送法下乡"等服务,组织村民观看红色影片;将传统历史剧本与红色文化相结合,创作具有革命特色的红色戏本,以群众喜闻乐见的方式将红色文化演"活起来"。创建民主示范村,培育农村守法用法示范户,加强乡村人民调解组织队伍建设,推动矛盾纠纷化解。第三,美丽乡村维度,依托安徽省大别山革命历史研究会,总结历史和现实中各地的有益经验,为革命老区发展建言献策,在乡村建设方面提出建设性意见,助力美丽乡村建设。

以总结输送服务乡村制度建设。团队成员通过深入农村、走访各地,探寻总结乡风文明建设的可行经验,并输送到可应用地区,将红色文化融入基层组织建设和民主法制建设、融入村规民约建设,深入推进平安乡村建设,建立健全农村地区扫黑除恶常态化咨询服务,从而建设充满活力、和谐有序的乡村社会。

2. 将红色基因融入乡村治理

红色基因融入乡村治理的服务内容是致力于"三治融合",即红色基因融入乡村自治、乡村德治和乡村法治。

红色基因融入乡村自治实践。项目组致力于将红色基因融入乡村自治,包括村民自治过程、乡村经济组织、乡村文化建设、乡村社会组织。不断完善村民自治组织,推动乡村治理实现自我管理、自我服务、自我教育、自我监督,既能彰显村民意愿意志,更不断增进民众的获得感、安全感、幸福感。

红色基因融入乡村德治进程。道德融入是引导乡村社会风气形成和凝聚治理人心的重要依托,充分发挥优秀传统文化的底色作用,通过道德滋养引导,乡村治理才会充满温度。将红色基因浸入个人品德,嵌入家庭美德,养成社会公德,融入职业道德。

红色基因融入乡村法治建设。一是培育民主法治观念。以法治承载道德理念,道德才有可靠制度支撑。在红色革命的沃土上根植法治意识,在红色基因引领下培育民主法治观。二是整合村规民约制度。村规民约作为乡村内部规范的主要表现形式,是乡村法治成果的体现,是维护乡村秩序的基本规章,将红色文化精神外化为代代相传、约定俗成的行为规范。三是建构法律服务机制。有效化解村民纠纷,才能实现乡村范围内的良法善治,在村民间形成紧密利益共同体,为红色文化传扬提供有利环境。提供可行的法律服务是促进纠纷解决的有效途径。四是评选示范法治乡村。将红色基因传承效果列为法治乡村评选的要件,对红色基因传承好、红色旅游开发好、红色故事讲述好、红色精神利用好的乡村优先参与评选。全面落实以民主法治示范乡村为支撑点和重要抓手,推进法治乡村建设,严格落实创建标准,增强村民法律素养,依法建章立制,严格村务公开,维护乡村稳定,不断将乡村法治建设向纵深推进。

3. 将红色基因融入乡村产业振兴

红色基因融入乡村产业振兴的服务内容是致力于梳理革命老区在当前产业振兴中的普遍性问题,提出在实现乡村产业振兴中要发挥基层党支部的战斗堡垒和支部书记的内引外联作用,通过培育龙头地标企业和产业带头人的示范引领,最终形成产业群遍地开花的"五好模式"和头雁引领乡村产业振兴路。

4. 将红色基因融入生态环境建设

红色基因融入生态环境建设内容的核心理念是以绿筑底,以红铸魂,探索实现"两山"转化新途径。

金寨县牢记总书记谆谆教导,坚持以习近平生态文明思想为指导,坚定"生态立县"战略不动摇,立足国家重点生态功能区、安徽省和长三角地区重要生态安全屏障功能定位,将县域生态保护与脱贫攻坚、乡村振兴、产业发展等有机结合,不断巩固生态本底,全力释放生态效益,探索形成"两山"理念转化有效路径和模式,打造出一批典型案例。

以生态提升特色农业,率先实施"两个替代",提升"生态+农业"融合水平;以生态引领旅游发展,做好"红绿结合"文章,大力推进"生态+全域旅游",实现旅游发展与生态保护良性互动、互促共进;以生态推动绿色工业,围绕双碳目标,结合全国首家高比例可再生能源示范县建设,持续推动清洁能源等绿色工业快速发展。

红绿结合走出持续发展路。项目组连续20年持续坚守在以金寨为代表的大别山革命老区,帮助众多老区乡村走出适合自身发展的致富道路。来自大湾村的红色讲解员汪达海便是项目组多年培养的典型带头人物,汪达海潜心研读项目组成员参与完成的《话说红色金寨》等地方红色书籍,在项目组的培训下,成为宣传介绍大湾村的红色讲解员,相关事迹还得到中央电视台新闻联播的报道;同时汪达海抓住本地良好生态环境机遇,还创办了生态有机茶厂,优美良好的绿色生态环境与底蕴深厚的红色资源已经成为老区人民走上富裕的基因密码。

五、师生互动：学术专创融合，取得系列成果

红色基因融入美丽乡村建设的理念具有实际可行性与试点先进性，在持续多年坚守的积淀基础上，从创新竞赛、创业实践、学术研究、媒体推介四个维度入手，助推不同层次平台的协调互动，探寻平台之间的内在契合点，以红色基因融入美丽乡村建设为主线，以青年大学生为服务主体，形成系列成果矩阵，彰显红色基因高度价值。

创新竞赛，成果接涌。项目组深度融合思政教育、专业教育和创新创业教育，将创新创业实践与乡村振兴、美丽乡村建设紧密结合，打造融党史教育、国情思政、创新创业、乡村振兴、红色筑梦等课程为一体的第二课堂。以项目组在革命老区开展的红色基因传承实践为主线，以项目组成员在助推红色美丽村庄建设中的具体举措为内容，红色基因融入美丽乡村建设项目组完成的多项作品在各类创新创业竞赛中斩获 40 项省部级及以上奖项。2020 年，徐乐童等人完成的《乡村治理的使命：革命精神推广服务公益项目》《扎根大别山：红色基因融入乡村治理模式推广服务团》等，分别获得中国国际"互联网+"创新创业大赛"青年红色逐梦之旅"省级银奖、校级金奖；2021 年《正理平治：红色基因融入乡村治理模式推广服务》《红心筑梦：革命老区乡风文明建设推广服务》等，分别获中国国际"互联网+"创新创业大赛"青年红色逐梦之旅"省级金奖和校级金奖；2022 年《红"芯"筑梦——红色基因融入美丽乡村推广服务》获中国国际"互联网+"创新创业大赛"青年红色筑梦之旅"省级银奖。完成的《中国式扶贫的经典样本研究：基于闽宁镇的考察》获"挑战杯"全国大学生课外学术科技作品竞赛红色专项国家二等奖，《红色文化融入新时代乡风文明路径研究——以金寨桃岭乡和花石乡为例》《新时代基层党建推动乡村产业振兴的经验梳理及推广路径》《红色基因融入乡村治理模式研究——以金寨县大湾村、东冲村为视角》获"挑战杯"全国大学生课外学术科技作品竞赛红色专项省级一等奖 3 项。2021 年 10 月，项目组前往著名革命老区潜山市和岳西县传承弘扬大别山精神，深入水吼镇调研当地产业发展情况并就天柱山红色旅游发展提出建议，项目组以此次调研服务为灵感，创作作品《天柱"峰景"秀，"红色"增光辉》《红色潜山别样红，生态天柱天下奇》，获第二届安徽省大学生质量文化与品牌创意设计大赛省级一等奖 2 项，二等奖 3 项，三等奖 2 项；《让我的鲜血去浇灌自由之花吧》获全国大学生广告艺术大赛安徽赛区三等奖。

创业实践，服务老区。为确保公益项目持续平稳运营，引入社会资源支持，实现推广服务制度化、常态化、专业化，"习研会"主要负责人依托合肥工业大学创客空间，相继注册成立了"宣城市正理平治商务咨询服务有限公司""宣城市润乡信息咨询服务有限公司"和"宣城市闽宁信息咨询服务有限公司"，乡村旅游，休闲农

业,文化创意,养生养老,运动健康……通过新产业新业态红红火火,探寻一条"美丽生金"的新时代高质量发展之路,标志着项目开展的红色基因融入美丽乡村建设服务进入新阶段。

学术研究,融会贯通。项目组核心成员主持的《红色文化中法治元素的挖掘与传承:以大别山革命根据地为视角》《红色基因融入新时代乡风文明路径研究:以金寨县桃岭乡和花石乡为例》和《典型地区乡村社会治理情理法融合的实证研究》连续三年获批国家大学生创新试验计划项目。为及时总结推广收获与研究成果,项目组围绕红色基因融入美丽乡村建设撰写了系列研究报告。王博元、徐乐童等同学完成的《红色基因融入新时代乡村治理现代化的路径与模式研究》《红色文化融入新时代乡风文明建设路径研究》《持续构建大别山红色基因传承育人模式》等3篇研究报告,入选安徽省社科界纪念建党一百周年课题攻关优秀论文;张玉琦、徐海燊等完成的《新时代青少年"铁军精神"传承现状与对策研究》获评2021年共青团中央全国"百佳"优秀调研报告与长三角高校大学生"重走革命路"优秀报告一等奖及"最美视频";并入选教育部高校思政工作中青年骨干项目《新时代大学生社会实践项目申报指导教程》。《大别山精神的伟大先驱王步文》《潜山红色文化数字化呈现的路径探究》等9篇论文入选安徽人民出版社出版的《潜山红色文化与大别山精神研究》。

媒体推介,影响攀升。"中国新闻网""人民网""新华网""澎湃网"等国家主流媒体与"安徽网""金寨文明网""岳西网"等地方主流网站对合肥工业大学红色基因融入美丽乡村项目予以高度关注,先后刊发报道100余次。此外,《探寻梅家三代守护马克思银像背后的故事》《重走铁军抗战路,红色精神永传承》等4个作品,参与申报教育部思想政治工作司主办的全国大学生网络文化节,通过全国性大学生交流平台推广项目。

五、复制推广:凝练红色基因融入美丽乡村建设经验

基于20余年红色基因融入美丽乡村建设实践的不懈探索,项目组成功实施了"十百千万"工程并创造性提出革命老区红色美丽乡村建设的"五四三二一"典型范式,通过理论结合实践、创新应用模式、师生专创结合、多维互动协同等方式,构建起红色基因融入新时代美丽乡村建设的良性机制,借以凝练出相关经验。

1. 持续坚守紧抓不懈,理论与实践相互结合

美丽塑形,文化铸魂,红色基因更是培元固本。自2001年赴六安市独山镇开展农村税费改革实践起,红色基因融入新时代美丽乡村建设项目已持续坚守20余年,依托"习研会"组织构架,保持代代成员接续奋斗、红色薪火永相传的优良传统,前赴后继前往老区乡村开展推广服务。理论实践并重,知行合一发展。项目组

始终贯彻知行合一发展理念,力求在实践服务中将红色基因内化于心、外化于行。通过多次前往金寨、潜山、定远、泾县、旌德等革命老区,开展红色基因融入美丽乡村实践,将书本所学理论知识接受实践检验,用脚步丈量每一抔红色热土,为实现美丽乡村目标贡献青春力量。

2. 服务国家总体战略,服务应用模式创新

乡村振兴战略是以习近平同志为核心的党中央着眼于实现"两个一百年"奋斗目标而提出的重要战略布局。革命老区乡村振兴是全社会关注的热点,紧扣国家大政方针需要,以青年大学生作为服务主力军,助推老区基层治理完善、乡风文明提振、产业发展兴旺。基于长期推广经验,项目组创造性提出红色基因融入美丽乡村建设的"五四三二一"路径,着力输出有效模式,发挥可操作性强、可行性高、示范效应广的优势,持续开展公益推广服务,探索中国特色红色美丽乡村发展之路。

3. 专创结合师生共创,双创结合服务乡村

中国要强,农业必须强;中国要美,农村必须美;中国要富,农民必须富。合肥工业大学红色基因融入新时代美丽乡村建设项目组将思政教育、专业教育和创新创业教育深度融合,始终围绕农业强、农村美、农民富的总体目标,将推广服务实践与精准扶贫脱贫、乡村振兴紧密结合,打造融党史教育、国情思政、创新创业、乡村振兴、红色筑梦等课程为一体的第二课堂。项目采用师生共建创新形式,撬动学校、教师提供的各类社会资源,配置思政导师、专业导师和社会导师予以全程指导,与创新创业竞赛和高校创新实践深度融合,持续推进老区红色美丽乡村建设。

4. 多维互动形成合力,激发红色基因活力

老区乡村,是新时代建设中华民族现代文明的热土和基石,老区阡陌村舍,蕴藏着中华民族生生不息的精神密码、红色基因,让身有所栖的红色美丽乡村,成为新时代老区民众心有所依的精神家园。红色基因融入新时代美丽乡村建设项目的顺利推进,离不开当地政府和相关单位的支持和配合。项目组与金寨干部学院、中共金寨县委党史与地方志研究室、中共潜山县委党史与地方志研究室、中共岳西县委党史与地方志研究室及各地团县委保持长期联络,依托所在学院发起成立的"安徽省红色基因传承与交流中心",并与大别山革命历史研究会等社会组织共同合作,集合政府部门、社会、高校共同之力,形成协同一体、多维共促合力,充分激发红色基因在美丽乡村建设中的独特活力。

作者:姚悦　徐海桑　汪宸宇

新时代乡村振兴的典型样本探究

内容导读

　　新时代乡村振兴的经典样本探究,包括习近平总书记亲自谋划、亲自指导的中国式扶贫与乡村振兴衔接的经典样本——宁夏"闽宁模式"的深度解剖,以及安徽省金寨县、利辛县、泾县、黄山区等为代表的革命老区产业、文化、生态、人才、组织等五大振兴的典型案例,包括以利辛县城北镇为代表的典型农业区新型农业强镇模式;以泾县等为代表的面向共同富裕的乡村文化共同体构建路径;以黄山区为代表的皖南区域乡村人居环境整治的生态振兴对策;以金寨县为代表的基层党建引领乡村人才和组织振兴的路径模式。

"中国式扶贫"与乡村振兴的有效衔接

——基于宁夏闽宁镇的考察

习近平总书记在党的二十大报告中强调"全面推进乡村振兴"。从"实施"到"全面推进",乡村振兴成效渐显,已成为我国构建新发展格局、推动高质量发展的重要组成部分。打赢脱贫攻坚战、全面推进乡村振兴,是保障全体人民共享改革发展成果、实现共同富裕的重大举措,是中国特色社会主义制度优越性的生动体现。

2021年2月25日,在全国脱贫攻坚总结表彰大会上,宁夏回族自治区永宁县闽宁镇获得了"全国脱贫攻坚楷模"荣誉称号。为梳理中国共产党百年奋斗的光辉历程、领悟党的践行初心使命、总结党的宝贵扶贫经验、见证党的辉煌成就,报告以宁夏闽宁镇为考察对象,聚焦其独特的扶贫与乡村振兴模式,以时间、空间横纵交叉方法,总结中国式扶贫与乡村振兴的经典模式进行系统研究,深度诠释闽宁镇的特色扶贫方式;梳理脱贫发展脉络,对比中西方扶贫模式,梳理不同扶贫方式面临的问题和困境。借以探索中国式扶贫与乡村振兴的创新与蝶变,为全球减贫治理贡献中国智慧。

一、引言

(一)选题背景与选题意义

"善为国者,遇民如父母之爱子,兄之爱弟,闻其饥寒为之哀,见其劳苦为之悲。"古往今来,盱衡人类日新月异、发展变迁,通览环球不同国家、各个种族,存在着仍需解决的棘手难题——贫困。贫困是一个涉及教育、卫生的多维度问题。如何推进脱贫攻坚工作,并与乡村振兴有效衔接,世界各国都在积极寻找答案。放眼全球,中国是幅员辽阔、人口密集的发展中国家,在扶贫工作方面积极倡导、有力推动,自觉担当为世界脱贫致富事业建言献策、提供经验的责任,这充分体

基金项目:该文曾获评2021年全国大学生"挑战杯"课外学术科技作品竞赛红色专项国家级二等奖、省级一等奖。

现了中国的大国担当。自改革开放的钟声敲响并回荡 40 多年,中国人民踊跃探索、攻坚克难、精锐出战、探新求索,在陡崖泥泞中踏出了一条独具中国特色、脚踏实地、心系百姓的脱贫与振兴道路。中国的扶贫成果与乡村振兴道路,无疑是一个成功的国际范本。新征程上再攀峰,乡村振兴必将在新时代达到新境界,在新格局拓出新气象。

志和者,不以山海为远。远在祖国西北地区宁夏南部的山沟沙海中,艰苦度生的西海固百姓感受到了福建沿海湿润温和的气息。1996 年 5 月,党中央、国务院高明远见,开展跨越祖国大地的纵横调度——东西对口支援扶贫协作政策。"福建""宁夏"两省区跨越山海,连线搭桥,结成对口帮扶的兄弟情谊。闽宁镇昔日满眼尘土黄沙、西北凛风卷石的"干沙滩",蝶变为如今百姓安居乐业、环境生机盎然的"金沙滩",这些都离不开党中央、国务院的移民、惠民政策,宁夏各级党委政府在各方面的大力支持、福建省 20 多年如一日的帮扶,以及南部山区回汉人民勤劳双手的改造。福建、宁夏亲密联结、共创闽宁的扶贫佳话,两省区干部群众、父老乡亲在从山窝窝里搬到戈壁滩上,从海边沿岸到贺兰山麓的移民搬迁、东西互通中,收获了独具中国特色的"闽宁经验",值得向全国乃至全世界推广。2021 年 2 月 25 日,闽宁镇获评全国脱贫攻坚楷模称号。①

(二)研究问题与框架结构

以宁夏移民吊庄对口协作扶贫样本——永宁县闽宁镇作为研究对象。宁夏是我国最早实施扶贫移民的省份,1991 年在宁夏永宁县玉泉营建立的扶贫吊庄移民基地,1997 年被确定为福建省对口帮扶移民示范点,更名为闽宁村扶贫经济开发区,2001 年行政建制升级为镇,更名为闽宁镇。② 闽宁镇是极具鲜明特色的中国式扶贫经典样本,居于少数民族聚居区,形成回汉互嵌的民族特色。该镇人口基本来源于西海固山区的生态吊庄移民,受益于福建省对口支援帮扶,并在发展过程中不断创新扶贫方式,在中国式扶贫样本中具有典型地位。

本文资料收集以实地调研为主,先后十余次深入走访脱贫基层民户、企业、机构,获取一手资料;访谈不同类型的代表性人物。比较中国与西方扶贫方式特征,聚焦闽宁镇典型样本,立足中国式扶贫大背景,总结扶贫工作成功的经验价值,为全球类似贫困地区提供参考性依据,亦可增强扶贫工作的针对性、科学性和合理性。

---

① 中共中央、国务院关于授予全国脱贫攻坚楷模荣誉称号的决定[J]. 中华人民共和国国务院公报,2021,No. 1726(07):11 - 13.

② 李宁. 宁夏吊庄移民[M]. 北京:民族出版社,2003:250 - 254.

二、中外传统扶贫模式制约性比较考察

（一）中国传统扶贫模式的不足

1. 中国扶贫模式和五个阶段

自改革开放以来，我国扶贫政策发展过程，根据时间顺序，基本划分为五种类型：第一，经济体制改革式扶贫。1978 年，国家开始实行家庭联产承包责任制改革，以其为主要标志，将土地资源按比例分配到农户自主经营。包产到户的做法，充分提振了农民生产积极性，在解决基础温饱问题上取得了明显成效。第二，大规模开发式扶贫。20 世纪 80 年代中期，政策偏向为生态弱势、经济动力不足的区域创造发展条件，扶贫方向从单一纯粹的"输血"救济转向"造血"开发，完成了开发扶贫方针的确立。第三，重点攻坚式扶贫。1991 年 3 月，全国脱贫开发工作会议在北京召开，这是一次将全国性扶贫开发工作推向深入的工作会议。政策持续推进深入，聚焦生态恶劣地区，针对生产生活条件专项扶贫，扩展教育、卫生、生态等多维角度，争取多种经营发展，建设支柱产业。第四，参与式扶贫。随着时代发展，改善贫困地区百姓基本生活条件的需要愈加迫切。2001 年 5 月，中央召开全国扶贫开发工作会议，强调城乡人口流动为扶贫重要途径，呼吁引导群众投身参与扶贫工作，促进城乡流通、增加就业岗位。第五，精准扶贫。2013 年 11 月，在湖南湘西十八洞村中，习近平总书记提出了"实事求是、因地制宜、分类指导、精准扶贫"的重要指示。[①] 2015 年 11 月，中央扶贫开发工作会议对脱贫攻坚工作做出全面部署，党中央、国务院迅速配合号召，全国人民积极响应，遵循着周密的时间表与严格的路线图，吹响了精准脱贫攻坚战的嘹亮号角。

2. 救济式扶贫的桎梏

纵观我国扶贫历程，其中救济式扶贫占据主要位置。救济式扶贫是根据各基层上报反映贫困户情况，政府直接将所需生活物资或金额分配到户的行为。这种扶贫方式，是一种并不长久、且缺乏内生动力的"输血"式扶贫，存在明显的不足：过于依靠政府力量，扶贫项目管理缺乏职责清晰、结构分明的组织架构，相关政策文件有待优化完善，难以结合多方社会力量，社会参与度较低；被动扶贫，未充分激发调动贫困人口的生产积极性，贫困人口处于被动接受状态，仅在物质上给予援助，易于产生惰性心理；贫困户缺乏独立意识与自我发展能力，形成"贫困—救助—贫困"的恶性循环，难以将贫困斩草除根。

（二）国外传统扶贫模式的不足

国外众多国家发展程度不一，使得国外扶贫模式具有多样化。

---

① 刘建武. 习近平精准扶贫理念在十八洞村的生动实践与深刻启示[J]. 毛泽东研究,2021(02):4-13.

1. 三种不同扶贫模式

第一,"发展极"模式。好似一块磁场强大的"磁场极",地处经济活动中心,由主导部门与强势企业作为地基支撑,以重点投资与优惠政策滋养,以其强大的生产、服务、信息功能,吸引和辐射周边产业发展,带动区域经济增长。第二,"满足基本需求"模式。该模式以农村贫困人口为对象,为其提供日常生活最基础的商品与服务,以基础设施建设为源,直接推行教育、卫生、供水设施的发展政策,加速经济增长,扩大产业规模,扩充就业岗位。第三,"社会保障方案"模式。该模式多见于欧美发达国家,其本质为数百年来资本主义剥削方式的产物。虽然西方福利制度不断发展完备,表面看似一片祥和、其乐融融,实则暗流涌动,深藏危机。

2. 高福利制度的桎梏

政府财政僵化,境地两难。"羊毛出在羊身上,税收是福利开支的重要支撑,高福利就意味着高税收。"西方社会福利愈加完善,覆盖面迅猛扩张,福利开支巨大。当代资本主义福利国家财政具有刚性,且以社会利益集团政治交易为对象,税收规模持续膨胀,难以控制。高税收造成人才外流,政府开支巨大,为了填补豁口,政府不得不实行高额累进税制,仍难以避免优秀人才外流。老龄化加剧,对于国家财政、缴费企业和在职员工,维持社保体系运转都是极大负担,并容易滋生极端利己主义。西方完备的物质福利制度成为滋生懒惰与黑暗等不良行为的温床,不劳而获、及时行乐的社会观念持续兴起,对社会长久平稳发展造成巨大隐患。

三、中国扶贫模式的"精准"蜕变:以闽宁模式为视角

习近平总书记指出:"做好扶贫开发工作,尤其要拿出踏石留印、抓铁有痕的劲头,发扬钉钉子精神,锲而不舍、驰而不息抓下去。"[①]1996 年,福建、宁夏两省正式建立对口协作关系,提笔撰写跨越山海扶贫奇迹的开卷词。1997 年 3 月,时任福建省委副书记的习近平率团考察访问宁夏。福建、宁夏两省区企业界广泛接触,达成合作;民间沟通互动,互通有无。根据实际情况,结合扶贫经验,中国式扶贫的"闽宁模式"达成了调整方向的"三个转变"、独具特色的"六大亮点"和效果卓越的"七大成效",详见图 1 所示。

(一)发展过程

创立奠基阶段(1996—2002 年)。福建、宁夏两省区立场明确,旗帜鲜明,坚持党委领导、政府主导的对口扶贫协作领导体制,遵循制度,定期召开省际年度联席会议,建立结对帮扶机制,积极探索上下游产业协作发展、引进闽商等方式,促进人才交流培养,实施干部挂职、劳务培训等措施,开展"千村扶贫开发工程""移民吊

---

① 中共中央党史和文献研究院. 习近平扶贫论述摘编[M]. 北京:中央文献出版社,2018.

```
                              ┌─────────────────────────────────────────┐
                       ┌─────▶│ 政府主导→政府引导、企业和社会为主体              │
                       │      ├─────────────────────────────────────────┤
              ┌─────────┐     │ 单一扶贫为主→经济、社会、生态全方位合作           │
              │"三个转变"│────▶├─────────────────────────────────────────┤
              └─────────┘     │ 福建对口协作→闽宁台港澳侨多区域合作              │
                              └─────────────────────────────────────────┘

                              ┌─────────────────────────────────────────┐
                       ┌─────▶│ 党委领导、政府主导、联席会议、共同决策            │
                       │      ├─────────────────────────────────────────┤
  ┌────┐                      │ 市县结对、强化落实、八方协作、扶贫开发            │
  │扶  │                      ├─────────────────────────────────────────┤
  │贫  │                      │ 选派干部、挂职帮扶、投入真情、创出实效            │
  │开  │      ┌─────────┐     ├─────────────────────────────────────────┤
  │发  │─────▶│"六大亮点"│────▶│ 部门对口、组织动员、社会参与、持续帮扶            │
  │的  │      └─────────┘     ├─────────────────────────────────────────┤
  │闽  │                      │ 企业合作、产业扶贫、项目带动、共同发展            │
  │宁  │                      ├─────────────────────────────────────────┤
  │模  │                      │ 以人为本、扶贫扶智、激发活力、奔向小康            │
  │式  │                      └─────────────────────────────────────────┘
  └────┘
                              ┌─────────────────────────────────────────┐
                       ┌─────▶│ 加快了西海固地区的脱贫致富步伐                  │
                       │      ├─────────────────────────────────────────┤
                              │ 促进了民族地区的团结和谐稳定                   │
                              ├─────────────────────────────────────────┤
                              │ 带动了宁夏干部群众思想观念的转变                │
              ┌─────────┐     ├─────────────────────────────────────────┤
              │"七大成效"│────▶│ 改善了贫困地区的教育医疗卫生条件                │
              └─────────┘     ├─────────────────────────────────────────┤
                              │ 带动了现代农业和新型工业的起步                 │
                              ├─────────────────────────────────────────┤
                              │ 提高了偏远山区自我发展能力                    │
                              ├─────────────────────────────────────────┤
                              │ 积累了中国特色扶贫开发的宝贵经验                │
                              └─────────────────────────────────────────┘
```

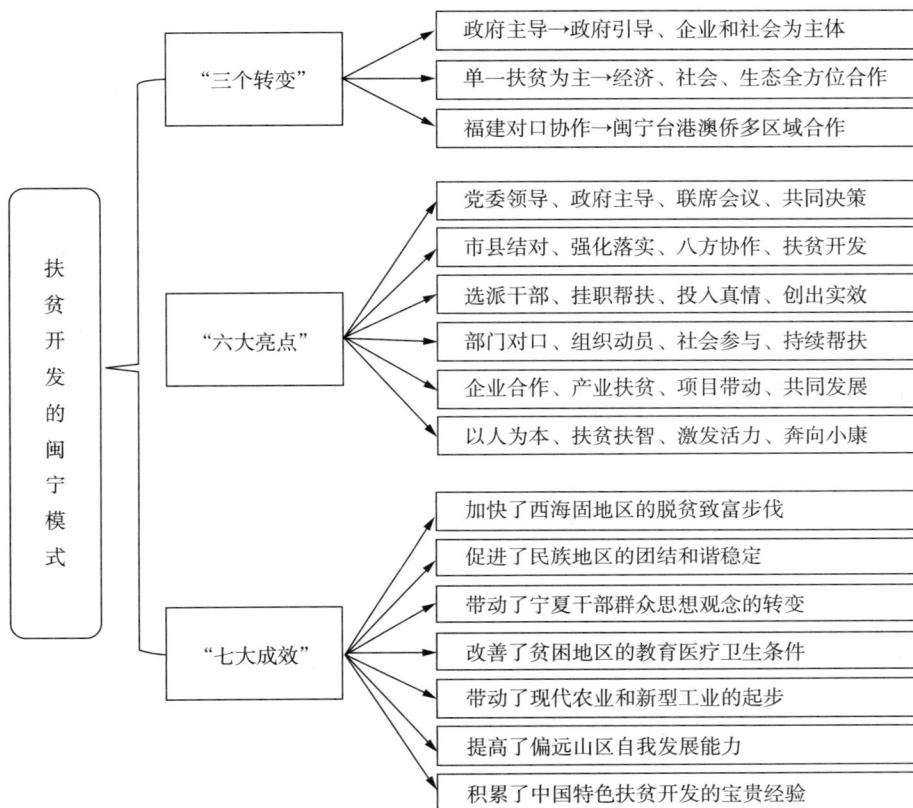

图 1　中国式扶贫开发的"闽宁模式"

庄开发"等项目工程,闽宁协作的根基得以打稳,取得初步成效。

实践发展阶段(2003—2012 年)。以省际年度联席会议为连接渠道,福建、宁夏两省区先后召开十余次联席会议,以互助互学为主要方向,以保障和改善民生为首要任务,以宁夏"千村扶贫开发工程""生态移民""内陆开放型经济试验区建设"为依托,进一步加大帮扶力度、拓宽合作领域、丰富协作内涵、构筑合作交流平台,推动对口扶贫协作和经贸合作全面发展。

提升创新阶段(2013 年—至今)。福建、宁夏两省区坚持全面贯彻落实习近平总书记精准扶贫的系列重要讲话精神,深度推进扶贫开发工作的决策部署,充分利用地缘优势,紧抓"一带一路"重大战略契机,结合实际情况,开展精准扶贫。在百姓民生提升条件、产企联合促进发展、社会力量多方支援等方面主动出击、创新模式。以内陆开放型经济试验区建设为契机,为宁夏地方优势特色产业培育发展提供平台与资源,结合城乡建设、金融服务、文化旅游多产业融合发展,开拓国际视野、深化协作渠道,持续推进经验总结、创新实践。

(二)产业扶贫

闽宁镇的产业扶贫可谓独具特色,其产业扶贫工程分为六大类,分别为创新发展旅游产业、强力推进劳务产业、闽宁智慧农业扶贫产业园、"一村一品"项目打造、大力发展种植产业以及全面发展养殖产业,详见图2所示。

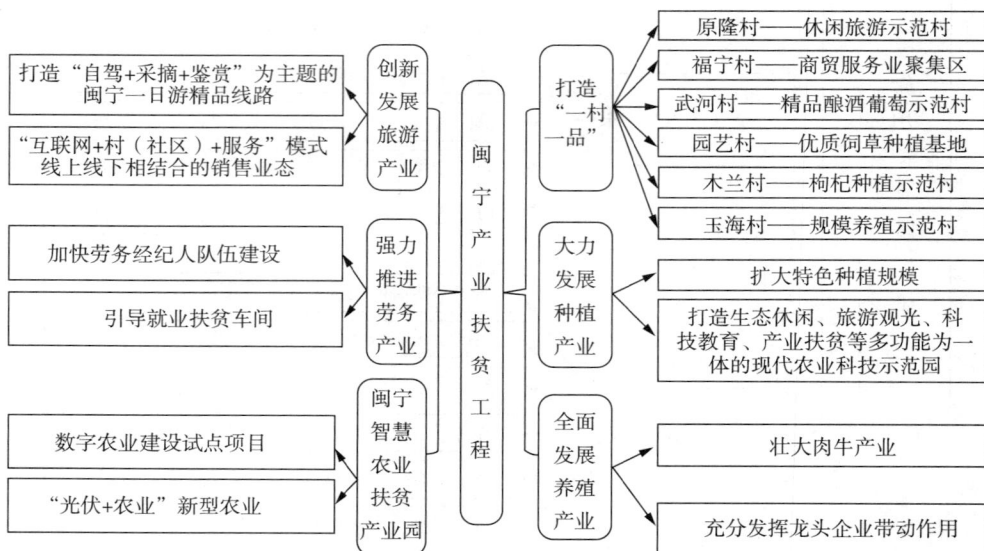

图2 闽宁产业扶贫流程图

致富蘑菇。1997年,被称为"菌草之父"的福建农林大学菌草研究所所长林占熺带着6箱草种,到宁夏推广菌草种植技术。除了和宁夏贫困群众同住窑洞外,林所长还手把手、面对面地推广菌草种植技术,并且帮农民进行销售。1998年秋天,在福建援宁工作队的帮助下,闽宁镇收获了第一茬蘑菇。君鑫胜(宁夏)生物科技有限公司及其食用菌包工厂,是由福建、宁夏、天津三地的生产销售团队发起,在闽宁镇政府指导下落户闽宁独立经营的生产型企业。公司坚持立足在自身,发展靠群众的理念,将天津合作社的群体优势延伸到闽宁镇周边地区,致力于打造宁夏地区最大的菌菇产品供应基地。

塞上美酒。闽宁镇地理位置优越,贺兰山屏障于西,黄河水流经于东,酿酒葡萄种植资源可谓誉满全球。闽宁镇已经形成三种不同模式的红酒产业:一是以闽宁协作为方式的德龙酒庄;二是以流转土地为方式的立兰酒庄;三是以央企背景为方式的中粮长城葡萄酒有限公司。闽宁镇葡萄酒产业赋能乡村振兴发展战略,纳入闽宁协作、产业扶贫、生态建设等重要工作。目前镇区所辖酒庄共吸纳劳动力超过 10000 人,为群众提供稳定就业及经济来源。2021 年 7 月,宁夏国家葡萄及葡萄酒产业开放发展综合试验区在闽宁镇挂牌成立,该综合试验区规划面积 500 多平方公里,标志着闽宁镇的葡萄酒产业更上一层楼。①

现代农业。闽宁镇福宁村高效节水现代农业设施园区签订了万亩有机蔬菜产销合作项目,种植有机蔬菜,助推福建、宁夏特色农业种植及观光农业无缝对接,打造集种植示范、农业观光、旅游休闲为一体的现代农业产业园,形成有机蔬菜知名品牌,做大做强产业,带动产业扶贫。

旅游产业。闽宁镇会议中心酒店项目是闽宁两省区东西合作的产物,由厦门建发集团运营管理。酒店拥有健身房、台球室、乒乓球室、阅览室等休闲娱乐设施,按照准四星级酒店标准打造。并以会议中心酒店为平台,打造"双红"即红酒和新红色教育旅游基地。

服饰工业。在闽宁协作第 23 次联席会议上,富贵兰服饰作为重点项目被确定,落户闽宁镇纺织产业园,占地面积 39253 平方米,主要以中高端服饰加工生产为主,厂区可容纳 800 人上班,员工月均工资 2500～3000 元,这不仅解决了一部分闽宁就业人口,更提高了闽宁人均 GDP。

(三)特色扶贫

移民搬迁。移民搬迁在闽宁的建设中起到了奠基作用。由于西海固山区恶劣的自然环境,百姓为了谋求更好的生产生活条件,搬迁到玉泉营这片戈壁滩上,这保持了生态系统的稳定平和。既保护了迁出地的生态环境,又改变了移民的生活和发展环境,奠定了高质量发展的基础,为地区发展提供自然环境基础。易地搬迁不仅改善了移民的生产生活条件,创造了如今的脱贫奇迹"金沙滩",更让人口迁出地西海固山区的生态系统得到良好的保护和修复。

对口帮扶。对口扶贫是提供物质资料和科学技术支援,以及社会制度和新发展模式、新发展理念的交换和互鉴,为贫困地区发展提供了社会环境基础。闽宁对口扶贫协作带来了福建先进的产业技术和发展理念,充分打开了市场前景。20 多年来双方一直保持着密切联系,互派干部学习交流,为民族地区发展提供良好的发展理念,实现干部认知上的丰富性和思想上的多元性,和谐共进的社会环境促进了多民族人口的交融,为培育中华民族共同体意识创造了有利条件。

(四)扶志扶智

义务教育。"抓好教育是扶贫开发的根本大计。"教育不仅仅是学习知识,还能够帮助人们树立正确的世界观、人生观和价值观,其重要性不言而喻。闽宁镇现

---

① 戴玮辰. 生态文明建设下的闽宁镇葡萄酒产业研究[J]. 上海商业,2022(03):215-217.

拥有 2 所幼儿园、6 所小学、2 所中学。其中,闽宁镇第二小学由台商投资援助建设,占地面积 50 多亩,有 2 栋教学楼,可容纳 1000 多名师生进行学习与生活。义务教育为村民子女提供基础教育服务,铺就了学习提升道路,为移民后代的未来打开了明亮的窗口。

支教团队。闽宁协作的 20 多年间,厦门大学研究生支教团也持续用知识助力闽宁可持续发展。支教团具有深厚底蕴,自 1999 年建立,学生自愿报名参加,经过选拔组成团队,跨越两千多公里的距离,每年奔赴宁夏地区进行对口支教活动。支教团不仅教授基础课程,还根据学生意向,开设兴趣班课程,与学生谈心交流,收获双向成长。

葡萄酒专业教育。闽宁镇地处贺兰山东麓,为酿酒葡萄种植的黄金地带。为持续发展红酒产业,闽宁镇建立了红酒教育学院,并且编写出版了《宁夏贺兰山东麓葡萄酒初阶教程》书籍。为了深化人才培养,红酒教育学院培训认证了 50 名贺兰山东麓产区葡萄酒讲师和 1600 余名葡萄酒科研人员。

四、中国式乡村振兴典型模式:以闽宁镇葡萄酒产业为视角

产业发展是巩固脱贫成果、助推乡村振兴、坚持区域经济可持续发展的现实选择。葡萄酒产业赋能乡村振兴的发展模式值得深度梳理、推广应用。

(一)模式框架

以闽宁镇为代表的宁夏贺兰山东麓地区葡萄酒产业秉持融合、创新、品牌、绿色、科学发展的五大原则,与乡村振兴的"五大路径"交融镶嵌,助推乡村振兴,详见图 3 所示。

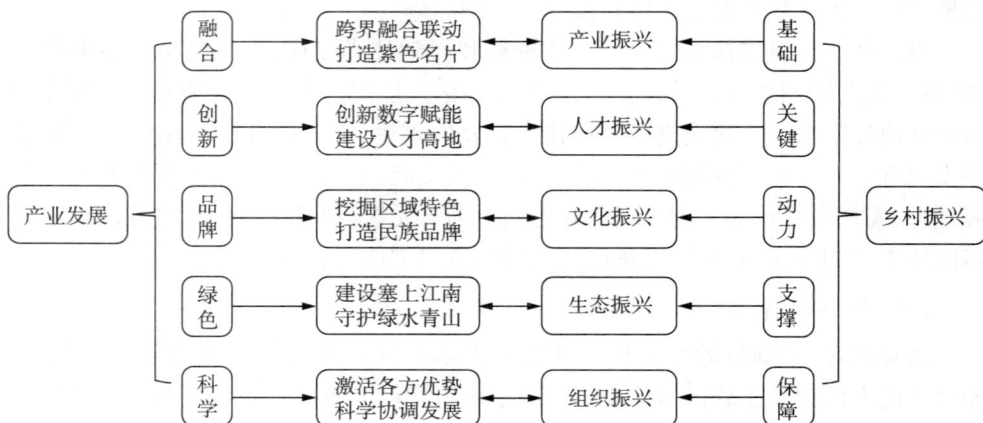

图 3 闽宁模式的乡村振兴示意图

（二）模式特色

产业与乡村共建共融，从实际出发，真正让乡村百姓钱包鼓起来、生产效率高起来、特色品牌亮起来、生态环境美起来、基层治理活起来。

第一，葡萄酒产业融合发展，创新联动。通过文化旅游、体育健身、康复养生、自然生态等多类融合，打造高综合产值"葡萄酒+"融合产业，提供多样化职业岗位，让乡村百姓钱包鼓起来。

第二，葡萄酒产业创新发展，旨在引进葡萄新品种、改造生产新技术、学习酿造新装备，提升机械化水平以期提升产业效率。加大酿酒装备与工艺研发，综合运用大数据技术，构建数字化智能系统，实现葡萄酒生产、销售、流通全产业链条数字化，让葡萄酒生产效率高起来。

第三，葡萄酒产业品牌发展，挖掘宁夏区域本土特色文化，打造民族品牌。主动投入国内大循环、国内国际双循环的创新发展模式，深耕国内市场，开拓国际市场，让葡萄酒特色品牌亮起来。

第四，葡萄酒产业绿色发展，遵循"生态优先、绿色发展"的理念，高效用水，优化用水结构，转变用水方式。积极实施零排放、零污染的生产模式，让乡村生态环境美起来。

第五，葡萄酒产业科学发展，发挥农村基层党组织对于葡萄酒产业的整体规划、未来预测，以及农村基层党支部书记的扎根基层、以身作则的示范带头作用，引导布局，助推产业节本增效，"精品""爆品"同步打造，让乡村治理效能活起来。

（三）发展机遇

国际视角。疫情影响国际贸易环境，市场份额机会良多。在新冠肺炎疫情蔓延全球期间，世界上主要葡萄酒国家对中国出口量持续缩水，为国产葡萄酒腾出大量市场份额，这是国产葡萄酒扩容占领全球市场的绝佳机会。

国内视角。人均消费增速迅猛，国产创新引领趋向。中国葡萄酒消费增速迅猛，市场极具开发潜力。中高收入群体和年轻一代是线上酒水消费的主要驱动力。国际形势波谲云诡，国内形势平稳发展，消费更趋理性，国产葡萄酒愈加受到青睐。精准把握时代特征与消费者喜好，持续创新研发，产品、品牌优化升级，是赢得未来葡萄酒市场的持久动力。

宁夏视角。国家政策指路定向，当地政府推陈出新。习近平总书记 2016 年、2020 年两次调研视察宁夏，对葡萄酒产业转型升级和高质量发展指路定向、精思擘画，给宁夏葡萄酒产业带来了积极深远的影响和重大的历史机遇。

五、中国"精准"式扶贫的世界价值

（一）中国式扶贫的突出特点

泱泱历史文化大国，实现全人类脱贫奇迹。中国脱贫攻坚战的胜利号角举世皆知。高瞻远瞩、脚踏实地的中国扶贫经验,不仅为百姓提供了安居乐业的生活条件,也为全世界提供了弥足珍贵的中国经验,其中蕴含的温暖故事和伟大壮举,为全球范围内消除贫困提交了可供借鉴的满意答卷。中国式扶贫的主要特点体现在为民谋利的政治承诺、与时俱进的顶层设计和党建扶贫的组织优势。

为民谋利的政治承诺。中国共产党心系百姓,从实际之处发现问题、解决难题。在脱贫攻坚艰苦漫长的战线中,广大干部群众坚守着党的初心,触摸着国家的温度。脱贫攻坚战不仅是一个词汇,更是一个目标、一份责任、一个承诺。2020年12月3日,中共中央政治局常务委员会在召开会议听取脱贫攻坚总结评估汇报时,习近平总书记指出:"经过8年持续奋斗,我们如期完成了新时代脱贫攻坚目标任务,现行标准下农村贫困人口全部脱贫,贫困县全部摘帽,消除了绝对贫困和区域性整体贫困,近1亿贫困人口实现脱贫,取得了令全世界刮目相看的重大胜利。"[1]陡峭山崖中通往省城的道路、砖瓦整齐坚实美观的楼房、明亮宽敞离家近的读书学堂,在这点点滴滴的细节中,中国百姓真切地看到共产党人正在兑现心系百姓、为民谋利的庄严承诺。

与时俱进的顶层设计。中国能够获得脱贫攻坚战的胜利,源于与时俱进的顶层设计。整套体系包括政策制定、压实责任、工作分配的多向监督,加之精细严格的考核评估,作为中流砥柱支撑起脱贫的顶层设计。改革开放以来,中国政府不断调整扶贫目标,设立专门机构,推动扶贫工作规范化、制度化。通过一系列手段,实现从"输血式"减贫到"造血式"扶贫的全面转型,取得巨大成就。

党建扶贫的组织优势。习近平总书记强调:"各级党委和政府要把打赢脱贫攻坚战作为重大政治任务,强化中央统筹、省负总责、市县抓落实的管理体制,强化党政一把手负总责的领导责任制,明确责任,精锐出战,狠抓实效。"[2]中国共产党各级组织部门凭借其强大的领导力、组织力、执行力,在脱贫工作中开拓出绵延不断的红色通道。在中国,无论中央还是地方,都设有特定专职的扶贫机构,如地方扶贫办,绝大多数党政部门积极参与农村扶贫工作,程序分明,层层压实,责任到人。大型企事业单位同样承担扶贫任务,形成以政府为中心、社会各组织团体环绕,由点及面、伸缩自如的网状体系。

(二)闽宁镇——中国式扶贫的经典样本

闽宁镇是中国式扶贫的经典样本,是东西两省跨越山海对口协作的榜样模范,

---

① 中共中央政治局常务委员会召开会议　听取脱贫攻坚总结评估汇报　中共中央总书记习近平主持会议[J].中国纪检监察,2020(24):5.

② 习近平对脱贫攻坚工作作出重要指示强调　真抓实干埋头苦干万众一心　夺取脱贫攻坚战全面胜利[J].中国纪检监察,2018,566(12):65.

是独具中国特色因地制宜扶贫开发的探寻求索、是中国共产党心系百姓执政为民的新锐举措、是身先士卒给全球减贫治理分享贡献的中国智慧。闽宁扶贫模式的突出特点体现在生态移民,对口帮扶;长效机制,产业带动;扶贫扶志,输血造血;党政规划、社会支持。

生态移民,对口帮扶。闽宁协作20多年,坚持人与自然的和谐共生,致力解决人口与环境、发展与破坏的固有顽疾。持续改造生存环境和生产环境,这是"闽宁模式"成功实践的基础条件。生态移民和对口帮扶有利于地区间平衡发展、提高人民生产生活条件、增强百姓幸福感。两个区域的对口协作,不是简单相加,而是珠联璧合,相得益彰,最终实现了多重政策的良好效应。自始至终都是政府组织实施,移民经济社会生活的全面改善和区域发展质量的提高是最显著的成果。

长效机制,产业带动。闽宁协作20多年,强化顶层设计,落实中央"两个大局"战略,把中央推动东西部协作战略部署和闽宁两省区扶贫开发经验和智慧结合起来,建立持续带动、持续帮扶的长效机制,这是协作成功实践的前提。闽宁镇始终坚持从根本上解决贫困问题,由"输血式"扶贫向"造血式"扶贫转变;把沿海产业优势和本地劳动力、自然资源优势结合起来,市场导向,互利共赢;由产业开发带扶贫、扩就业、促增收,这是"闽宁模式"实现造血机能的关键举措。

扶志扶智,输血+造血。习近平总书记指出:"脱贫必须摆脱思想意识上的贫困……实行扶贫和扶志扶智相结合,既富脑袋也富口袋,引导贫困群众依靠勤劳双手和顽强意志摆脱贫困、改变命运。"①贫困不仅来源于恶劣的生态环境,还有亟须提振的精神文化。文化是最深沉、最持久的力量。搬不动头脑中的贫困,就搬不动现实中的贫困。扶贫先扶志,触碰贫困地区深层的文化心理,打破封闭僵化的思维定式,注入创新的活力因子,方可提振群众内生动力。

党政规划,社会支持。习近平总书记强调:"要大力弘扬中华民族扶贫济困的优良传统,凝聚全党全社会力量,形成扶贫开发工作强大合力。"闽宁镇自东西协作扶贫启动以来,收获了福建、宁夏两省区各级领导的深切关怀、社会各界的竭诚支持。闽宁镇贯彻落实中央决策部署的"四个切实","六个精准"和"五个一批"系列举措,详见图4所示。

六、结语

消除贫困,自古以来就是人类梦寐以求的不变理想,是各国人民追求幸福生活的基本权利。第二次世界大战结束以来,消除贫困始终是广大发展中国家面临的重要任务。与之相应,脱贫致富,奔向美好生活就成为人类黾勉从事的夙愿。

---

① 习近平.在全国脱贫攻坚总结表彰大会上的讲话[J].新长征(党建版),2021,704(04):4-11.

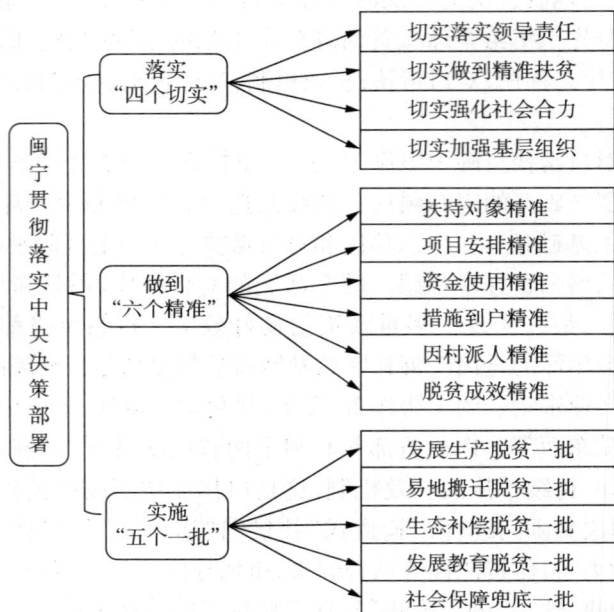

图4　闽宁镇贯彻落实中央的决策部署图

闽宁镇脱贫攻坚战是中国共产党领导中国人民向贫困宣战的一个经典缩影，典型意义在于它不仅引领了当地的经济腾飞，为当地百姓带来了实实在在的富足生活，更为国内外提供了足资参考、可供借鉴的成熟经验。脱贫与乡村振兴不是一朝一夕之功，我们经历过不断试错的曲折征程，如今最终取得成功，其经济与社会价值固然毋庸置疑，而背后的经验和对前路的引领作用更值得我们深刻总结并持续关注。

闽宁镇作为脱贫攻坚与乡村振兴衔接的经典样本，展现了习近平总书记人民至上、心系百姓的执政理念，彰显了中国共产党坚韧不拔的领导力和强大高效的组织动员力，印证了社会主义大家庭的温暖关怀，传承了中华民族相亲相爱、同舟共济的精神传统，更凸显了人民群众艰苦卓绝、创新求索的光辉品质与实践本领。我们是历史的见证人、脱贫攻坚与乡村振兴的参与者和美好生活的享有者，时代要求我们，应将前一步的实践经验作为下一步行动的基础，在创新实践中进一步丰富和发展脱贫攻坚与乡村振兴的有效衔接模式。

作者：姚悦　王志龙

典型地区新型农业强镇发展模式的
深度调查与对策构建

——以利辛城北镇为视角①

2017 年 10 月 18 日，习近平总书记在十九大报告中首次提出乡村振兴战略，其中，产业振兴是实现乡村振兴的首要与关键，2020 年是全面打赢脱贫攻坚战收官之年，也是实现乡村振兴战略的关键之年。因此，如何实现脱贫攻坚与乡村振兴有效衔接成为目前新型农业发展亟待解决的问题。

2020 年 7 月，合肥工业大学文法学院调研服务团通过实地观察走访、问卷调查和与相关领导展开主题座谈等方式，获取主要调研合肥工大帮扶定点地利辛县城北镇一线民众对于新型农业发展的真实感受和意见，梳理当前新型农业强镇建设的现状与经验、矛盾及问题挑战，从典型地区优势与不足、农民层面和社会中介与服务组织、政府主导四大层面入手，深度探究问题产生的原因，借此提出切实可行的对策机制，以供省内外类似地区新型农业强镇建设的经验借鉴与模式推广。

当前我国新型农业发展的政策环境十分向好，诸多文件对新型农业经营主体和服务主体进行有效规划。本次调研地利辛县城北镇近年来在新型农业发展上取得了显著成就，乡村振兴依靠"产业先行"，按照"优化一产，做强二产，带动三产"的发展思路，努力打造经济强镇，推进科学发展、跨越发展。

研究意义。利辛县城北镇作为农村电商优化升级工作示范镇，在新型农业强镇发展方面有许多值得推广的经验模式。城北镇积极过渡到新型农业强镇，规划发展乡村产业，积极贯彻乡村振兴战略，为我国三农问题的解决提供思考方向。产业兴旺在实现乡村振兴中起到了基础性的作用，只有通过产业发展，才能提升农民收入，农村才能稳定，乡村也才会振兴。研究报告旨在为科学谋划农村经济发展、调整优化产业结构、促进新型农业加快发展等方面为利辛县贡献更多智慧，推动现代新型农业强镇建设，带动当地经济发展，实现乡村振兴战略，解决三农问题。

---

① 该文获评 2020 年安徽省社科联"三项课题"研究活动优秀成果二等奖。

一、利辛县城北镇发展新型农业的典型性及共性难题

城北镇典型性。利辛县城北镇位于皖北亳州市,在气候等自然因素与文化传统的影响下,一直将经济发展的重心置于农业发展上,导致第二、第三产业基础薄弱,影响了后续的发展动力。由于人多地少,传统的农业发展模式并不能很好的带动经济发展。近年来,利辛县城北镇把工作中心放在规模化经营上,借此提高第一产业的收益,积极引进外来投资发展第二产业,同时发展生态农业与农场旅游业,以促进第三产业的发展进步。城北镇在 2020 年获批农业产业强镇名单,同年成功申请省级现代农业产业园,这也使城北镇从中获得了较多的资金支持与发展机会。但是利辛县城北镇作为农业产业城镇建设也具有一些典型的矛盾,例如,新型农业与传统农业的矛盾,政府极力推广与基层农民未及时跟进之间的矛盾及传统农业资源与高附加值农业之间的矛盾等。

传统农业仍未摆脱"靠天收"。近年来,利辛县城北镇鼓励土地流转促进规模化经营,以此提高第一产业的收益,积极引进投资发展第二产业,同时发展生态农业与农场旅游业以促进第三产业的进步。但也不可避免地遇到一些问题,如当前利辛县农业与互联网联系不是非常紧密,农产品仅有单纯的集体储存运输销往各地,较少出现第二、第三产业的协同发展;主导产业规模较小、项目用地报批缓慢、组织保障不足、缺少龙头带动、主导产业发展缓慢等问题,以及农产品产业链尚未得到有效延长、产品附加值提升困难,使第一产业带来的经济利益有限,且对气候等自然因素依赖较大,收益较不稳定。

人多地少的矛盾。城北镇具有典型的人多地少特征,城北镇国土面积 68 平方公里,耕地面积 6.1 万亩,人口 5.6 万,人均耕地面积仅有 1.1 亩。随着耕地面积的不断减少,人多地少矛盾逐渐凸显。利辛县城北镇主要依靠第一产业推动当地经济发展,第二、第三产业发展较为滞后,当地的百姓们勉强满足温饱,持续维持小康仍面临挑战。

新型农业与传统农业的矛盾。新型农业经营主体的经营规模和收入水平相对于传统经营来说都有很大优势。在调研过程中我们发现,目前在利辛县城北镇各村中,居民绝大部分是 65 岁以上的年迈老人和 12 岁以下的留守儿童,留守老人和留守儿童普遍文化程度较低,创新能力与接受新事物能力低下,新型农业产业与基础条件尤其是高素质新型农民缺乏,新型农业技术和资金受到严重制约,政府极力推广与基层农民综合素质两者匹配度不高,留守农民只能经营传统农业,以致先进技术难以大范围推广,新型农业技术和资金受到严重制约,新型农业产业化与基础条件尤其是高素质农民缺乏。

政府强力推广与基层农民传统观念之间的矛盾。相较于皖北自古以来传统的

"冬麦夏豆"种植模式,基层农民一代代对种麦子、种豆子经验丰富,驾轻就熟。城北镇自 2012 年起实施产业结构调整,政府极力推广新型的农业生产模式,但是基层农民很难全面掌握农业生产技术和经营理念,对时令果蔬的种植技能、对农作物的栽培、土肥、植保、市场营销及农产品电子商务等方面更是时时受限,新型职业农民、新型农业经营者数量缺乏,与政府极力推广的匹配度不高。

传统农业资源与高附加值农业之间的矛盾。城北镇传统农业效益非常低,第二产业尤其是高附加值农业严重不足,销售的农产品主要是初级产品,附加值低。除此之外,利辛县有被誉为"重点文物保护单位"的刘家集乡革命老区、有获评第五届安徽省"文明村镇"称号的城北镇等可以发展成为旅游景点,但是囿于仍以单纯的展示为主,对游客吸引力有限,导致当地的旅游资源未能充分盘活。只有转变当前的经济发展模式,打造新型农业、农产品加工业,发展高附加值农产品加工业与农业旅游业,不断延伸产业链条,实现一、二、三产业联动互促,才是未来城北镇打造国家级农业强镇的必经之路。

二、利辛县城北镇新型农业强镇数据阐释

研究路径与方法。2020 年 7 月 10 日–9 月 1 日,研究团队开展将近两个月的实地调研活动,通过线上线下两个途径进行调查。线上,通过对利辛县城北镇关于发展现代农业与强镇建设的政策文件进行分析讨论。线下,通过实地考察、会议座谈与深度访谈,发放关于"新型农业强镇模式探究"调研问卷,收集有效问卷 101份,探究当前新型农业强镇建设的现状与经验、矛盾及问题挑战,从多方面入手,深度探究问题产生的原因,提出切实可行的对策机制。

对利辛县新型农业发展程度看法。认为利辛县新型农业发展"较有进步"(45.24%)的占比最高,部分认为"卓有成效"(38.10%),少部分人认为发展"效果一般"(9.52%)和"一般"(7.14%)。

典型地区的优势与不足。利辛县的"特色种植业"(50.70%)相对于其他产业具有明显优势,"现代科技农业"(35.21%)也具有一定优势,"特色养殖业"(9.86%)和"商业流通业"(4.23%)还没有体现相应优势。

新型农业发展对乡村振兴带来的帮助。利辛县新型农业发展对乡村振兴带来的帮助有目共睹,大部分被调查者认为帮助"非常大"(42.86%)或"比较大"(33.33%),只有少部分被调查者表示"一般"(19.05%)或"比较小"(4.76%)。利辛县新型农业发展对该地的乡村振兴来说效果显著。

当前制约利辛县新型农业发展的主要问题。利辛县当前农业发展最主要的问题是"缺少市场"(71.43%),同时"基础设施不完善"(59.52%)和"缺少特色"(57.14%)也是明显问题,"自然因素"(36.71%)、"政府扶持力度不够"

（14.29%）等问题相对较小。

利辛县目前从事新型农业的主体。目前从事新型农业的农民以"务工返乡人员"（42.25%）为主，另外还有"传统农户"（19.72%）、"其他人员"（18.31%）"下乡知识青年"（16.90%）、"城市返乡离休人员"（2.82%）。目前城乡发展差距较大，乡村人口流失问题依然十分严峻。

主要农业经营行业。根据对行业的细化，利辛县目前主营行业以"种植业"（59.15%）为主，"养殖业"（16.90%）和"农产品加工业"（14.80%）相配合，还有以主营"商业流通业"（9.86%）的，为农产品提供销售的保障。

家庭收入的主要来源。利辛县农民以"农业收入"（61.97%）为主要收入来源，"外出务工"（35.21%）也占较大比例，仅有2.82%的家庭收入的主要来源是政府的补助。营造新型农业政策环境的关键在于"引导农户对接国家政策，获取政策支持"（42.86%）、"为经营主体提供便利化营商环境"（33.33%）、"帮助经营主体了解政策，实现法制化经营"（14.29%）和"引导各类金融机构加大支持"（9.52%）。

为促进农业强镇建设，被调查者对加强"生态农业"（83.33%）、"设施农业"（69.05%）、"高效农业"（64.29%）、"精品农业"（59.02%）和"循环农业"（49.03%）的要求迫切（多选），相关部门应尽快落实相关建设，抓住时代机遇。

完善利辛县新型农业服务功能的关键（多选），在于"加快搭建公共平台"（85.71%）、"有针对性地开展各类培训项目"（71.43%）、"不断创新体制机制"（66.20%）和"加强基础设施建设"（61.90%）。

问卷调查总体结论。通过对此次回收问卷的分析研究，目前城北镇发展空间相对较大，但在三产融合的背景下，第一产业尚未完全成熟，第二、第三产业的薄弱尤为突出，产业发展不均衡，农业与互联网联系并不紧密，无法完全发挥互联网时代的优势。因此，制约利辛县新型农业发展的主要问题是与互联网联系相对较小，农产品电商平台尚未发展起来，缺少特色，基础设施不够完善。

三、利辛县城北镇新型农业强镇的挑战及动因

基于对"新型农业强镇模式探究"调研的问卷调查结果分析、结合实践所获的多方采访等资料，对城北镇向新型农业强镇推进中的问题进行原因探究。

典型地区优势与不足。城北镇现在以养殖与种植两个主导产业为主，目前，蛋鸡产业中的鸡蛋远销全国各地，蛋鸡则作为原材料供应"老乡鸡"等知名餐饮品牌；城北镇希望形成以冬枣种植为主的主导产业，以精品蔬菜、高效苗木花卉为辅产业发展模式的农业特色强势，在三网融合的背景下，互联网的发展将会更大影响农村经济结构的调整。实践证明，互联网电商平台对传统农业的影响很大。现代

互联网与新型农业的发展关系紧密,当前城北镇农业与互联网联系不够紧密,农产品仅有单纯的集合储存运输全国售卖。受自然条件影响相当大。

农民综合素质有待提高。调查表明,当前新型农业从事人员中,农民总数仅占20%,整体参与度和积极度相对较低。务农人员受教育程度并不高,大部分村民文化水平程度较低,缺乏对新型农业建设相关知识的了解,地方政府进行的相关宣传推广活动较少,影响农村产业结构的调整。村民对新型农业强镇缺乏了解,缺少参与的积极性,这很大程度上影响了产业发展,也进一步影响到农民收入。农民是农业生产的经营者和管理者,其综合素质的高低对农业现代化进程有决定性影响。

农业与互联网联系尚不紧密。当今社会互联网的影响很大,互联网技术在调整农村经济结构和转变农村经济发展方面起到至关重要的作用。由于互联网电商平台的冲击,传统农业发展受到了很大冲击。近几年较多农民面临的困境是农产品销路停滞,在政策和技术都足够成熟的当今社会,农民要想解决当前面临的困境,就应该乘互联网的东风,积极学习经营,打造与时俱进的新型农业。

社会中介服务配套尚待完善。考察发现,虽然城北镇乡镇风貌保持得不错,但服务业发展相对落后,农村助力旅游发展的基础设施还待完善,需要进行绿色休闲生态发展,依靠科技,实施循环农业和智慧农业提升工程。新型农业应该以大农业为出发点,全面调整和优化农业结构,并探寻一种全新的新型农业生产经营形态。城北镇也需要进一步完善基础设施,大力调整当前农业的发展结构,与时俱进、因地制宜,大力发展新型农业。

销售渠道缺少。当前利辛县农业与互联网联系不够紧密,农产品仅有单纯的集合储存运输全国售卖。农副产品的销售渠道较少,虽有大量的产品但却缺乏有效的销售渠道推出去。

政策支持的持续性尚存担忧。目前城北镇产业强镇建设、市级生态田园小镇、省级绿色果蔬小镇等重大项目都急需着手谋划加快建设,而主导产业之一的冬枣产业尚未完全成熟,还需要大量资金、技术以及人才等的支撑,因此政府的政策规划支撑则显得尤为重要。当前冬枣产业规模不够,无法支撑相关的产业链进一步发展。

农村人才大量流失。城北镇积极培育产业融合主体、主导产业联合体培育工程建设项目,支持农业企业与贫困户建立合作关系。目前新型农业各类服务能力建设的关键是创业创新,这都需要大量人才,利辛县目前从事新型农业的主体主要是务工返乡人员和传统农户。当前人才队伍也存在挑战,包括数量和质量远不能满足新型农业对人才的需求,缺乏专业的产业化经营人才以及青年人才和后备人才严重不足。

政府与群众联系不够紧密。城北镇农村居民受教育程度并不高,缺乏对新型农业建设相关知识的了解,地方政府的宣传推广活动甚至普及活动也较少,导致村民缺少对该方面的敏感度,对新型农业强镇缺乏了解,缺少参与的积极性,政府需要以群众为中心,将相关政策及时有效传达给民众,引导想要进一步学习的群众进行必要的教育,并给予技术指导。

四、典型地区新型农业强镇对策体系构建

(一)凸显典型特色,助力新型农业强镇

提高土地生产效率,打破人多地少怪圈。近几年来,城北镇人多地少矛盾日益严重。为了缓解这个局面,当地政府积极鼓励当地百姓进行土地流转,从而提高土地的利用率。现在城北镇全镇已流转土地1.6万多亩,这些流转土地主要用于一些时令果蔬的种植。土地流转政策的有效实施,才能打破土地对当地农业发展的束缚,给土地承包经营权的农户与土地使用权的农户或经济组织带来双赢。通过加快土地流转,土地资源得到充分利用,进行规模化、集约化生产,进而大大提高经济效益。同时,土地流转可以解决本村贫困户和闲散劳力的务工问题,使农民切切实实得到实惠。农民除通过土地流转获得土地流转费(或股份金),还可以进行有偿劳动获得固定工资,进而大大提高农民的生活水平,实现互利共赢。

发展主导特色农业,推动三产融合。城北镇自2012年开始实施产业结构调整,发展绿色果蔬种植,立足镇情、民情,优化一产,围绕建设高效、优质、绿色农产品生产基地目标,重点发展特色冬枣种植与蛋鸡养殖结合的发展模式。在新型农业强镇建设中,果蔬种植区域以市场需求为导向,并通过建设蔬菜育苗基地、蔬菜标准园,构建现代化的农业生态体系。

立足传统农业资源,做强二产。对发展绿色果蔬初加工和精深加工的主体给予政策和资金扶持,增加全镇内各主体对加工的积极性。通过依托德青源蛋鸡养殖,大力开发鸡蛋和蛋鸡深层次加工产业,不但有效延长保存周期,还大大提高了农产品的附加价值。通过冬枣干品的加工,打破时令蔬果销售的季节限制,延长销售时间和丰富产品类型,借此满足不同客户的需求,提高经济发展效益。

发展农旅融合,带动三产。围绕小镇水果、蔬菜两大主导产业发展休闲采摘、农事体验、体验观光等活动,并建设亲子乐园、农事体验园、果树认养园等设施,不断丰富小镇休闲农业种类。转换新的发展思路,以农业发展和农民收入增加作为出发点和落脚点,带动传统种植业的转型升级。

促进产业化,催生农业产业新业态。城北镇在未来农业产业发展过程中,能提高农产品的生产率毋庸置疑,更重要的是能发挥"互联网+农业"的平台服务优势,借此提升城北镇农业的现代化、服务化水平,增加农产品附加值,提高农民收入,实现"网络+农户"的有效衔接,催生"互联网+农业"新业态。

（二）农户主体性发挥维度

坚持技术创新理念，提升农业信息技术化水平。目前，对于新型农业强镇，由于村民缺乏积极性和主动性，城北镇新技术、新产品更新换代速度与农业现代化进程缓慢。未来城北镇目标是打造新型农业功能区，如现代农业产业园、现代农业示范区等，农业服务功能仍需不断创新。首先，在互联网+现代农业模式下，必须重视现代新型农业中科技创新的力量，引导村民尤其是新型农业从业者抓住机遇，培养自我发展能力，通过智能化手段为新型农业注入"信息化"活力，在解放村民双手的同时，提高农产品收益。其次，村民、农业合作社以及龙头企业应当积极提升创新能力，提高农业技术和装备。最后，培育农业信息技术创新意识，实现核心关键技术的自创新，形成具有自主知识产权的技术发明与实用创造。

参与"电商+"平台建设工程，发展主导性特色农业。城北镇政府已经将电子商务建设项目、农业产业物流交易配送中心建设项目纳入农业产业强镇建设中，并对建设规模、内容以及预算等做出具体规划。首先，项目后续建设需要鼓励村民以及新型职业农民积极参与新型发展模式。其次，加大与电商平台合作力度，扩大消费渠道，大力推动数字化农业平台，集消费者、第三方平台、仓储物流运输为一体，为农商互联打下坚实基础，整合社会资源，通过互联网将冬枣、蛋鸡、葡萄等农产品销往全国各地，未来继续发展跨境电商，出口到周边国家。

参与农村电商网络服务水平提高工程。在城北镇设立服务站点与运营中心，通过互联网技术完善物流体系，为全镇提供快递下乡业务。广泛利用电商交易平台，例如淘宝网、拼多多、京东商城的合作，开发具有城北镇农产业特色的产业平台，孵化创业公司和网销品牌，拉动农产品加工企业以及专业合作社的经济效益，通过互联网扩大优质农产品销售覆盖范围。

发挥"互联网+"农业平台服务优势。充分发挥"互联网+"农业平台建设，提升城北镇农业现代化、服务化水平，重点发展农业产业的电子商务交易服务，包括电子商务支撑服务或平台服务，以及电子商务衍生增值服务等。

发展数字农业，探索数字农业模式。首先，振兴城北镇农业产业，必须要以产业融合发展为核心，推动产业结构转型升级。提高农产品的深加工，延长产业链，并培育产业融合体，推动一二三产的深度融合、农户带动农民受益机制体制创新、现代先进技术与装备集成、扩大就业持续增收样板区域。其次，参与农业数字资源体系构建，包括农业大数据平台与应用中心的构建和农业大数据采集、加工、存储、处理、分析、预测等全信息链建设，以提高农业数字资源体系构建速度。广泛联系省内高校和科研院所，协同建立科研基地和实验田，创建专家工作站与5G+农业物联网的农业示范基地。随着新型农业强镇建设的继续推进，需要构建对数字资源体系，实现农业要素、过程、管理的数字化，对农产品收成展开大数据分析，去预估农业产量,或智能预防和管理病虫草害,或通过语音识别提供咨询服务,或对市场信息和价格变动进行有效分析,帮助农业从业者、合作经营社、承包企业等做出更符合市场规律的经营策略,降低经营风险。第三,广泛利用数字化技术对农业改造,在充分尊重自然规律的基础上,充分利用现代信息技术提升农业生产力,探索符合现代农业发展特点的数字农业农村建设模式。借助大数据助推农业信息化建设进程,即从物的维度发展到人的维度,最后进化到社会化维度,通过智慧农业促进新型农业发展。

（三）中介和社会服务参与维度

在农产品的种植、生产、生态监控、仓储物流等各个领域内部推广智能化配套作业设施装备,建立农业污染源监控点、智慧农业园区示范点;利用可视化溯源、农业智能化应用、农业小镇 AI 智能管理、无人农场科学发展、农村电商新型智慧农业产销渠道的无缝对接等新兴创新手段的植入,科学、实效地提升农业发展空间;在城北镇的特色蛋鸡养殖、冬枣种植等现代产业园区中,尝试智能生产方式,即在某些便于规模化、集中化、机械化作业的农产品产区,探索智能化、精准化作业,通过定位系统以及智能化机械提高劳动生产效率,推动现代农业集约化发展。

加强农副产品追溯机制建设,提升品牌化水平。在蛋鸡养殖产业中,城北镇已逐步强调农副产品质量安全追溯机制,但是在蛋鸡养殖以及冬枣种植等农副产品生产环节方面的信息获取不够充分,因此,可以尝试从源头入手,通过资金支持、政策倾斜等措施,加大互联网技术的投入,提高数据抓取能力,高效获取生产流通各个环节的数据信息,进行处理、分析和共享,并完善各个环节数据对接系统,以实现农业生产、加工、物流全程可追溯。

促进现代信息技术与农业的融合,推进"三农"信息服务。目前利辛县城北镇仍然依靠较为传统的集体储存运输销售方式,但在"互联网+"信息化社会下,该销售方式已不能满足新型农业发展需求,因此,需加强农业与互联网联系,坚持科技强农,信息先导,加快推进"三农"综合信息服务。

完善新型农业发展信息化平台。为当地农业信息化发展提供服务与技术保障,提升全镇的益农信息服务标准化与精准化程度,以保障果蔬产品有效供给、质量安全、居民增收为目标,建立互动信息平台,实现信息化平台的益农服务、专业培训、电子商务等信息的一体化。尤其是加快特色冬枣种植、蛋鸡养殖益农信息服务试点建设,依托农业龙头企业建立信息服务管控中心,通过物联网技术,为返乡人员提供就业平台与创业机遇。

完善农业信息网络建设。围绕农产品市场、品质、贸易、种植、科研动态、贮藏保鲜等农业科技信息,加大新技术运用,将利辛县城北镇相关的现代农业发展的政务信息、市场交易信息、投资项目建设信息以及技术创新等信息进行统筹谋划,以便于农业信息资源的共享,发挥信息资源价值的最大化。

推动信息进村入户工程。打造"一门式办理""一站式服务"等综合服务平台,通过互联网检索软件、大数据分子平台以及云计算技术,对农业从业者提供更精准的信息服务,普及农业信息服务规模,提高农村农业公共服务能力和水平,合理提供业务信息,推动跨界数据合作,带动高效农业发展,尽可能实现农业管理服务的精细化与精准化,促进农户与现代农业发展的有机衔接。

(四)政府全面引领维度

健全政策法规制度,优化现代农业管理模式。政府继续推动政策向现代农业强镇建设和乡村振兴倾斜。首先,在财政法律制度方面,为支撑现代农业发展作为强镇建设的战略性新兴产业的发展,做出相应倾斜性的调整,对现代农业的发展加大财政补贴,颁布相应的规范性文件,明确专项资金的支持范围与政策优惠。其次,在税收法律制度方面,对助力现代农业的组织发展进行税收优惠与减免,对于农用建设配套设施建设用地实行减免税费等。再次,在金融法律制度方面,完善对农业发展的金融管制,松弛有度。通过吸引金融资源,完善城北镇涉农贷款制度结构,降低涉农贷款利率,保证城北镇用于发展冬枣种植、蛋鸡养殖等农业产业现代化发展的农业信贷数量保持递增,继续在小额担保财政贴息方面加大资金支撑力度。最后,完善城北镇发展新农村建设、财政支持等农村普惠政策,从深层次去考虑城北镇村民的生产生活、教育就业等问题,带动村民在当地就业,从事农业现代化建设。

创新涉农人才培育培训机制,缩小人才缺口。注重教育与培养新型职业农民与龙头企业,政府出资鼓励创业者进行实地考察学习,鼓励创办家庭农场等。创新涉农人才培育机制,加大"互联网+现代农业"的培训广度与深度,加强与大、中专院校或相关企业、科研单位和金融机构的合作,培养新型职业农民、农业经理人、返乡创业人员、农业种植大户以及农业合作社等信息化与数据化思维,通过智能终端的培训与网络直播平台,传达"互联网+"对农业产业链的优化作用及其对转变发展方式的引擎作用,促进城北镇冬枣等农产品的市场化、标准化、品牌化效应。

增强"新型农业强镇建设"教育,提高与群众联系程度。加大与当地村民的联系程度,通过推广与宣传活动,拓宽新型农业强镇建设的村民教育覆盖领域。建设大学生创业基地、果蔬学院,吸引电商从业人员、专业技术人才。引导一批龙头企业和合作社,利用新兴互联网平台推送农产品视频,通过大数据分析软件精准营销。

合理规划现代农业,扶持龙头企业。发展新型农业合作社,借以带动当地冬枣等主导特色农业的发展,走适合城北镇自身情况的现代农业新路,以镇带农,以农兴镇。注重"互联网+"新型农业发展与强镇建设知识普及,深化与安徽农业大学、安徽省农科院、安徽省园艺协会等合作,解决现代农业发展的关键技术与共性技术,建立应用创新导向的管理技术创新体系。再次,完善绿色果蔬电子商务平台建设,推进产供销一体化,延伸产业链条,提高经济效益与社会效益。最后,发展加工业与农业旅游业,实现一二三产业联动互促,以"全域旅游化""农旅一体化"为发展思路,积极引导各经营主体围绕小镇水果、蔬菜两大主导产业发展休闲采摘、农事体验、体验观光活动,带动传统种植业转型升级,形成"以农促旅,以旅兴农"的农旅融合发展格局,为城北镇强镇建设奠定坚实的产业基础。

作者:程文文　陈佳佳　孙雨晴

共同富裕战略下乡村文化共同体
构建路径研究

——基于皖南典型村的调研①

乡村振兴战略是新时代解决我国"三农"问题的重要抓手,是推动我国共同富裕不断深化的重大战略部署。乡村振兴战略不仅要"塑形",更要强调"铸魂",即通过振兴乡村文化,为乡村振兴战略提供强大而持续的动力源泉。习近平总书记在党的二十大报告中强调:"全面建设社会主义现代化国家,最艰巨最繁重的任务仍然在农村。""全面建设社会主义现代化国家,必须坚持中国特色社会主义文化发展道路,增强文化自信。"②当前我国现代化进程加快,现代文明对乡村文化产生了严重冲击,乡村文化振兴面临着乡村传统文化日渐式微、文化同质化现象严重、基层文化治理体系松散、文化振兴主体缺失等问题,乡村文化振兴已经成为当前一项重要而紧迫的任务。调研团队立足于国家共同富裕视角下的实地调研,探寻皖南四村乡村文化振兴情况,总结实践经验,剖析固有问题,针对性地提出解决措施。希望通过我们的建议,能够实质性加快推进乡村文化振兴,为乡村振兴战略的实施提供文化推力和精神动力。

一、绪论

(一)选题背景

1. 与时代同行,建美丽乡村

实施乡村振兴战略,是党的十九大的重大决策部署,是决胜全面建成小康社会、全面建设社会主义现代化国家的重大历史任务,是新时代"三农"工作的总抓手。党的十八大以来,在以习近平同志为核心的党中央坚强领导下,坚持把解决好

---

① 该文 2023 年获评安徽省首届乡村振兴创新创业大赛三等奖及第十八届"挑战杯"课外学术科技作品竞赛红色专项省级三等奖。

② 习近平. 高举中国特色社会主义伟大旗帜 为全面建设社会主义现代化国家而团结奋斗[N]. 人民日报,2022－10－26(01).

"三农"问题作为全党工作的重中之重,持续加大强农惠农富农政策力度,扎实推进农业现代化和新农村建设,全面深化农村改革,农业农村发展取得了历史性成就。党的二十大报告提出:"统筹乡村基础设施和公共服务布局,建设宜居宜业和美乡村。"①我们着重研究在乡村振兴的大背景中、共同富裕战略下乡村文化共同体的构建路径,重塑乡村精神文化内涵。

2. 明理论内涵,探乡村文化

在乡村经济发展、物质生活水平逐步提升的当下,农民精神生活有了更高的需求,共同富裕政策扎实稳步推进,为农村优秀传统文化的创新发展带来新的机遇。乡村文化共同体建设,不仅能够满足村民对文化的内生需求,还可以为乡村振兴战略的推进提供强有力的思想基础和精神动力。我们希望通过对宁国市西村、畲族村、泾县溪里凤村、奎峰村四个典型村进行乡村文化共同体的实地调研,了解乡村文化共同体建设的典型做法及经验总结,深入调研乡村文化共同体建设与乡村振兴的作用机制,促进乡村发展。

(二)选题意义

赓续历史,巩固共同富裕战略取得的成果。共同富裕指的是人民群众物质生活和精神生活的双富裕,不是仅仅物质上富裕而精神上空虚。乡村文化的繁荣与复兴是丰富人民精神内涵的重要途径之一。以社会主义核心价值观为引领,发展社会主义先进文化,弘扬革命文化,传承中华优秀传统文化,满足人民日益增长的精神文化需求,巩固全党全国各族人民团结奋斗的共同思想基础,不断提升国家文化软实力和中华文化影响力。乡村文化共同体的核心要义之一,就是要全面总结共同富裕的经验教训,及时提炼共同富裕战略的精神要领,巩固共同富裕的精神成果。

正视当下,匡正乡村社会的错误价值观念。共同富裕战略下,乡村民众的物质生活质量得到了飞速提升,但市场经济也携带着物化及功利意识向道德发起挑战,见利忘义、损人利己等道德问题由此产生,乡村社会价值观念需要得到匡正。随着城市近郊农村土地被开发,征迁补偿给农民带来巨大的财富积累,不少农民从脸朝黄土背朝天的耕作者,变成有财产性收入的房东、股东。传统的生活习惯和乡村邻里状态不再,一夜暴富者的精神生活十分空虚,有些人每天聚众打麻将甚至赌博,形成不良的社会风气。另一方面,许多乡村的年轻人在进入城市务工后,渐渐失去原有的乡村固有的本分、善良等传统品质,越来越不受乡村和传统道德的约束。他们缺少必要的监督引导,容易受到负面文化价值观影响,很容易误入歧途。因此,

---

① 习近平. 高举中国特色社会主义伟大旗帜　为全面建设社会主义现代化国家而团结奋斗[N]. 人民日报,2022－10－26(01).

乡村文化共同体的建构,肩负着整顿乡村不良社会风气、重塑乡村纯朴勤劳的价值观念的使命。

契合时代,推动乡村文化振兴的创新实践。乡村文化是乡村发展的历史积淀与时代彰显。要使乡村文化共同体建设取得成功,必须将发展理论与当前的时代背景相结合,进行实质性的创新。正如党的二十大报告中所强调:坚持百花齐放、百家争鸣,坚持创造性转化、创新性发展。广大乡村地区积累了丰富的文化,与人们的日常生活相融。随着乡村振兴的深入推进,各地乡村的文化元素也陆续被发现,甚至被重新定义。乡村文化可以和创意、艺术、旅游等方面结合,甚至带动地区产业的发展。① 这意味着乡村文化的内涵正不断拓展,并能带来新的动力,推动乡村振兴更稳健地迈进。而自媒体的发展也为乡村文化振兴带来新的机遇。乡村文化借助5G传播优势,利用短视频表达自我,让村民身临其境地体验美丽乡村的乡土文化、人文历史、特色建筑等,充分发挥乡村文化资源的优势。

展望未来,引领高质量实施乡村振兴战略。文化振兴是乡村全面振兴的重要组成部分,有利于推动乡村振兴战略的实施,有利于提高全社会文明程度,有利于加强和改进思想道德建设,推动明大德、守公德、严私德,提高人民道德水准和文明素养,统筹推动文明培育、文明实践、文明创建,推进城乡精神文明建设融合发展,在全社会弘扬劳动精神、奋斗精神、奉献精神、创造精神、勤俭节约精神,培育时代新风新貌。乡村文化振兴为乡村产业振兴提供人才和文化资源,提高农民的文化水平和能力,培养高科技人才。乡村文化本身就是一种重要的资源,是乡村振兴的文化源泉,通过对乡村文化资源的开发,可以打造独具特色的文化产业,助力乡村产业振兴,通过宣传生态保护意识,树立尊重自然的生态文明价值观。乡村文化振兴为乡村组织振兴奠定文化基础,为村民自治实践奠定治理文化基础②,为普及自治、德治、法治意识,优化村民自治的组织运行体系。

(三)研究思路

本报告基于国家大力支持实现共同富裕及乡村振兴的背景,立足于皖南地区四个典型村的实地调研,深度思考乡村文化资源与乡村振兴发展的协作互动关系,利用信度、效度检验等分析数据,探寻当前乡村文化共同体建设的不足,为乡村文化、经济的共同发展建言献策。

① 吴理财,解胜利.文化治理视角下的乡村文化振兴:价值耦合与体系建构[J].华中农业大学报(社会科学版),2019(01):21-22.
② 孙喜红,贾乐耀,陆卫明.乡村振兴的文化发展困境及路径选择[J].山东大学学报(哲学社会科学版),2019(05):16-18.

（四）研究方法

文献研究法。借助国内外相关理论,总结相关经验,研究共同富裕理论及乡村振兴战略下经济发展、社会治理、文化繁荣各个方面的实现路径,并对如何助推皖南四个典型村的乡村振兴进行案例研究,针对发展效果进行客观评价,对发展过程中的可行经验进行总结提炼,提出研究结论,进行研究展望。

实地调研法。团队前往泾县茂林镇溪里凤村、奎峰村、宁国市西村和畲族村,对皖南四村进行实地调研,进行自身现状描述和要素分析。通过厘清皖南四个典型村在挖掘乡村文化和构建乡村文化共同体的典型经验,进而实现乡村经济振兴、社会振兴、文化振兴等三大方面的主导因素。提炼皖南特色模式,打造示范样板,梳理出通过乡村文化共同体促进乡村振兴的先进经验,发挥广泛效应。

比较分析法。将皖南四村乡村振兴发展的情况、国内外乡村振兴发展治理的先进案例和将皖南四村个案之间进行横向比较。区别现实条件、具体历史沿革、各地社会环境,从差异化的样本中,找寻发展共性,提取共同富裕发展理念以及打造乡村文化共同体助推振兴的典型经验。

问卷调查法。问卷采用李克特7级量表的基本结构,通过"情绪""需要""信任度""卷入意愿"四个维度,衡量被调查者对矛盾纠纷的处理方式。分维度测量使得涵盖面更广、信息量更加丰富,更能通过量化研究,为乡村振兴现存问题提出解决方案。

二、基础概念与核心理论

（一）乡村文化共同体

乡村文化共同体理论内涵。村落文化共同体理论的起点,可回溯到"共同体"论述中。"共同体"一词最早由德国社会学家滕尼斯提出来。在《共同体与社会（1999）》中,滕尼斯区分了作为本质意志的共同体和作为选择意志的社会。随后,共同体概念逐渐丰富清晰。这种"共同体"十分强调情感和共识,各成员之间联系紧密、热爱交流、互相帮助等特征明显。村落文化共同体由共同体衍生而来,它是共同体在农村文化传播过程中所形成的重要形式,指村庄内部具有相似文化背景、类似的生活方式、大体一致的文化传统或文化习俗的个体,在彼此共享时所形成的特定群体。这种文化共同体通常表现出很强的地域性,是以地域和血缘为基础的、有形地域限制和无形文化认知的统一。因此,村落文化共同体在形成地域上集中于农村地区,内部共识形成于村落文化传播所能覆盖或影响到的群体之间。村落文化共同体的内部成员受到特定地域文化的熏陶,拥有相似的文化记忆、一致的文化理念和共通的文化体验,它强调农民精神世界的"集体感""共同感"的唤醒,并伴有强烈的情感归属和价值认同。

乡村文化共同体时代价值。传统乡土社会作为乡村共同体的典型形态已经发生了变迁,但是当代中国乡村依然存在着共同体的基础。在大力推进乡村振兴战略的契机之下,乡村共同体建设可以发挥积极作用,为乡村建设和长远发展提供强大的力量源泉,这是乡村共同体当代价值的体现。乡村共同体是乡村变迁的鲜明底色,血缘关系、地缘关系和差序格局的行动规范是中国乡村的历史底色;乡村共同体是乡村记忆的情感基础①,乡村记录着社会的变迁过程,是乡愁生发的载体,作为共同体的乡村本身,就承载着国人对传统村落的记忆、想象和期待;乡村共同体是乡村振兴的内生力量,不仅充分发挥农民的主体地位,还在多元主体的互动、合作和交流中发挥能动作用,为乡村振兴注入强大的内生力量,让农民在乡村振兴中获益。因此,乡村共同体具有鲜明的时代意义和现实价值。乡村共同体作为当代中国城乡关系和乡村发展的历史基础和鲜明底色,是乡村记忆的情感基础,更是乡村振兴的内生力量和强大动力。

(二)乡村文化治理

乡村文化治理的理论内涵。所谓文化治理,就是"多元主体以合作共治的方式治理文化,并利用文化功能来达成政治、社会和经济等多重治理目标的过程"。只有深刻理解乡村振兴战略与文化治理的内在联系,才能确保乡村振兴战略沿着正确的方向运行。因此,乡村文化治理是乡村振兴的内在意蕴。

乡村文化治理的时代价值。第一,乡村文化治理是乡村振兴的内在动力,要深入挖掘乡村文化治理的精神内核,以乡村振兴战略推动文化治理有效,将乡村文化治理和建设进行整合,做到乡村振兴战略内在动力的持续提升以及治理要求的硬性指标的实现;第二,文化治理是维护乡村社会稳定的重要基础,要以社会主义核心价值观为引领,保护和弘扬乡村文化中的核心价值,赋予乡村文化新活力,在耳濡目染中丰富村民的精神世界,增加村民对乡村文化的归属感和认同感;第三,文化治理是乡村振兴的未来趋势,在城乡融合发展和实现农业现代化的时代背景下,乡村社会基本架构正在改变,乡村文化的转型重构,要充分挖掘传统乡村社会的优秀文化资源,结合现代文明礼仪规范,重构一种新型的文化治理模式。乡村文化建设的未来走向,必然是嵌入国家治理体系与治理能力现代化的大格局中,以提升乡村文化治理能力为目标,以维护广大农民利益为根本,深化乡村文化管理体制机制改革,构建多元协作的乡村文化治理体系。

(三)共同富裕

共同富裕的理论内涵。共同富裕思想根植于中国传统文化,《礼记·礼运》中

的"大同"和"小康"思想、中庸之道衍生出的"均贫富"思想等都可看到其影子。马克思主义把共同富裕作为未来社会的基本要义,是我国共同富裕思想的理论基础。中华人民共和国成立后,如何实现全体人民的共同富裕,成为共产党人探讨的重要问题,并进行了艰辛的探索和伟大的实践。厘清共同富裕的内涵和特征,是探究共同富裕和乡村振兴关系的前提。我们认为共同富裕是在坚持中国特色社会主义制度前提下,全体人民、全部地区共创日益发达、领先世界的生产力水平,共享物质富足富裕、精神自信自强、社会和谐和睦、环境宜居宜业的幸福美好生活。共同富裕是全国人民的共同富裕,不是部分人的特有富裕;是全国人民的全面发展,不是物质方面的单方富裕;是允许拥有合理差距的普遍富裕,不是全体人民的平均主义;是允许"先富带后富"的过程富裕,不是全体人民的同步富裕。

共同富裕的时代价值。共同富裕是社会主义的本质要求,是中国人民长久以来的共同期盼,是我们党矢志不渝的奋斗目标。中国共产党带领全国各族人民经过百年的持续奋斗,我国于2020年底如期完成脱贫攻坚目标任务,历史性地解决了绝对贫困问题,全面建成了小康社会,在实现共同富裕的道路上,迈出了坚实的一大步。2020年10月,党的十九届五中全会将共同富裕取得实质性进展作为2035年基本实现社会主义现代化的远景目标。扎实推进共同富裕已成为新时代新阶段的第一要务,研究和思考如何扎实推进共同富裕,具有重要的现实意义和理论意义。

（四）共同富裕下乡村文化共同体建设与乡村振兴的作用机制

乡村全面振兴,就要实现乡村产业振兴、人才振兴、文化振兴、生态振兴、组织振兴,推动农业全面升级、农村全面进步、农民全面发展。其灵魂在文化振兴,本文侧重研究乡村文化共同体建设对于乡村振兴的促进作用。文化对乡村发展具有牵引作用,乡村发展又对文化发展具有提升作用。

共同富裕引领乡村振兴。共同富裕是实施乡村振兴战略的引领目标,乡村振兴是实现共同富裕的重要基础和必经之路,两者相辅相成。一方面,共同富裕目标引领高质量实施乡村振兴战略。共同富裕是社会主义的本质要求,是实施乡村振兴的目标指引和行动指南。共同富裕与乡村振兴的"两步走"具有内在一致性:到2035年,全体人民共同富裕要迈出坚实步伐,那么乡村振兴战略必须取得决定性进展,以推动农业农村现代化的基本实现;到2050年,我国要建成富强民主文明和谐美丽的社会主义现代化强国,全体人民基本实现共同富裕,那么乡村必须要全面振兴,实现农业强、农村美、农民富。另一方面,乡村振兴战略旨在实现农业农村现代化,是实现共同富裕的重要基础。共同富裕是我国建成社会主义现代化强国的重要目标,而实现社会主义现代化强国的短板和弱项仍在农业农村,没有农业农村的现代化,就没有社会主义的整体现代化。乡村振兴战略的目标就是以乡村全面振兴助力农业农村现代化,进而推动社会主义现代化的实现。

乡村文化共同体建设促进乡村振兴。"文化"的含义和意义极其复杂。从当代中国语境的功能属性来看,文化"是民族的血脉,是人民的精神家园,是国家强盛的重要支撑";从历史语境的构成形态来看,文化是"大量的艺术性作品与知识性作品",是"一个精神与智力发展的过程"。不管如何定义,在不同的时代、语境、地域和制度环境下,人们都需要重构"文化"的叙事逻辑。由于当代中国快速的工业化、城镇化给传统乡村社会带来严重冲击,乡村文化正面临着去政治性、去历史性、去地方性和去生活性的"四重危机"。在"新时代""新矛盾"和"新使命"等政治话语下,重构乡村文化叙事逻辑,既是走出乡村文化所遭遇的"四重危机"的基本方式,也是引导后全面小康时代乡村振兴朝着文化具有的"政治性—历史性—地方性—生活性"深刻蕴涵意义回归的必然路径。也由此我们得出了五个集成路径,分别是强化政治规则、创新理念原则、培育文化主体、整合文化资源、聚焦审美体验。详见图1。

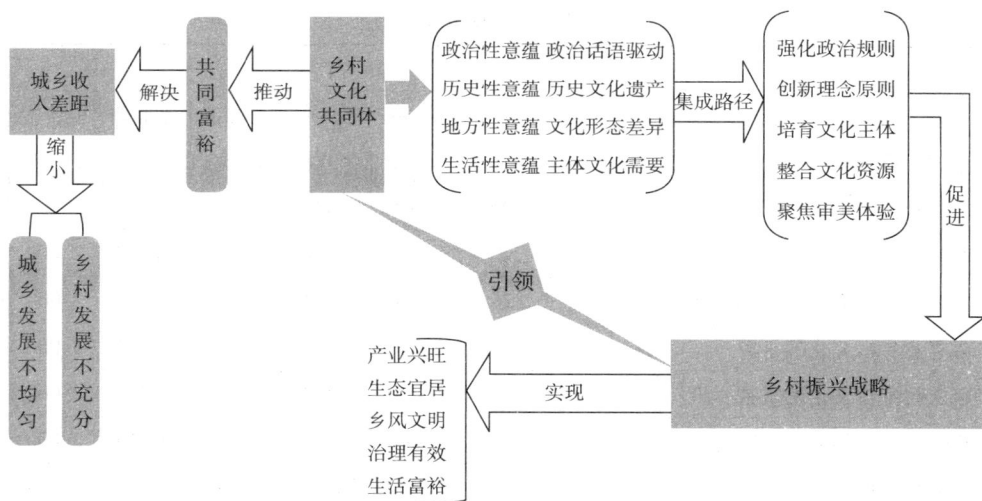

图1 共同富裕下乡村文化共同体建设与乡村振兴的作用机制

三、乡村文化共同体现状与困境的数据解读

(一)调查对象及问卷的基本情况

调查对象及问卷的基本情况。第一,受访者年龄结构。受访人群覆盖"75岁及以上"(7.23%)、"45～74岁"(22.77%)、"19～44岁"(51.49%)、"18岁及以下"(18.51%)。样本丰富,多角度展现不同年龄段层面对乡村文化与基层社会治理现状的理解。第二,受访者身份结构。受访人群覆盖身份种类多样,包含"当地

村民"（30%）、"当地经营者"（28%）、"游客"（25%）、"村干部"（11%）、"学生等其他人员"（6%）。调查样本在身份结构上较为合理,增强了调查的真实性与客观性。第三,受访者认知乡村文化的途径。多是"长辈叙述"（38.05%）、"书籍杂志"（46.46%）、"电视广播"（61.06%）、"网络等新媒体"（64.16%）。说明受调查者认知乡村文化的途径多样。

（二）问卷信效度分析

（1）描述性分析通过平均值或中位数描述数据的整体情况

从表1可以看出:调查问卷数据中并没有异常值,排除226份样本中存在无效样本,同时,由于问卷存在适应调研对象的实际性质的情况,部分选题量表特性不够明显,因此在该问卷数据中使用克隆巴赫α系数衡量问卷信度受实际情况影响,误差较大,但根据问卷问题设计的内在逻辑性,可知问卷各题项之间具有很强的相关性,可用于进一步分析。

表1　信度分析

基础指标						
名称	样本量	最小值	最大值	平均值	标准差	中位数
您的年龄	226	1.000	4.000	2.195	0.826	2.000
您的身份	226	1.000	5.000	3.173	1.269	3.000
对乡村振兴战略的了解	226	1.000	3.000	2.212	0.618	2.000
文化振兴对乡村振兴的作用	226	1.000	3.000	1.668	0.558	2.000
对家乡乡村文化的了解	226	1.000	3.000	2.323	0.547	2.000
家人对乡村文化的重视程度	226	1.000	5.000	3.350	1.410	4.000
年轻人主动学习当地文化的兴趣	226	1.000	3.000	2.137	0.669	2.000
了解哪方面乡村文化	226	1.000	108.000	59.881	30.558	67.500
了解乡村文化的途径	226	1.000	15.000	7.221	4.019	6.000
是否感受乡村振兴战略带来的机遇	226	1.000	3.000	1.783	0.648	2.000
当前认知的乡村文化状态	226	1.000	3.000	1.509	0.779	1.000
保护乡村文化的必要性	226	1.000	4.000	2.673	0.889	3.000
现今乡村文化传承的困境	226	1.000	3.000	2.257	0.830	3.000
文化传播实现乡村振兴的可能性	226	1.000	3.000	2.230	0.943	3.000
哪些方式有利于乡村文化传承	226	1.000	15.000	7.447	4.225	8.000
每年是否举办民俗文化建设活动	226	1.000	4.000	1.872	0.857	2.000

（续表）

基础指标					
名称	样本量	最小值	最大值	平均值	标准差	中位数
活动影响是否深远持久	226	1.000	2.000	1.345	0.476	1.000
乡村党建引领工作效果	226	1.000	3.000	1.841	0.518	2.000
政府对当地文化产业扶持情况	226	1.000	3.000	1.876	0.519	2.000
在网络平台是否看过当地相关文化	226	1.000	4.000	2.912	0.915	3.000
利用本地文化来经营相关产业	226	1.000	3.000	2.283	0.603	2.000
促进乡村文化融合的预期效果	226	1.000	4.000	2.314	1.216	2.000
特色文化与乡村振兴最好的结合方式	226	1.000	4.000	2.420	1.495	1.000

（2）效度分析

效度研究用于分析研究项是否合理、有意义，效度分析使用因子分析进行研究，分别通过 KMO 值、共同度、方差解释率值、因子载荷系数值等指标进行综合分析：KMO 值用于判断信息提取的适合程度；共同度值用于排除不合理研究项；方差解释率值用于说明信息提取水平；因子载荷系数用于衡量因子（维度）和研究项对应关系。所有研究项对应的共同度值均高于 0.4，说明研究项信息可以被有效提取。KMO 值为 0.672，大于 0.6，数据可以被有效提取信息。8 个因子的方差解释率值分别是 12.356%、7.167%、6.360%、6.347%、6.268%、6.112%、6.110%、5.676%，旋转后累积方差解释率为 56.396%＞50%。意味着研究项的信息量可以有效地提取出来。同时，由于问卷存在适应调研对象的实际性质情况，部分选题量表的特性不够明显，在使用 KMO 和 Bartlett 检验进行效度验证时，KMO 值为 0.672，介于 0.6~0.7 之间，研究数据比较适合提取信息，但该值一定程度上受该原因影响偏低，因此，综合实际情况可知，研究数据合理有效。

（二）关键问题数据解读

受访者对乡村文化的认知程度。第一，对家乡的乡村文化了解情况分别是"完全不了解"（4.25%）、"有所了解"（60.76%）、"较为了解"（34.99%），说明受调查者对乡村文化认知情况较好。第二，家庭成员对乡村文化重视程度分别是"非常重视"（24.34%）、"不太重视"（14.16%）、"比较重视"（35.40%）、"个别人重视"（20.80%）、"完全不重视"（5.31%），说明受调查者对乡村文化重视度比较高。第三，对一些乡村文化有所了解（多选）的结果依次是"宗教文化"（39.82%）、"祠堂文化"（40.71%）、"民间工艺文化"（42.92%）、"建筑文化"（50.88%）、"红色文化"（54.87%）、"节日民俗文化"（64.6%）、"特色饮食文化"（65.49%）、"历史文化"(68.58%),说明受调查者对各类乡村文化的了解呈现较均衡的分布。因此,乡村文化有较好的认知与普及基础,可延伸性和发挥扩展的空间较大。

对乡村文化的认知前景。第一,乡村文化所处状态依次是"与现代文化彼此碰撞、融合"(67.00%)、"日渐凋敝"(18.00%)、"始终作为主体文化得到传承"(15.00%),说明大部分受调查者认为乡村文化所处的状态应是与现代文化彼此碰撞融合。第二,对乡村文化进行保护的必要性分别是"传承和保护具有历史文化价值的中国民族文化"(40.00%)、"促进文化创新"(32.00%)、"保护传统文化多样性"(21.00%)、"为科学研究目的"(7.00%),彰显了大多数受调查者对乡村文化的前景有较为积极的认知,说明大部分受调查者认为乡村文化所处的状态应是与现代文化彼此碰撞融合。

目前乡村文化的传播情况。第一,乡村每年民风民俗和文化建设有关集体活动举办情况结果依次是"从没有过"(4.00%)、"一到两次"(40.00%)、"三到五次"(36.00%)、"五次以上"(20.00%),说明乡村文化相关活动举办密度较大。第二,对于乡村文化的活动举办效果依次是"影响力大,吸引力大"(65.49%)、"影响较小,吸引力小"(34.51%),说明大多数受调查者认为相关活动的举办对于乡村文化的影响力大、吸引力大。第三,基层政府对当地的文化产业实施过切实有效的扶持措施情况的调查结果是"效果较好"(71.68%)、"效果一般"(20.85%)、"没有做过相关扶持活动"(7.96%),大部分受调查者认为基层政府对当地的文化产业实施过切实有效的扶持措施并且效果较好。第四,主动学习挖掘当地乡村文化的兴趣分别为"非常想"(36.00%)、"比较想"(56.00%)、"不想"(8.00%),说明大部分受调查者对主动学习挖掘当地乡村文化有一定兴趣,可知乡村文化的潜在能量丰富,价值大。

对乡村文化振兴及前景的认知。乡村文化传播困境的主要原因依次是"地方政府重视不足,地区保护力度不足"(24.78%),"经济效益不尽人意,难以维持生计"(24.78%),"缺乏传承,传承人断代缺口大"(50.44%),多原因分析乡村文化传播的困境。对乡村文化促进乡村振兴的认同情况。通过文化传播实现乡村振兴的可能性,依次是"有可能"(59.00%)、"一定可以"(35.00%)、"可能性不大"(6.00%),说明大部分受访者相信通过文化传播实现乡村振兴的可能性较大。乡村文化对乡村振兴的作用,结果依次是"有很大积极作用"(58.00%)、"有促进作用,但不大"(38.00%)、"没什么作用"(4.00%),说明绝大多数受调查者认为文化振兴对乡村振兴有积极促进作用。

乡村文化推动乡村振兴的意义认知情况。第一,乡村文化对乡村振兴的作用。95.58%的受调查者认为文化振兴对乡村振兴有积极促进作用,4.42%的受调查者认为没有什么作用。第二,对乡村文化共同体建设途径认知情况(多选),受调查者认为可以采用"打造特色旅游景点"（51.77%）、"打造特色文创商品"（51.77%）、"开展特色民俗演出"（34.07%）、"发掘推广传播特色技艺、文化"（55.31%）等。第三，在促进乡村文化融合的方式方面，受调查者认为采用如下方式促进乡村文化融合将取得较好的预期效果："开通社交网站账号，发布介绍当地文化的文章、视频"（37.17%）、"设计相关文创产品，进行线下线上销售"（25.66%）、"政府组织当地村民学习乡村文化（如看展览，发放知识手册，举办文艺晚会）"（19.91%）、"积极培育能工巧匠、技术能手和民间艺人等乡土人才"（17.26%）。

（三）调查总结

调查问卷数据从对乡村文化认知、目前乡村文化传播情况、乡村文化传播困境、乡村文化促进乡村振兴的认同、乡村文化对乡村振兴的意义认知和对乡村文化共同体建设途径认知情况等六个维度进行分析，目前社会成员对乡村文化有较好的认知基础，了解方式多样且以媒体为主，对乡村文化有较高的、积极的期待，认可乡村文化传播并对传播困境有一定的认知，凸显乡村文化共同体建设有良好的群众认知基础。数据显示社会成员对乡村文化促进乡村振兴的认同度较高、对乡村文化推动乡村振兴的意义认知偏向积极、对乡村文化共同体建设途径认知丰富，进一步验证乡村文化与乡村振兴的正向关系的设想，成为乡村文化共同体建设的数据支持条件。

四、皖南四村乡村文化共同体调研个案分析

（一）调查区域选择

团队于 2022 年 7 月 16 日至 21 日前往宣城市与宁国市部分地区开展实地考察，调研区域主要涵盖宁国市畲族村、宁国市港口镇西村村与泾县茂林镇溪里凤村和奎峰村。本次调研之所以选取以上村落作为研究对象，主要有以下两点考虑：

第一，典型性。畲族村位于皖东南天目山脚下，注重传承民族文化。该村依托深厚的文化底蕴发展特色"农家乐"，保持了较稳定可观的经济收入。西村地处宣城市宁国港口镇，三面环山，地处偏远。该村将农耕文化、花鼓戏文化与现代文化有机融合，植入新兴美学元素，对乡村进行艺术改造。由此发展旅游业，真正摆脱落后山村面貌。前两个村均能够找准自身优势，明确主攻方向，发展特色文旅业，从而使乡村文化呈现繁荣局面。而泾县茂林镇溪里凤村和奎峰村作为"皖南事变"的重点作战区域，拥有丰富的红色资源、优良的红色传统与革命精神。但因发展视野狭窄、思维僵化，当前文化产业发展仍停留在规划阶段，远远落后于前两个村。前两村与后两村的现实状况对比鲜明。选择以上差异性较强的不同村庄，便于团队采用多视角进行研究，借助比较方法提炼制约性要素，为乡村文化的发展提

供可借鉴经验。

第二,现实性。乡村振兴离不开文化引领,离开文化,乡村就成了无源之水。文化振兴是乡村振兴的题中应有之义。通过对以上村落现状的综合分析,探寻构建乡村文化共同体的路径,能够为激发文化产业的生命力、建设乡村文化发展机制与落实乡村振兴战略提供具有现实意义的决策参考。

（二）乡村文化共同体建设典型经验

宁国市西村,探寻艺术气。宁国西村通过以下几个方面较好地实现振兴发展:力求因地制宜,使乡村文化治理成为乡村振兴的内在意蕴;进行意识构建,用艺术气息唤醒村民乡村建设意识;着力村貌革新,新型乡土景观发展方略;注重长效振兴,用艺术引领乡村持续发展。

宁国市畲族村,感受畲族风。畲族村作为少数民族聚居区,紧密结合地域文化特色,建立集学习、展览、演出为一体的民族文化教育基地,达到弘扬民族文化目标宗旨。第一,畲族村注重挖掘民族文化资源,全方位多角度展现民风民俗,有效实现民族文化的维护与传承。第二,自发成立农家乐协会,注重乡风文明建设,引领云梯文旅发展模式。第三,打造"体验式"乡村旅游,为游客提供"住民宿、听山歌、吃民族美食、观民族歌舞"的体验式旅游。第四,畲村依托民族文化优势,挖掘体验式旅游亮点,成功实现文化旅游并蒂莲开。

泾县溪里凤村。该村发展道路独具特色。第一,积极创设特色农产品品牌,促进乡村经济发展。打造"谷德茂林"特色农产品品牌,对当地农产品销售与经济发展有着重大意义,是促进乡村经济文化建设的典型案例。第二,创新电商销售渠道,线上线下相结合。村委会抢抓电商销售机遇,利用线上、线下相结合的方式,创设"谷德茂林"特色农产品品牌销售。第三,深挖红色旅游资源,促进物质精神双丰收。充分开发当地红色旅游资源,在促进当地旅游业发展、产生经济效益的同时,在溪里凤村中培育红色种子、对村民以及游客带来红色精神感染与洗礼。第四,绘制精美艺术墙绘,添彩乡村文化建设。溪里凤村的墙绘,让乡村有颜值更有气质,更为乡村旅游添彩,带动村民增收致富。

泾县奎峰村。该村将党建引领作为推动乡村振兴的"第一动力",坚持强化"组织引领、创新驱动、文化传承、法治保障"的工作思路,充分发挥基层党组织的战斗堡垒作用和党员先锋模范作用,不断激活乡村振兴新动能,加快推进乡村振兴步伐:第一,党建引领,做好顶层设计;第二,创新驱动,把握动力引擎;第三,文化传承,助力产业发展;第四,法治保障,推动乡村治理。

（三）共同富裕视域下乡村文化共同体建设困境透析

1. 乡村文化逐渐衰落,资源保护有待完善

乡村是日常的社会空间,也是文化活动的实质载体。但城市化进程中,城市大

量侵占乡村空间,使其边界逐渐收缩。这意味着现代工业文化在严重挤压乡村文化的生存空间,导致其发展缓慢,甚至停滞不前、逐渐消解。乡村文化的消解突出表现为文化资源的损坏与流失。第一,不少地方政府保护意识淡薄、保护力度不强,致使文化资源呈现碎片化与零散化迹象。以宣城市溪里凤村为例,此地是"皖南事变"的战火集中地,拥有东流山皖南事变激战地、石井坑守备战指挥所旧址、新四军战地医院旧址、泾旌太游击队创始人洪林故居旧址等一批特色旅游资源。虽然当地红色资源较为丰厚,但保护现状令人担忧。众所周知,红色资源具有不可再生性与不可复制性,而当地文物的保护工作却并未得到政府的重视。大部分旧址、故居由于缺乏保护措施,年久失修,在常年的风吹日晒下已经逐渐损毁。第二,不少乡村地区经济发展长期滞后,财政状况较为紧张。资金的严重匮乏直接导致文化资源在维护与修复方面的缺失,加剧其保护不到位的程度。某些偏远山区的资源生存环境更为糟糕,这些村庄交通条件一般,加上投资成本高而回报率较低等因素,其吸纳外来资金的能力也被极大削弱,文化资源也就难以获得切实保护。第三,对文化资源的盲目保护也易造成"保护性破坏"等现象。有些地区意识到保护文化资源的重要性,同时具备充足的物质基础,但基本的知识储备欠缺,技术不够成熟,维修过程中常忽视客观情况,反而给文化资源带来不可挽回的损毁。如用彩色油漆"修复"古佛像,就破坏了其原有的历史面貌。同时乡村传统文化的保护形势也较为严峻。传统文化如手工技艺的学习门槛较高,不易习得。加之工业发达,机器大生产正在逐渐取代传统手工技艺。第四,农村人口的流失造成传承文化主体的断层,代际传承已被打破,"传承链"的裂痕逐渐扩大。尽管有些传统工艺可带来高收入且亟须传承,但依旧无人问津。比如,体现茂林特色的花砖制作技艺,因为成本高、工艺繁复曾一度失传,虽然在传承人的反复制作与改进下,该技术又重见天日,但现如今,传承人渐次老逝,却后继无人,该手艺难免会再次走向衰落境地。

2. 乡村资源开发同质化,建设方式待升级

乡村文化中蕴含极具潜力的文化生长空间与市场拓展空间。由乡村文化延伸出来的商业价值,有益于深化拓展其发展空间。许多村庄往往偏好于秀美的自然风光,挖掘特有的人文资源,并对其进行适度开发。但不少村庄只是盲目照搬周边地区的建设模式,培育相似的文化品牌,构建雷同的文化符号,造成"千村一面",既无法带来经济上的收益,还会造成文化资源、资金与人力上的浪费。以溪里凤村为例,该村模仿周边村庄建设民宿,但因风格定位模糊,未融合当地人文特色,经营状况相当糟糕,如今已经停业。广大农村地区文化建设的更新速度也落后于大城市。自媒体时代早已到来,而许多村庄却鲜少尝试自媒体手段保存与宣传本地文化。部分村庄只在近几年才开始借助互联网平台展现乡村特色文化,但多数基层

政府没有成熟的运营团队,专业技术受到严重制约,产出内容创意不足且呈现单一化、标签化倾向。同时,由于视野受限、文化底蕴浅薄、网感不足等,大多数村民的作品均无法达到市场审美标准,甚至出现过度消费乡村文化的不良现象。

3. 乡村文化治理松散,基层组织能力不足

完善健全的乡村基层组织发挥着整合社会力量、凝聚集体精神的作用,可为乡村文化振兴注入动力。但在现实中,乡村基层组织体系趋向分散,原有能力在不断削弱。首先,市场经济改革以来,城乡二元结构的问题愈发凸显。城市飞速发展,提供了更多的工作机会,大量村民进城经商务工。其中一部分人选择"逃离乡村",在大城市扎根落户,另一部分人则采取迁徙式的工作方式,在工作日和节假日中来回切换生活地点。因此,绝大多数情况下,开展集体会议时只有人口占比不到一半的居民能够参与。长此以往,人口的加速流动则会导致基层组织难以运转,体系更加松散,难以推动乡村文化建设。其次,由于部分村庄地理位置偏僻,发展前景一般,不能满足人们在经济方面的追求,既"留不住"也"引不入"人才。但在极度缺乏人才的情况下,某些农村地区依然不重视基础文化队伍建设方面的工作。某些村干部缺乏对乡村文化建设的清晰认知,他们认为文化建设工作类似于文娱活动,并不要求工作人员拥有过硬的专业技术和能力;农村文化工作人员大都通过事业单位招考,几乎未接受过系统化的专业培训,专业能力偏弱。但乡村文化工作者是基层文化建设的一分子,文化活动的计划与实施都离不开他们的组织和倡导。其综合素质和专业能力决定着文化建设的质量,他们引领着乡村文化的发展。现实情况下,基层组织中文化工作者的总体专业化程度偏低,会逐步引发各方面的问题,从而限制乡村文化的良性发展。第三,基层文化治理主体的单一化已成为普遍现象。高质量的文化供给不仅要坚持政府的主导,也需要社会力量的支持,更不能缺少人民群众的参与。相较于单一化体制,多元主体协调共治体制更适用于乡村基层组织。但在调研样本中,大部分村庄社会组织的能力相对弱小,只能发挥有限功能,无法规避风险或应对基层党组织的角色失灵问题。人民群众作为文化建设的主体,参与文化公共事务的主动性相对欠缺,很大程度上抑制了基层组织的活力。

4. 乡村经济水平落后,物质基础情况欠佳

经济水平是制约乡村文化发展的重要因素之一。因为人均年收入较低,部分基层政府仅仅致力于发展地方经济,而将文化建设放在无关紧要的地位,只重视短期经济效益,而轻视文化建设所带来的长远效益。我国的文化投入偏重于城市,而乡村文化事业经费却远不能满足实际需求,城乡差距较大。出于现实考虑,相比于发展文化产业,政府更偏向于将资金、人力、技术等投入到经济产业中,以达到快速改善经济状况的目的。这也为文化建设带来了一系列考验,较为显著的问题是基

础设施不完善：种类不齐全，配套不完善，且更新缓慢，导致村民兴趣不足，很少使用已有设施。村中缺乏阅览室、剧院之类的娱乐场所，难以满足村民在文化与精神层面上的需求。而且，在城镇化发展进程中，村庄中像戏台、操场之类的传统公共活动正在逐渐消失，村民参与文化生活的时间自然随之减少。

5. 乡村传播网络断裂，社会群体趋于分化

几十年来，乡村落后的面貌虽然在城市化中得到改善，经济水平显示大幅度提升。但人口的大规模迁移使乡村传统的社会结构趋向瓦解，"空心化"特征愈发凸显，乡村文化共同体也相应受到负面影响。一方面，过去由地域建成的连接被迫断开，传统人际关系网随之打破，原有的公共活动空间规模持续缩减。以往，人们在彼此交流中形成对文化符号的共同认知以及对历史文化、风俗习惯等集体认同。如今，乡村文化活动无法有序推进，传统意识形态长期无法集聚，乡村文化渐趋丧失群众基础。另一方面，乡村由半封闭状态逐渐走向开放，大城市与互联网引导的现代文化不断涌入乡村，传统文化在其猛烈的冲击下失去原有形态，在不断侵蚀中发生颠覆性的变化。地域限制的弱化使乡村社会趋于个体化，群众在城市文化、网络文化、工业文化等要素的裹挟下，舍弃传统的生活方式、价值观念与文化选择，思想呈现多元化特征。村庄中的集体认同感下降，共同体意识减退，情感归属和价值认同淡化，特定地域文化对村民的熏陶程度也已大不如前。现代乡村中的村民不再拥有原生文化记忆、文化感受以及思想价值观，原有的文化共同体基本被打破。

五、共同富裕视域下乡村文化共同体建设路径

（一）加强文化阵地建设，凝结村民乡土情结

保护传统文化资源。乡村文化是村民的精神引领，五千年农耕文明孕育了丰厚的乡土文化，主要体现为人与自然的亲和关系和人与人之间的守望相助。随着城镇化浪潮加快，乡村传统结构受到冲击，集体意识淡化，传统乡村文化在凝结人们的乡土情怀中起到关键作用。而保持"乡土性"，增强文化认同，都需要广泛的宣传教育，政府应加强对地方性文化的整理、保护；鼓励广大村民在日常生活实践中积极创新，发展优秀文化传统。

乡风建设助推基层治理。"风俗者，天下之大事，求治之道，莫先于正风俗"。加强新时代农村文化共同体建设，推动文明乡风，对于农村社会和谐稳定，推动乡村振兴意义重大。通过制订村民村规，营造倡导节俭、崇尚文明的淳朴乡风民风，让村规民约深入人心、通俗易懂，有效规范村民言行，进一步形成明礼诚信、文明和谐乡村社会环境，借以强化乡村凝聚力和乡村基层组织能力。

（二）活化乡村文化基因，紧抓创新动力引擎

动态化传承保护乡村文化。文化是一个国家、一个民族的灵魂，文化兴国运

兴,文化强民族强。乡村文化基因是村民乡土自信的重要来源,是乡村振兴的精神源泉。活化传承优秀传统文化,让文化生态在流传中继承,在宣传中保护,在利用中发展,在活化中实现社会效益、经济效益和文化生态效益的最佳相合。活态传承是乡村文化永葆生机与活力的基本方式,这需要不断挖掘和赋予新时代下优秀乡村文化与时俱进的内涵,激发新时代乡村振兴的内生动力。一方面,传承工作需要政府甚至全民族的重视与支持,真正将传统基因熔铸在乡村发展之路上;另一方面,也要社会积极培育传承优秀技艺的吃苦人才,精进保护性手段和传承方式,让传统文化的"创造性转化、创新性发展"之路能够越走越顺畅,由此推进乡村建设长效发展。

创新文化要素驱动乡村振兴。乡村振兴,文化先行。传承好优秀乡村文化是前提,更要对其进行持续性的创新开发,将传统文化基因与新时代主题相结合,才能实现传统乡村文化价值的最大化。促进文化与科技相结合,让传统基因在新时代的舞台上绽放光彩。更要借助现代科技手段、现代文化创意设计表现乡村传统文化,将各式乡村文化加以合理引导融入文旅发展,不断激发乡村文化活力。乡村群体要坚持做"活"乡村文化,育"实"乡风文明,将社会主义核心价值观和中华民族乡村优秀传统文化广泛融合,推进乡村文化建设,传承弘扬乡村优秀文化,为乡村全面振兴提供精神滋养和价值引导,展现乡村文化自信和时代魅力。

(三)强化对外招商引资,逐步推动自我崛起

突出特色产业发展导向。乡村由于发展较为滞后,普遍缺乏发展产业的启动资金。同时,由于部分文化产业短期效益较小,需要强化金融支持,招商引资是必要的,但不能盲目引进,必须符合乡村实际,目标清晰,引入资金投入符合发展特点的文化项目,才能取得明显成效。

坚持"走进来,引出去"。在引进资金的同时,乡村也要注意将自己的特色文化项目推出去。只有高度重视乡村招商引资的工作,依托自身优势打造乡村文化名片,凸显乡村文化产业发展的亮点和前景,才能增进社会资本的信心,弘扬乡村文化,乡村文化振兴才能不断取得进步。

(四)挖掘乡土文化特质,淬炼乡村特色品牌

对乡村文化进行产业化开发传承,是市场经济背景下,保护和传承乡村传统的必由之路。乡村特色产业化开发,既可以让更多人体验乡村社会的魅力,也为其文化传承带来了活水之源。乡村文化振兴依托于农民由衷的发展理想,坚定自觉为之付出的坚韧不拔的实践努力,依托于乡村别具一格的原真文化特质和各具风姿的独特文化创意,依托于乡村文化产业的勃勃生机及彰显其乡土本色的品牌形象塑造。乡村文化产业要在同质化困境中突破并脱颖而出,必须淬炼出别具一格的文化特色,否则就会湮没在同质化的汪洋大海之中。

科学把握地域文化的差异性,彰显地域特色。保存乡土味道,留得住青山绿水,记得住乡情乡愁,打造亮点突出、竞争力强的文化产业体系。比如,千秋畲族村应该着重保护和培育其独一无二的民俗活动,将三大非物质文化遗产的相关产业发展做大做强。对于山核桃产业发展,可以突破固有的汇往大销售商一同出售的模式,打造自己的独特高质品牌。本次调研团队的成员帮助溪里凤村设计农产品销售的品牌 Logo,实际上就是溪里凤村的村委组织"挖掘乡土文化特质,淬炼乡村特色品牌"的真实写照。要充分运用创新思维,探索乡村文化产业运营的新思路和乡村发展振兴的新路径,才能实现乡土文化的可持续发展。

(五)坚定农民自主原则,民主参与共推振兴

改革文化活动方式。乡村文化振兴,归根结底是为了农民,是为了提升农民的精气神。政府应充分尊重村民的文化需求和文化创造,更加注意调动其积极性,改革文化活动形式,引导他们更加主动地参与乡村文化振兴,一方面,在社区共同体整体层面建立常规性、制度性组织和活动形式;另一方面,通过兴趣组织、农民协会等团体,组织一些超越经济的福利性文化活动,让兴趣、生活知识或技能学习成为乡村文化活动的新标准。

提高村民文化素质。由于许多村民本身对于乡村文化并不了解,因此也较少参与文化活动。然而在乡村文化建设中,村民事实上发挥着不可替代的主体性作用,我们应当充分尊重和发挥村民的主体性作用,提高其文化素质、思想意识、道德水平,让他们充分参与传统文化保护、乡村文化开发等活动,更好地实现乡村文化振兴的战略目标。

(六)增强本土环境吸力,补齐人才队伍短板

乡村文化振兴,人才是关键。农村是一个广阔天地,着力提升乡村振兴中的人才吸引力,让土生土长的乡土人才、四面八方的专业人才进得来、留得住、发展得好,切实强化人才支撑,为乡村振兴汇聚源头活水。基层组织要为人才引入营造良好的环境,以乡情为纽带,连接人才与农村,建立有效激励机制和制定人才柔性引进管理办法,让优秀人才在乡村振兴舞台上大展拳脚。同时,弘扬与发展农村优秀文化,要大力实施乡村文化人才培养工程,重视发现和培养扎根基层的本土文化能人,加快补齐基层文化人才队伍"短板",增强乡村文化自我发展能力。针对乡村不同群体,开展个性化、差异化的教育培训,注重青壮年村民从业能力的培训;激发空巢老人和妇女参加公共文艺活动的兴趣;培养留守儿童对乡村文化的情感认知。加强基层文化队伍培训,提升村民群体的文化服务能力和参与公共文化服务的积极性,充分发挥他们在乡村文化振兴中的作用,让乡村文化人才大施所能、大展才华、大显身手。

创新用人机制。重构乡村主体需要内外主体的共同努力。政府部门大力支

持,在机构编制、福利待遇等方面向基层文化人员倾斜。应利用公益组织、社群组织建立相关的乡创人才基地,吸引志愿者、青年驻村参与建设。吸引外部人才的同时,也要重视培育提升村民的文明素质和专业技能,形成良性自我发展机制。激发农民的主体性、主动性和创造性,强化村民的社会责任意识、集体意识、主人翁意识,牢固树立乡村文化建设来自人民、依靠人民、为了人民、服务人民的鲜明导向。鼓励村民积极投身于乡村文化建设,支持乡村民间文化团体开展符合乡村特点的文化活动,加快乡村文化振兴。

作者:苗子璐　张怡阳　杨笑柳

皖南区域乡村人居环境整治现状、问题与对策

——以黄山区耿城镇为视角①

建设美丽中国是乡村振兴战略的重要目标,2018—2025 年是人居环境整治计划的关键时期。通过对黄山市耿城镇的实地观察走访、问卷调查和与相关领导展开主题座谈等方式,获取调研地民众对于人居环境的真实感受,梳理当前人居环境整治经验及面临的挑战,从政府治理、群众响应、社会发展三个维度切入,深度探究问题产生的原因,借以提出切实可行的对策机制,以供省内外类似地区的人居环境改善借鉴推广。

实施乡村振兴战略是党的十九大作出的重大决策部署,是为决胜全面建成小康社会、全面建设社会主义现代化国家而提出的、需坚持不懈且一定要实施完成的重大任务。

推进农村人居环境整治是乡村振兴战略实施的一项重要民生工程。2018 年 2 月,中共中央办公厅、国务院办公厅印发《农村人居环境整治三年行动方案》,提出推动农村"三大革命",爱护绿水青山和田园风光,留住独特的乡味村貌,注意水系土地的系统治理,治理农村突出的环境,乡村人居环境整治工作是实现乡村振兴的一场硬仗。2020 年中央一号文件要求,扎实搞好农村人居环境整治,全面部署建设农村"美丽家园",顺应亿万农民群众对美好生活的期待,夯实乡村振兴的基础。

近年来,安徽省竭尽全力实施乡村振兴战略,一批具有代表性、示范性作用的美丽乡村不断涌现,黄山市黄山区耿城镇就是其中之一,其毗邻黄山风景区,位于黄山北大门,具有巨大的发展潜能和无限前景。近年来,黄山区努力打造美丽乡村,耿城镇下属五个村先后被评为"省级美丽乡村"。此次主要调研地点沟村、饶村,相断在 2016 年和 2017 年相继获评"省级美丽乡村"。调研服务团以黄山耿城镇为分析主体,通过到饶村、沟村驻点专访,通过实地走访调研、特别专访、问卷调查、开展座谈会和调研反馈汇报会等方式,进行为期一周的驻地调研服务,搜集整

---

① 该文曾获 2020 年安徽省社科联"三项课题"研究活动优秀成果三等奖。

理调研地人居环境整治工作的数据和一手调研材料、农民群众的切身体验和意见反馈、相关政府人员的工作经验感悟等文字、图片和视频材料，探寻农村人居环境整治工作存在的问题与不足，并为其提出有价值的应对措施，对耿城镇人居环境整治现状和未来工作规划进行系统阐释，希冀为全国类似地区人居环境整治工作提供经验总结和决策参考。

一、调研地人居环境整治的经验梳理

黄山区极其重视乡村的建设，近年来在乡村旅游、乡村美化和乡村文化发掘等方面积累了许多经验，在农村人居环境整治中的表现更是可圈可点。

因地制宜，重在规划。总体规划、集中投入、分批实施，是黄山区美丽乡村建设的相关工作安排，每个村庄的人居环境规划都应考虑其发展现状、区位条件、资源因素和产业优势。以耿城镇为例，因其距黄山北大门仅 2 公里，有着不可比拟的地理优势和全国发展改革试点镇、全国环境优美乡镇、全国文明村镇等特殊身份，地方政府制定"生态、休闲、绿色"定位的发展规划，不断完善基础设施和公共服务建设，实现"全域景区、打造欢乐小镇"的发展目标。

以点带面，逐一突破。沟村和饶村在建设初期并未获得老百姓充分配合，多数是抵触和怀疑态度。耿城镇采取以点到面，也就是划定一片区域即中心村，先从该片做出成果，再向四周扩散。百姓们感受到改造后的环境变化非常大，渐渐地从抵触变得观望态度，最终变成比较支持、非常迫切。以饶村为例，共有七个村民组，先期完成的美丽乡村建设涉及四个村民组，所有整改基本完成，村民满意度高，周边村民组也主动申请早日提上日程。

村民主体、激发动力。组织村委、村中党员、群众代表赴乡村建设经验更丰富的典型示范村参观学习，既能汲取先进经验，更可借助群众力量，将乡村建设的好处广而告之，将改革的歌声唱到村民的耳朵里。黄山区设立一系列优秀评比如"太平好人""美丽庭院""星级文明户""好夫妻""好子女"等，以此获得更多农村群众的支持参与。对于垃圾清理，采用环保企业承包项目、雇佣本村村民日常维护的管理机制，环保人员都是自己村的。村内环保工作包给专业公司，政府统一安排。政府通过招标遴选单位，专业公司承包整镇的垃圾清运工作，村组织定期巡查，起监督作用。基层政府统一给每家每户配发生活小垃圾桶。

留住乡愁，传承文化。沟村除整治村庄人居环境外，还通过发掘当地文化特色经济、乡村旅游等，修缮百岁坊古牌坊，新建以百岁门、百岁亭、百岁长廊、百岁井、水车等主要元素的"百岁广场"，借以找回和保护乡村历史文化。2018 年沟村围绕村中多位百岁老人举办首届"长寿文化节"；2019 年 6 月，利用古民居建成的村史馆正式开放。饶村在进行房屋改造时特别增加了历史文化和艺术设计，并在一农户拆除废屋留下的场地上,修建陶艺文化小广场,通过打造这个小广场,利用现有资源和国家优惠政策,推动人居环境改善,凸显饶村的历史文化。对于设计灵感来源,主要是自己(村委)拿主意,自己(村委)想,边学边做边创新。

产业主导,一村一品。沟村计划将老街的古房子租赁下来发展业务,如沟村的米酒、黄山烧饼以及竹笋等产业,黄山烧饼销售一年可达40万,利润可观。修缮之后,可通过与当地民宿条件好的商家合作,成立公司,共同营业,然后分红。政府不参与经营,只提供房屋和土地。

亲力亲为,坚持不懈。沟村村委全程参与乡村建设,验收前,到每家每户,揭开井盖——验收确认;为某"钉子户"接受村中房屋整治,饶村全体村委排班到该农户家中做思想工作,最终推动"钉子户"蜕变为身边的好人榜,并主动到村中弘扬道德模范精神。

二、皖南区域人居环境整治现状的多维调查

调查问卷共设置了16个问题,含1个开放题,以人居环境整治受益的直接对象——沟村、饶村村民的第一视角,获取调研地人居环境整治项目的实施情况和群众的切身感受。以一户一问卷形式进行填写,共收回问卷93份,有效问卷80份。由于两村年轻村民白天外出务工,部分问卷由调研团成员协助不识字的留守老人按照真实情况填写。本次问卷主要在两村的中心村发放,农户问卷填写率不低于90%,极少部分村户不愿接受调研采访,总数不超过5户。此外,还收到村民对人居环境整治书面建议8条,口头建议若干。主要调查数据介绍如下:

对人居环境整治工作的满意度。两村人居环境整治工作获得大多数村民的认可。调查数据显示:分别有61%和26%表示对村人居环境非常满意、比较满意,10%的人认为一般,仅有3%的人表示不满意。村民对于"一般"和"不满意"的原因归纳为:刚整治结束时卫生好、环境好,但后来有所反弹,村民环保意识不强是主要原因;附近有一家生产公司,造成周围空气质量不佳;河水水质(饶村)不佳。

两村村民对村庄"厕改"效果满意度极高,达91%,持"一般"及以下态度仅9%,主要源于改厕费用问题。整个厕改修建费用均由整改项目承担,部分村户家中厕所不在整改范围内(非旱厕),或在此之前已将自家厕所由旱厕改为水冲式马桶的村户,认为未享受村中优惠政策,因而存在不满情绪。

两村村民认为当地政府部门在人居环境整治过程中起了较好的带头作用,结果为满意(41%)、比较满意(20%)、一般(39%),较多饶村村民自愿且积极主动接受采访,并在调研过程中请求调研人员向政府、村委的帮助表示感谢。处理家庭垃圾问题的主要方式:84%的村民家中生活垃圾处理方式是随意丢到垃圾桶;会将垃圾分类后丢到垃圾桶的为15%,仅有1%的村民采用焚烧方式处理生活垃圾,没有

人随意堆放垃圾。多数村民家中生活污水都是通过污水管道排出（70%），也有部分是将污水排到街道（10%）、排到河道（10%）或排到院落自然蒸发（10%）。

村民民意反馈和建议收集。村民对于"村中是否经常举行环保宣传活动"这一问题具有较多争议，部分村民认为村中经常举行环保宣传活动（43%），认为村中此类活动仅是偶尔开展，且还有"很少"（19%）和"没有"（5%）的声音。究其原因，镇、村相关领导解释，环保每天都在宣传，可能村民们在接受此类信息时并没有意识到这是环保宣传。两村均设置有"美丽庭院"等荣誉称号、奖牌，激励群众爱护环境的自觉性和能动性；两村公共墙均绘有"民规民约"三字经；村中设有环保宣传标语、插画；政府工作人员到村民家中进行过生活垃圾处理方式的宣传工作；村中定期举行党员、先进村民会议，提倡带头作用。需要注意的是，半数以上村民认为村中已无较大环境问题，且将此问题跳过，未做选择，在填写该选项的 34 份问卷中占 42.5%，较多村户认为垃圾污染是村中最大的环境问题。

受访者普遍认为当前制约农村环境综合治理的主要问题为村民的传统生活习惯不好和环保教育不深入。问卷还对"您对村里的绿化工作满意吗？""您认为您周围人的环保意识怎么样？""您对村里的绿色经济项目满意吗？"开展调查，结果如下：两村原生生态环境较好，绿植覆盖率达 90% 以上，且集中居住区域绿化也较优秀；村民普遍认为周围人的环保意识不足（40%），相当部分村民认为自身环保意识也有待提高（37.5%）、对"绿色经济项目"了解不多（12.5%）等。

三、调研地人居环境整治中的问题及动因

基于对耿城镇饶村和沟村两村群众对当地人居环境整治工作情况的问卷调查结果分析、结合一周实践所获的多方采访资料，我们从政府层面、村民层面和社会层面三方面，梳理两村整治工作所暴露的问题，借以探究内在动因。

（一）政府层面

污水主管网改造问题。耿城镇下属村的污水排放、收集和处理方式一致，均为用户小管接入大污水管，统一运输到城区进行收集处置。而对于原来设定的目标为全村接入污水管网，并没有真正实现。由于经济花费及施工复杂程度存在的问题，整个镇只接入中心村的三四个组，还有五个组没接入，部分村民组的污水管并没有被接入；大部分农户居住较为分散，管道难以全覆盖，使得两村在污水处理方面缺乏对周边非中心村的覆盖，原因在于地方政府缺乏对村庄人口聚集程度的考虑，以及整治进度暂时只照顾到部分村民。但这种由少集多、集中处置的污水收集处理方式，实际上充分考虑了农村较城市污水产生规模小、不集中等特点，利用集中与分散相结合的建设模式，既降低了成本，又能高效率地解决农村污水处理问题。

村庄厕所革命改造问题。村中厕所改造完整度不够或验收存在漏检,还存在个别特殊情况。如个别村民家中厕所未接入管道,粪便未经处理便直接排入地底,长久淤积,担心会对地下水和土壤产生污染。经政府和群众双方反复座谈、采访取证,获知该农户家中厕所并不是在村中改厕工作时修建的,而是早在此之前自行修建。就整个村庄厕所整治而言,政府未做到完全排查。

农村危房改造问题。危房改造的流程过于复杂,农村群众教育水平较低,加之大部分为留守老人,对于相关政策不了解,更不理解,导致部分群众没能享受这部分利益保障,加之危房改造持续时间太长,对所住房屋的一些条件不满意。据某村民表示:"村里要进行(乡村)风貌整改,我们的老屋早前被划上'拆',但现在也没有给我们搞,我们家房子是老房子,危房,周围(农户的房子)都搞好了";个别群众反映改造质量差:"我们家以前也被认定为危房,就只是简简单单地把墙刷了、瓦换了,根本没有消除老房子的完全隐患问题";群众还反映存在相关补贴未及时补给情况。原有建筑进行拆除和转移,因此可能会对部分居民的财产造成一定损失,这就需要给予遭受损失的部分居民一定的补贴。同样,政府希望保留具有徽派特色的古建筑,其住户也应获得维护古建筑和搬迁重建新住房的补贴。然而,在我们做调研时,这部分村民反映,地方政府给予的部分补贴也未及时到位。

长效管理机制建设问题。耿城镇已经建立了系列长效管护措施,但管护效果不佳,导致已经出现垃圾清理不及时、村民居住周围卫生较差等问题。从人居环境整治已基本全面覆盖的沟村中心村和饶村中心村的比较可知:沟村中心村维护较饶村差;饶村农户的美丽庭院打造积极性更高、村民家中门前屋后卫生维护更好;绝大部分村民对村中卫生整改、环境美化和设施建设等乡村建设具有较高的支持和期待,但饶村村民配合度较高,积极性高,满意度更高。

环保知识普及问题。由于留守在村庄里的大部分居民文化水平程度较低,缺乏环境保护意识,地方政府进行的环境保护宣传以及环境保护专业知识的普及活动较少,导致村民缺乏环境保护意识以及专业的垃圾分类知识。

(二)村民层面

村民思想工作有待完善。就房屋整改来说,在开始阶段,由于意识的局限,大部分村民并不配合,态度也不够积极,并且对政府缺乏足够的信任,毋庸置疑,这些都是改革过程中存在的阻力;调查所在地政府根据每户需要整改的力度和改建投资,提供了部分免费改造项目和一定比例的重建、修整、维护资金补贴,但又因为群众获得的各类补贴不等,导致部分群众心理不平衡,甚至对基层政府乡村建设产生抵触情绪和行为;受传统观念的限制,部分群众家中虽新建了冲水马桶或水冲式厕所,却仍旧保留并使用旱厕。

村民生活质量有待保障。由于村庄里缺乏"留人"产业,村里可就业岗位不多、机会较少,导致居民收入来源较少、收入低,甚至白天只有留守老人的情况。

第三,村民环境保护意识有待提高。人居环境整治已大致完成,但是部分村民仍缺乏应有的保护意识,尚未建立生活污水需要处理的条件意识,还存在垃圾不倒入大桶、乱堆乱放等情况。

第四,村民传统生活习惯需要改进。部分村民认为,散养家禽可以增加营养,这样养殖的鸡下的蛋、羊产的奶都是绿色健康无公害的,这样省时省力还能节约开支。他们认为这是传统的经验养法,是固有传统,一时难以接受圈养;村中还存在部分乱扔、乱吐、乱倒情况。整治更需要村民主体意识和行为支持才能保持效果,思想转变工作刻不容缓。

(三) 社会层面

基础设施配套还待完善。基础设施配套和特色产业的发展是乡村规划和美丽乡村建设的重要内容,然而沟村和饶村在此方面还有很大发展空间。乡村交通不便,村中公共娱乐设施荒废且缺乏,农村文化建设、助力旅游发展的基础设施还待完善,解决产业发展和农民收入问题才是调研地村民是否愿意留在村里继续发展的重点。地方政府正在为农业产业链而努力建设,想通过推动乡村旅游、文化产业融合来实现引导特色产业发展,但在应用中我们发现了一些问题。例如地方政府将相关大型项目承包给一些社会组织,因此这些社会组织如同第三方,在农户和地方政府之间起着承接作用,但在社会组织承包工程时,存在中间承包户工程实施不到位的情况。村庄的垃圾处理由政府交给中间承包商处理,而中间承包商对部分垃圾存在处理不及时的情况;另外,由于缺乏专业技术,没有对垃圾进行重新利用以节约资源和保护环境,政府对社会组织的利用也不够深入。

特色产业尚未定型。对于解决就业方面,地方政府引进的农业合作社等,仅仅提供体力劳动工作,而不是提供技术、教导村民如何运营管理一项新的产业,比引导村户学习技术管理层面的知识,更有助于当地经济的持续发展,这些都要求社会资源的投入和利用;对于沟村开发的竹林并未做到充分利用,它不只是一个光靠林业增加当地收入的一个林场,还应该利用独有的地理条件作为一个景点,而了解到的现状却是限制游客进入参观。若今后北大门敞开成为进入黄山的另一途径,山脚下的村落占据得天独厚的地理位置,却缺乏接待能力,难免会因处理不好大量游客的涌入,而对当地环境造成不可承载的破坏。

集体收入微薄。企业、社会组织到当地进行经济活动,对两村是一个极好的促进作用,但目前存在与社会组织的合作模式单一且被动,无法从根本上解决两村经济收入微薄的问题。饶村现已有一些综合开发项目,如"十园二村",其中玫瑰园等为该村解决了很大的就业问题,谭家大院也为村中带来不少收入和旅游热度。另外,沟村亦有类似的社会组织进行项目开发,但形式也多数是以转让土地使用权为主。据采访资料（饶村）："十园是一个总项目区，有玫瑰园、茶花园、明目园，还有后海风情园、虎林园等，玫瑰园属于农户土地流转，项目区都是落在饶村。'两村一院'，两村一个是北墅新村，还有一个就是饶村新村，一院就是谭家大院。""特别是对辅助劳力像妇女在家里不到外边打工的，在劳动力安置方面是一个很大的就业门路。特别要值得一提的，就是玫瑰园。玫瑰园有几百亩，用工除草和管理，每年至少要有两百多人，开花的季节用工量更大……除草管理等一些用工都是常年的。"

四、皖南区域人居环境整治的对策优化

（一）政府层面

人与自然和谐发展现代化建设，是美丽乡村建设提出的新要求，在此，我们调研的沟村和饶村都在朝着这个方向进行一系列的改造和管理，响应国家政策和民众呼声，以期达到乡村振兴之生态宜居、乡风文明、治理有效等目标。从改造实施的范围来看，以耿城镇为例，想要实现全镇整村全覆盖还需要更多时间和精力；从改造持续的时间长度来看，以两村为例，至两村中心村改造基本完成，改造时间比较短，两村皆有不同程度的反弹。这些都体现出政府在一些问题的处理上不够及时和深入，凸显两个调研村的人居环境改造还有进步空间。

上级政府。第一，整体规划到位。注重长效管护机制的制定和完善，因地制宜制定适合该地区的农村人居环境整治规划，要根据所在地真实现状和未来发展定位进行科学编制，切忌照搬照抄；项目实施前确定工作规模和资金核算；建立长远有效的管护机制；做好相关宣传工作，建立一定的项目影响力。第二，资金投入到位。确保财政资金充足，根据农村人居环境整治需求，将用于完善设施和建立运营机制的基础资金留出一定的宽松资金，同时加强资金使用监督与审计；创新融资机制、政策支持和鼓励各类企业和社会组织积极参与到整治项目、规范 PPP 模式的同时，为农村建设寻求更多元化的资金来源和合作机制；农村人居环境整治三年并不是一个限期，而应成为一项长期坚持的民生工作。第三，强化领导职责。中央层面要强化组织领导，并设立相应的领导小组确保项目的日常工作。省、市、县成立相应领导小组及办公室，并确保工作的协调性。要考虑部门的联动性，明确各方职责，确保工作效率。

基层政府。第一，落实政策到位。村庄整治需要合理的政策引导，也需要基层政府落实政策到位，以使整治规划能够顺利实施。建议采用法律、行政、经济等手段，以保障政策的落实，鼓励村中党员、先进代表带动广大村民制定村规民约，提高群众遵守规则的自觉性；奖惩并施，对积极配合政府工作、表现优秀的村民给予一定奖励，以带动村民的积极性，同时根据实际情况对严重妨碍工作和不

良行为的群众进行批评通报或对其实施一定的惩罚措施；充分发扬镇政府、村两委的带头作用，定期进行检查督办工作、召开整治建设专题会，整治建设中出现的有关问题，并重视群众的反馈和建议；创建乡村规划整治线上栏目，用于宣传美丽乡村建设知识，并可通过定期对乡村整治方式改革、好人好事等内容的报道和赞扬，设立群众监督渠道，让村民感受在人居环境整治中的主人翁地位；根据整治规划，合理、灵活地进行项目资金整合，争取充分考虑和利用社会资源以为整治工作提供更多资金保障。第二，完善工作机制。健全政府投入机制和督查考核机制，发挥政府特有的动员组织优势和投资撬动作用，推动村庄清洁行动常态化、制度化、持续化，采用创新式的资金支持，以提高资金使用效率，建立更加合理的考核评价和监督制度。积极挖掘社会企业和内外乡贤资源，通过合作交流争取多赢局面。第三，强化宣传力度。通过各方媒体平台，开展形式多变的宣传活动，提高群众对农村人居环境整治工作的认知水平和更新其接受信息的方式，引导群众转变不良生活习惯；村中设置一些趣味环保宣传标语，做到春风化雨、润物无声；从中小学生入手，引导其成为家庭环保宣传员；利用优越的地理位置，加大对外宣传力度，以黄山北大门为营销点，借助黄山"打开北大门"优越的地理优势，蓄力发展旅游经济，做好内外宣传工作，争取打出品牌效应，吸引更多全国各地的游客慕名而至。

（二）村民层面

提高文化素质。部分村民自身文化水平限制，对一些政策内容和获取优惠的流程等难以理解，加之两村还存在部分孤寡、低受教水平等情况，建议村中安排专门人员帮助此类群众解决疑惑。发挥家庭宣传作用。进一步发挥村民主体作用，对家中读书的小孩、年轻人进行精神文明教育，培养出一批行为文明的先进村民，再通过家庭影响逐渐改变老一辈人的旧习。提高村民文明环保意识，多开展农村精神文明建设活动，如"文明月""村庄清扫""卫生评比"等，以督促、鼓励村民们讲卫生、树新风；发挥优秀代表作用，呼吁村中党员、先进村民以身作则，宣传乡村建设，并带头搞好自家庭院的整治建设工作。

（三）社会层面

第一，发掘特色产业。通过土地流转的方式，集中土地联合开发、经营的经济形式。培养一批懂技术、善经营的新农民，通过社会组织联合培养和职校培训等方式提高农民技能素质，让农民靠自己也能富起来！积极发展"互联网+乡村旅游"项目，充分利用地域优势发展乡村旅游业，将特有的自然景观加之乡村特色产品等与互联网结合，促进乡村产业发展。第二，加快技术革新。加快已有技术的推广应用，促使整治工作事半功倍，对现已存在的成熟技术和设备应酌情考虑利用；加快污水处理新技术的研发，健全垃圾分类制度和增强其适应性；创新并选择适合农村生活污水处理、垃圾处理、厕所改革所需的技术,并充分考虑经济因素。第三,勇当桥梁纽带。呼吁更多社会组织前往黄山区进行项目投资合作,助力当地利用林产品、果产品、蔬菜园艺产品等特色产业,在黄山旅游风景区北门的核心村发展乡村旅游,进一步改造升级村中已有的农家乐和特色民宿,发展乡村休闲产业,助推经济多样化发展。

作者:刘莉 秦融 孙昕

新时代基层党建推动乡村产业振兴的
经验梳理及推广路径

——以金寨花石乡和桃岭乡为视角

产业兴则乡村兴,产业强则村民富。报告聚焦著名革命老区、"两源两地"金寨县花石乡大湾村和桃岭乡高湾村,探析乡村产业振兴中基层党建的领航作用,结合文献梳理、实地调研、问卷调查、深度访谈等多种方法,梳理革命老区在产业振兴中的普遍性问题,提出在实现乡村产业振兴中如何发挥基层党支部的战斗堡垒和支部书记的内引外联作用,通过培育龙头地标企业和产业带头人的示范引领,最终形成产业集群发展的"五好模式",并以"两个代表+两个书记+两种人才"的体系来输出模式。通过彰显区域名片效应、讲好党建+产业故事、协同打造产业振兴典型、营造产业振兴品牌效应及推动校地企持续合作,妥善利用互联网+电商平台,全面推动以金寨"五好模式"为特征的产业振兴经验在全国类似老区的应用。

一、调研概述

(一)选题背景

习近平总书记在党的二十大报告中指出,"全面建设社会主义现代化国家,最艰巨最繁重的任务仍然在农村。坚持农业农村优先发展,坚持城乡融合发展,畅通城乡要素流动。加快建设农业强国,扎实推动乡村产业、人才、文化、生态、组织振兴。"①"坚持大抓基层的鲜明导向,抓党建促乡村振兴,加强城市社区党建工作,推进以党建引领基层治理,持续整顿软弱涣散基层党组织,把基层党组织建设成为有

基金项目:国家大学生创新实验计划项目《红色文化融入新时代乡风文明建设路径研究》(G202110359109),该文曾获评 2021 年第十七届全国大学生"挑战杯"课外学术科技作品竞赛红色专项省级一等奖和 2022 年安徽省首届乡村振兴创新创业大赛一等奖。

① 习近平．高举中国特色社会主义伟大旗帜　为全面建设社会主义现代化国家而团结奋斗[M]．北京:人民出版社,2022:30－31.

效实现党的领导的坚强战斗堡垒。"2021 年 3 月 5 日,习近平总书记在参加内蒙古代表团审议时强调,"脱贫摘帽不是终点,而是新生活、新奋斗的起点。"①乡村振兴成为脱贫攻坚后乡村持续发展的重要方向,在乡村五大振兴中,产业振兴为物质基础,人才振兴为关键因素,组织振兴是保障条件。

乡村振兴战略最根本的是产业要兴旺,关键环节是产业振兴。没有产业支持,乡村振兴便如无源之水、无本之木。全面实施乡村振兴战略,其深度、广度、难度均不亚于脱贫攻坚。产业不是一朝一夕就能建立起来的,乡村振兴也不是能一蹴而就的。前路漫漫,道阻且长,要全面实现乡村振兴,我们仍须澄思寂虑、身体力行。探求革命老区如何实现产业发展、产业振兴,通过基层党建推动乡村产业振兴是报告的关注焦点。

(二)研究意义

理论价值。乡村兴则国家兴,乡村衰则国家衰;民族要复兴,乡村必振兴。乡村振兴战略是建设中国现代化经济体系的重要基础,是健全现代社会治理格局的固本之策,是实现全体人民共同富裕的必然选择②。研究基层党建推动乡村产业振兴大有裨益。调研团队将大湾村和高湾村实现产业发展的经验提炼为"五好模式",是理论上的一次尝试,丰富了基层党建的研究内涵,更为乡村产业振兴探寻一种较具普遍意义的典型样本,力求在全国类似地区应用推广。

实践价值。当前,我国乡村地区基础差、底子薄、发展滞后的状况尚未根本改变,人民日益增长的美好生活需要和不平衡不充分的发展之间的矛盾仍很突出,我国仍处于并将长期处于社会主义初级阶段的特征,很大程度上也表现在乡村。因此,实施乡村振兴战略,是解决新时代我国社会主要矛盾、实现"两个一百年"奋斗目标和中华民族伟大复兴中国梦的必然要求。研究团队在深度调研基础上,提炼出"好的党支部战斗堡垒、好的支部书记内引外联、好的龙头地标企业带动、好的产业带头人示范引领和好的乡村产业群聚集发展"的"五好模式",并以"两个代表+两个书记+两种人才"的体系来输出模式,构建现代农业产业体系,实现三个产业深度融合发展,推动乡村产业振兴进程,不断提升农民的获得感、幸福感、安全感。

(三)研究思路

本次调研通过文献梳理、实地调研、群众座谈、人物专访、问卷调查等多种方

---

① 习近平在参加内蒙古代表团审议时强调　完整准确全面贯彻新发展理念　铸牢中华民族共同体意识[N].人民日报,2021－03－06(01).

② 邓远建,汤彪,屈志光.农业经济"双循环"新发展格局的内在逻辑与实现路径[J].西北农林科技大学学报(社会科学版),2022,22(01):106－114.

式,探寻金寨县大湾村和高湾村实现产业发展的路径和措施,分析基层党建在产业发展中的引领作用,挖掘当前产业振兴中的重难点问题,对调研地产业发展的宝贵经验挖掘阐释,设计出现实可行的方案,凸显革命老区红色基因助推产业振兴的典型意义。

（四）研究方法

文献梳理法。研究团队搜集了大量相关文献资料,并将其与实地调研访谈结果进行比对整合,以更加深入全面的分析基层党建状况及其对乡村振兴的引领带头作用。图1为调研团队成员与大湾村第一书记余静（右三）开展深度访谈。

图1　调研团队成员与大湾村第一书记余静（右三）深度访谈

实地调研与深度访谈法。研究团队以金寨县大湾村和高湾村为主要调研地,先后走访了中共金寨县委党史和地方志研究室、金寨县新时代文明实践中心、追梦路上的大湾村陈列室、高湾村党群服务中心、金寨四季春茶叶合作社等单位,围绕课题,分别于2020年9月,2021年2月、3月、7月,2022年1月及2023年3月,六次开展实地调研交流,团队与桃岭乡党委副书记、乡长徐超,高湾村书记杜鹏,东冲村书记傅贤悦,全国首批农业示范合作社——"金寨四季春茶叶合作社"理事长,全国劳动模范、全国人大代表陈先志,以及大湾村驻村第一书记、"全国脱贫攻坚先进个人""中国好人""全国诚信之星"余静,大湾村党总支书记何家枝,村委会副主任汪建国,大湾村有机茶厂主要负责人汪达海、深度脱贫户陈泽申等人,就课题开展深度交流,了解基层党支部在实现当地产业振兴过程中的持续谋划、不懈推进及实际成效。

数据梳理法。调研团队在大湾村、高湾村等地,以随机方式进行问卷调查,有效收回 133 份,并将数据进行比对处理,透析调研地基层党建对当地产业发展所起的引领作用。

二、现状梳理及问题分析

(一)重点调研地乡村产业现状

花石乡大湾村现状——红旗助推产业兴。近年来,大湾村党支部围绕产业振兴目标,因地制宜,开发旅游资源。积极引进茶业公司投资,实施旅游民宿、漂流项目建设、发展乡村旅游的绿色发展新路。短短五年,大湾村依靠产业发展实现脱贫,村民住进了新房子、吃上了"旅游饭"、做起了采茶工,而环境也越来越美,"山上种茶,家中迎客,红绿结合"的振兴发展道路越走越广。大湾村正在朱湾组新建一座特色产业发展中心,集加工体验、展销、直播等功能于一体,总建筑面积达到 2051 平方米,于 2022 年底投入使用,大湾村的农产品从这里持续走向全国各地。近年来,大湾村相继获评"中国特色村""中国乡村旅游重点村""中国最美休闲乡村"。2021 年 2 月和 6 月,金寨县花石乡大湾村相继荣获"全国脱贫攻坚楷模"和全国先进基层党组织等标志性荣誉。

桃岭乡高湾村现状——雏鹰助推市场旺。在高湾村支部书记杜鹏的带头下,高湾村经常开展集中学习活动,进一步加深对习近平新时代中国特色社会主义思想的感悟和老区红色文化和革命精神的学习,为产业振兴提供了广阔视野。同时依托"智慧党建"打造"党建云"平台,推动党建信息化建设与产业振兴深度融合,凸显"雏雁"干部队伍的一线作为,以及很多像杜鹏书记那样的年轻党员干部的担当。通过村党支部谋划,在产业集聚效应下,高湾村以茶、蚕、猪、羊四个产业为主要发展方向,打造生态农业,形成四季春茶叶、大别山油茶、陈湾猕猴桃、木木家庭农场、黑毛猪饲养场、欣畅服装辅料加工厂等产业基地,包括规模养猪场 5 个、大型蚕桑基地 1 个。同时通过村集体参股形式壮大集体经济,仅 2020 年就实现村集体收入 127 万元。

全国示范合作社——党旗引领致富路。四季春茶叶专业合作社,是由陈先志等 20 名种茶大户成立的金寨县第一家农民合作经济组织。合作社实施茶、果种植加生态旅游的发展模式,带动金寨西部山区农村经济快速发展。成立合作社党支部,在支部领导下实施"转变、拓展、提升"三大步骤,快速转变山区农民意识,从而"迈出了传统农业、走进了智慧农业、建设了生态农业"。自合作社成立以来,仅最初的 2008 年至 2010 年三年就共计流转荒山 9130 亩,实施开荒保林、茶林共生、种养结合、产旅互助、光农互补的多项产业一体化发展的万亩良种茶园示范基地。图 2 为全国人大代表陈先志(右二)带领调研团队调研万亩茶山。

图2　全国人大代表、全国劳动模范陈先志(右二)带领调研团队参观万亩茶山

（二）调查问卷数据分析

2021年2月、3月、7月及2022年2月和2023年3月,研究团队数次前往金寨县高湾村和大湾村开展深度调研和实践,通过随机形式,向当地村民发放"新时代基层党建引领农村产业振兴的问卷调查",下发问卷150份,其中有效填写人数为139人,有效率为92.67%。

1. 调查对象基本情况

第一,受访者年龄结构。受访人员覆盖各个年龄层,主要集中在45～60岁(36%),其后依次为35～45岁(25%)、25～30岁(20%)、18～25岁(12%)、60岁以上(6%)和18岁以下(1%)。由于问卷实践在春节前后进行,年龄在60岁以下的受访人数占总人数的94%,以中青年人群为主,他们对于新时代产业振兴的调查主题有较为清晰的了解,意见较为客观。第二,受访者学历结构。受访人员,以"中小学"(40%)占比最高,其后依次是"大专"(28%)、"高中"(22%)、"本科"(9%)和"硕士"(1%)。高中及以上学历受访者占60%,整体受教育程度良好,对于基层党建引领乡村产业振兴也有独立认知。

2. 最关心的乡村产业振兴问题

第一,村民最关心的乡村产业振兴内容,依次是"农村增收"(91.73%)、"基础设施建设"(71.43%)、"就业安置于社会保障"(69.17%)、"户籍、土地制度改革"(46.62%)、"拆迁安置"(44.36%)和"工作服务均等化"(43.61%),显示出受访者在收入、生活居住环境和就业方面的真实需求。第二,年轻人不愿返乡创业的原因,依次是"城市机会更多,待遇更好"(68.42%)、"缺乏专业技能"(57.14%)、

"政府政策落实不到位"(38.35%)、"家乡创业环境较差"(36.84%)、"宣传不到位"(31.58%)和其他(9.77%),说明在农业农村人才、劳动力培养上,缺乏针对性培养模式,并受制于农村单一生产方式、收入不高,因而参与产业振兴的积极性不高。第三,乡村产业振兴的主要渠道,依次是"党员干部组织领导"(81.20%)、"国家政策引导"(80.45%)、"政府项目资金支持"(74.44%)、"村民自身努力"(69.17%)和"多渠道招商引资"(68.42%),显示村民认同党员干部组织、国家政策支持引导是产业振兴的主要依靠;凸显村民高度认可党员干部在产业振兴中的重要作用,关心作为头雁的基层党支部能否担负起乡村产业振兴大业,考验党员干部的组织领导力。

3. 党支部对产业振兴的引领作用

第一,乡村产业振兴中党员的作用。受访者中,高达66%的受访者认为党员在乡村产业振兴中发挥非常重要的作用,其后依次是"比较重要"(23%)、"一般"(9%),仅有2%的受访者认为"不够重要"。第二,乡村产业振兴中基层党组织发挥的作用。高达73%的受访者认为基层党组织在乡村产业振兴中发挥着"非常重要"的作用,其后依次是比较重要(20%)、"一般"(5%)、"不够重要"(2%),说明基层党组织始终发挥着总揽全局、协调各方的作用,为人民群众所信赖和支持,成为乡村产业振兴的坚强核心。

4. 乡村产业振兴的效应分析

第一,乡村产业振兴给乡村发展带来的变化。"变化非常大"被选择最多(59%),其后依次是"变化较大"(33%)、"变化一般"(7%)、"变化较少"(1%),说明绝大多数村民在乡村产业振兴中都感受到了改变,获得实实在在的实惠。第二,乡村振兴的效果分析。高达92%的受访者认为产业振兴推动乡村发生巨大变化,具体体现在"乡村公共设施完善"(87.22%)、"村民的精神面貌发生改变、居住条件改善"(77.44%)、"农民收入稳步增加"(73.68%)、"医疗卫生水平大大提高"(66.17%)、"土地利用率显著提高"(54.89%)和"其他"(14.29%)。乡村产业发展能提升农村地区收入水平、医疗卫生和公共服务水平,让村民有更多信心参与乡村产业建设。正如大湾村能人大户汪达海与团队座谈时所说:"正是产业发展让农民有了盼头,乡村精神面貌也发生了很大改变。"

(三)革命老区乡村产业振兴面临的主要挑战

党支部产业统筹力不足。受制于资源、能力的短板,村党支部在谋划产业布局、推进乡村产业发展中,除面临引领力不足外,在人员、资金等多方面也受到制约,凸显谋划乡村产业发展主要依靠政策支持、"输血式"扶持。

缺乏龙头企业牵引带动。目前的乡村产业同质化竞争严重,特色不明显,产业发展尚未形成核心竞争力。产业链条较短,前后延伸不足,一二三产业布局不协调,上下游不能衔接,导致附加值低,无法提供更多就业岗位,难以真正提升乡村的潜力与活力,产品销售半径非常有限。①

专业人才瓶颈制约产业发展。乡村产业面临用人难问题,特别是缺少全身心投入乡村产业建设的专门管理与技术人才。多数留守村民受教育程度较低,对相关政策理解不到位,对于土地流转意义认识不足,拒绝参与规模化经营,阻碍土地流转进程,进而影响乡村产业集约化推进。

产业现代转型面临持续困窘。目前乡村产业多为劳动密集型产业,亟须解决向现代产业转型问题,劳动效率低,拖慢产业振兴进程,而产业现代化需要政策、技术、人才等多方面支持,如何统筹各方实行革新,推动产业转型,全面向新产业迈进,成为乡村产业振兴的巨大挑战。

三、基层党建推动农村产业振兴的经验梳理:五好模式

(一)好的党支部战斗堡垒

党支部是基层战斗堡垒。基层党组织是党的"毛细血管",事关党的路线、方针、政策和各项工作部署落地。在产业振兴中,村党支部要主动作为,充分发挥核心作用,切实担负乡村振兴重任。原来的高湾村和大湾村由于各种条件的限制,产业单一、配套设施不完善,村民收入有限,如今发生翻天覆地的改变。高湾村和大湾村的跨越式发展,正是新时代基层党建引领产业振兴的缩影,显然离不开村党支部的引领作用。

"雏雁"计划让高湾村党支部实现干部队伍的年轻化、知识化,为产业振兴奠定人才基础。通过严格选拔、正向激励和一线重用,培育一批引得进、留得住、顶的上、靠得住的"雏雁"队伍,为农村工作继往开来、薪火相传提供重要保障。年轻有为的村党支部积极发动新型经营主体,成立产业合作社,推动有机农业发展,实现产业振兴、硕果累累,为村内产业发展、农民增收提供有力支撑。

大湾村在第一书记余静和村党总支书记何家枝的带领下,更拥有一支非常优秀的干部队伍。大湾党总支与振兴工作队拧成一股绳,让每个党员发光发热,冲在最前面,从联系群众,到精准帮扶,一户户地解决遇到的问题,把精准二字落到实处,余静、何家枝作为带头人冲在前,以实际行动诠释初心与使命。党支部代表基层单位的全局利益和长远利益,能超脱于各种利益关系之上,驾驭全局,带领村民主动投入乡村产业振兴。

(二)好的支部书记内引外联

支部书记是村党组织的主要负责人,在农村产业振兴过程中,党支部又是处于

---

① 娄永飞.推动乡村振兴金融创新示范区发展研究[J].北方金融,2022(02):61-65.

村集体经济发展的领导地位,支部书记起着承上启下的关键作用。支部书记要主动担当作为,在建强基层组织、提升治理水平等方面多下功夫,共同推动农村产业振兴。

高湾村杜鹏书记是一名90后村党支部书记,在他的带领下,该村拥有一支平均年龄为30岁以下的支部队伍,新鲜血液为高湾村带来思想上的提升,他谋划产业布局、挖掘本村人才、环境资源,推进高湾生态有机农业的产业化、规模化发展。2023年初,杜鹏书记获评全省"皖美村支书"。

支部书记要在谋事干事上发挥先锋模范作用,积极做给群众看,主动带着群众干,想方设法把集体资源整合起来,把村集体经济发展起来,让农民的腰包鼓起来。金寨县四季春茶叶专业合作社理事长、党支部书记陈先志,充分利用家门口悬剑山的野茶资源,创建合作社,做好扶贫与农村产业振兴有效衔接,并一马当先地建立合作社党支部,采取支部联村、支委联片、党员联户方式,既增加合作社自身的凝聚力,更发展联系群众,促进茶产业扩展和村级经济进步,发挥更好社会效益和生态效益,让更多乡民共享改革发展成果。

(三)好的龙头地标企业带动

核心企业在产业振兴中有着极重要的带动作用。全国劳模陈先志的四季春茶合作社坚持五大方针对策,在保障企业实现经济效益、带领村民脱贫致富的同时,带动资源、经济参与乡村产业振兴:第一,高效农业、惠民兴社,改造有机茶园2450亩,实现四季采茶;第二,创新科技培训,与现代农业相融合,提高市场适应力与风险抵御力,实现农产品附加值最大化;第三,加强组织建设,培养政治思想高的年轻党员,助力产业转型升级;第四,坚持"走出去、引进来"相结合,通过实施转变、提升、拓展三大战略,拓展新市场,把茶园基地区域农民的荒山流转给葛洲坝公司发展光伏产业,引进农魂公司发展养殖产业,引进台湾商家来合作社加工秋茶等;第五,注重社会效益,为欠富裕社员解决建房资金,提供就业岗位,反馈社会。

大湾村曾被评为中国最美乡村,在国家精准扶贫和乡村振兴政策的指引下,从落后、闭塞走向兴旺、美丽,山村面貌发生翻天覆地的变化。依托红色文化、马鬃岭、帽顶山自然风景区等文化、生态资源,以综合旅游业为龙头产业,打造特色旅游名片,拓展乡村旅游内涵,完善基础设施建设。仅2020年就吸纳各地游客观光旅游30万余人次,实现旅游经济效益3000万余元。同时,引智、引技相结合,引进文化旅游企业,开发旅游资源。如大湾村漂流于2019年开发完成,就已经取得了较大的知名度。

正是依托现有资源,大力发展的有机茶产业和综合旅游业,助推高湾村和大湾在乡村振兴中走出了特色发展之路。在好的地标龙头企业带领下,多种产业共同发展,有效地提高农民生产的抗风险能力,构建现代产业体系,促进乡村产业振兴。

（四）好的产业带头人示范引领

乡村产业振兴离不开好的产业带头人。高湾村的全国劳模陈先志在2003年充分利用本地山区野生茶资源,办起了茶叶加工厂,并在2007年9月带领几户茶农成立金寨县第一家农民合作经济组织。而后,他又提出注册"沐芽"商标、创新管理机制,实行责权分明,合法走进一批、示范一批、带动一批。同时筹集资金,投入大量人力物力,组织社员到外地实地考察学习,聘请专家理论宣讲,带动本地茶农800多人参与培训,增强农民创新意识,发展生态有机茶叶种植。四季春茶叶合作社带动其他产业的发展,乡村产业振兴稳步向前。把万亩茶园发展为茶叶和果树种植业、生态体验旅游业为一体的综合产业,为农村引进人才、留住人才。

大湾村依靠发展"山上种茶、家中迎客"特色产业。汪达海是大湾村最早一批开始种茶卖茶的人,当时大湾茶叶等特色产业还不成规模。在他的带领下,大湾村加大力度发展特色产业,培育茶叶品牌,茶产业迎来发展契机。汪达海不失时机办起茶叶加工厂,带动村民进行规模化、标准化、优质化、科学化、可持续化发展,让优质"高山茶"远销国内外,提高茶叶品牌效应。不断加大安徽蝠牌生态茶业股份有限公司与村办茶厂合作力度,大湾村已建成1500亩高标准密植茶园和占地6000平方米的茶厂。

（五）好的乡村产业群遍地开花

近年来,高湾村紧紧围绕"产业强村、招商兴村、旅游富村"的发展思路,大力发展茶产业,建立万亩优质生态茶园,积极配合引进葛洲坝集团100兆瓦光伏发电项目,全面实施悬剑山旅游开发建设,并建立养蚕合作社、筹划建设黑毛猪和绵羊合作社,用革命老区、生态乡村品牌,将农产品通过产业化、信息化方式推向全省、全国,使得以茶、蚕、猪、羊四大产业为基础的高湾村,实现产业化发展,推动乡村产业振兴。村"两委"还积极推动村集体事业,挖掘红色文化、好人文化,将特色农业与加工制造业、旅游服务业整合,打造独具特色的产业群,为建设美丽"幸福高湾"鼓劲加油。

大湾村因地制宜,以红色精神、茶文化、绿色生态为主题,推出旅游名片,打造百里文化长廊,建立龙头企业+农户的产业发展模式,发展茶叶、中药材等特色农业,做大做强村集体经济。"大湾红"品牌茶的畅销,让村民在家门口实现创业、就业、致富,在打造美丽乡村、建成兴旺大湾的道路上迈出坚实步伐。

（六）"两个代表+两个书记+两种人才"的体系输出模式

金寨县大湾村和高湾村的产业振兴中充分彰显了人才振兴的强大助推作用,涌现出了以余静、何家枝、陈先志、杜鹏、汪达海、陈泽申等为代表的乡村振兴人才典范,他们在各自的岗位上发光发热,以点滴星火燃起乡村振兴的燎原之势,身体力行地诠释了金寨"五好模式"的科学性与可行性。

1. 两个代表，榜样领航

（1）中共十九大代表、中共二十大代表——大湾村驻村第一书记余静

"只要大湾村一户不脱贫，我坚决不撤岗！"2016 年，余静曾向习近平总书记许下庄严承诺，誓明自己扎根大湾基层的决心。

余静是金寨县花石乡大湾村党总支第一书记、驻村工作队队长，主动申请奋战脱贫攻坚一线，带领大湾村全面完成脱贫攻坚任务，用实际行动诠释驻村干部的责任担当，用苦干实干履行共产党员的铿锵诺言，带领工作队和村"两委"如期完成脱贫任务，把昔日贫困落后的大湾村打造成"中国特色村""全国乡村旅游重点村""中国美丽休闲乡村""国家级生态文化村"。大湾村及其党总支先后荣获"全国脱贫攻坚楷模"和"全国先进基层党组织"称号，余静本人被评为全国脱贫攻坚先进个人，全国"诚信之星"、全国道德模范提名奖、"中国好人"等荣誉称号，并连续当选党的十九大、二十大代表，第十四届全国政协、农业和农村委员会委员及中国共产党安徽省第十二届委员会候补委员。

大湾村种茶历史悠久，是"六安瓜片"的黄金产区。余静带着村"两委"发动村民改造提升老茶园，新建标准化茶叶基地，并争取扶贫资金建起大湾茶厂。紧接着，她又带领大家探索实行"公司+基地+农户"发展方式，引进龙头茶叶企业，引导村民以茶园入股、劳务参与等方式，做好茶叶深加工文章，带动群众户均收入不断增加。余静利用山区山场面积大的优势，采取"专业合作社+养殖大户+贫困户"模式，引导贫困户发展黄牛、山羊、黑毛猪、土鸡等特色养殖。同时，依托大湾村境内马鬃岭自然保护区丰富绿色资源和红 11 军 32 师驻地旧址等红色遗迹，发展乡村旅游，让村民吃上"旅游饭"。做大茶产业、做强种业、做旺旅游业……

乡村振兴，产业兴旺是关键。经过多次"头脑风暴"和外出考察取经，余静和村"两委"确定了"山上种茶、家中迎客、红绿结合"的发展思路，并制定了振兴路线图和旅游规划图。大力引进旅游企业，打造漂流河道，带动建设精品民宿群、农家乐……仅 2021 年就吸引各地游客 35 万人次，实现旅游经济效益 2000 余万元。回望刚刚开始发展旅游产业时，村民心存疑虑，余静就一遍遍上门耐心进行解释宣传。2021 年，作为第七批选派干部，余静任期已满，但她却选择再次申请继续留任，选择与大湾村村民一起续写美丽大湾的蝶变故事。2023 年 6 月，余静再次收获殊荣，当选为共青团第十九届中央常务委员会委员，共青团中央书记处书记（兼职）。

（2）第十三届全国人民代表大会代表——金寨县四季春茶叶专业合作社理事长陈先志

他是来自安徽省六安市金寨县桃岭乡高湾村长岭组的一位农民代表，面对偏

僻贫穷的山村现状,他不退缩、敢创新、真干事,带领乡亲成立金寨县第一家农民专业合作社,把万亩荒山变成茶山花海,为村民铺就一条致富茶路。他不仅自己致富,还帮助全村人脱贫,住上劳模农庄,过上幸福生活。他就是全国人大代表、安徽省金寨县四季春茶叶专业合作社理事长、党支部书记陈先志。

2007年,桃岭乡高湾村村民陈先志带领本村几位农民成立了金寨县第一家农民合作经济组织,通过流转山地,广泛地种茶苗,建成近万亩生态有机茶园基地,引进3条先进的茶叶生产线,并开通了电子商务营销网络。在实施过程中,主要是开荒保林、良种栽植、梯茶坡林、茶林共生、区域林地保留,保持生态建园,即集约水土又节约用地。通过十几年实施降本、提质、增效工程,良种茶树与多种植被共生,自然形成独特沐芽产品优质原料。产品注册了"沐芽"品牌商标,SC认证、有机产品认证、绿色产品认证,大大提升了产品质量带来的附加值,产品荣获"安徽十大创新品牌名茶"。

一位农民劳模,利用一片荒山,种上一片叶子,发展了一个产业,带动了一方经济,为当地农民创造了就业条件和创业环境,使这一地区贫困群体从输血式扶贫变为造血式产业持续发展。2015年,陈先志光荣的被评为全国劳动模范称号,随后以"劳模+基地+农户+市场"的发展模式,大力发展茶产业,助推产业扶贫。同时,吸纳59名劳动力在基地长期从事管护工作,其中29名贫困劳动力实现茶园就业,让园区内偏远、贫困、危房的24户群众享受宅改,入住劳模农庄,产业兴旺留下了人,留住人再发展产业,为山区乡村产业振兴打好了坚实基础,让更多人共享发展成果。陈先志劳模的感人事迹,在当地激励了一批批年轻人返乡参与乡村振兴,到农村广阔天地干事创业,促进地方经济,带动群众致富。

2. 两个书记,统筹兼顾

(1)大湾村党总支书记——何家枝

大湾村曾是大别山革命老区重点贫困村之一,地处高寒山区,2014年全村贫困发生率达29.12%,建档立卡贫困户242户,707人。2016年4月24日,习近平总书记来到大湾村考察脱贫攻坚工作,语重心长地嘱咐道:"全面建成小康社会,一个不能少,特别是不能忘了老区,老区人民养育了我们。"面对艰巨的脱贫攻坚任务,面对习近平总书记殷切的嘱托,何家枝满怀激情,主动担当。2017年1月18日,她毅然放弃了工作8年的乡综治办工作,回到大湾村,担任大湾村党总支书记。何家枝带领全村上下齐心协力,严格按照"两不愁三保障"的标准,坚持因户因人精准施策。为因缺技术缺劳力而致贫的陈泽平申报公益性岗位,并积极开展种植茶叶、中药材等培训;为住房条件较差的陈泽申申请享受易地扶贫搬迁政策,还帮助解决其孙子上学和就业等问题;积极申请光伏发电项目,安排土地流转……

金寨县是中国革命的重要策源地、人民军队的重要发源地,红色资源积淀深厚。何家枝带领乡亲们因地制宜,发挥自然资源优势,深挖境内红色文化资源,民宿文化资源,生态资源,将汪家大湾、汪家祠堂、大王庙与十二檀等景点打包申报4A景区,同时引进鸿源集团公司开发民宿旅游,正式开放营业十里漂流,仅2020年就吸引各地游客观光旅游30万余人次,实现旅游经济效益3000余万元。2020年,大湾村被农业农村部办公厅公布为中国美丽休闲乡村。"山上种茶,家中迎客",大湾村走上了一条红绿结合、茶旅融合的发展道路,老百姓腰包开始鼓起来了,日子真正红火起来了。

"苔花如米小,也学牡丹开。"在2020年全国脱贫攻坚总结表彰大会上,金寨县花石乡大湾村荣获"全国脱贫攻坚楷模"荣誉称号,何家枝代表大湾村接受表彰。一回到家乡,何家枝就立即向乡亲们传达会议精神,探讨发展思路,全力推进巩固拓展脱贫攻坚成果同乡村振兴的有效衔接,共谋幸福生活。

(2)高湾村党支部书记——杜鹏

2017年3月份,年轻的杜鹏到高湾村任职,2018年9月,村两委换届,选举了新一届村两委班子,杜鹏任高湾村党支部书记。当年高湾村村两委平均年龄仅25.6岁,是金寨县最年轻的村两委班子。新鲜血液为高湾村带来思想上的提升,他谋划产业布局,挖掘本村人才、环境资源,推进高湾生态有机农业的产业化、规模化发展,真正做到"为民、求真、进取、忠诚、干净、担当"。在杜鹏的带领下,新成立的村两委班子通过党建引领,引进能人大户,在村里相继办起了服装厂、养猪场、茶厂,建设了悬剑山风景区游客接待中心等,每年仅租金村集体就有几十万的收入。在产业合作社产业集聚效应下,高湾村以茶、蚕、猪、羊四个产业为主要发展方向,打造生态农业,形成四季春茶叶、大别山油茶、陈湾猕猴桃、木木家庭农场、黑毛猪饲养场、欣畅服装辅料加工厂等产业基地,规模的养猪场5个、大型蚕桑基地1个。同时通过村集体参股的形式,壮大集体经济。

曾经被村民们认为"嘴上无毛,办事不牢"的一帮年轻村干部,带领高湾村于2019年退出贫困村序列,2021年,村集体经济收入97万元,迈入经济强村行列。杜鹏也于2021年荣获安徽省脱贫攻坚先进个人和安徽省优秀党务工作者。桃岭乡高湾村在杜鹏书记的带领下,建立了一只引得进留得住、顶的上靠得住的"雏雁"干部队伍,为基层党建和乡村产业振兴工作继往开来、薪火相传提供了重要保障。

3. 两种人才,红绿结合

(1)大湾红色讲解员——汪达海

2012年前后,汪达海立足大湾村位于大别山高寒海拔的绿色生态优势,决定起手去做茶叶生意。那时候,大湾村的交通很不方便,基础设施也都十分落后,汪达海每天都要将收到的新鲜茶叶进行初加工,第二天凌晨,再带着茶叶赶往市区的茶叶批发市场,经营规模与经营绩效都很落后。

2017 年,大湾村明确了山上种茶、家中迎客、红绿结合的发展思路,启动乡村旅游开发。大湾村地处国家级自然保护区马鬃岭脚下,紧邻国家 5A 级景区天堂寨,适合种茶,更适合旅游观光。大湾村汪家老屋的汪家祖宅,是土地革命时期六安六区十四乡苏维埃政府和卫生院旧址;汪氏宗祠是安徽省工委驻地旧址。这些保存下来的遗迹让大湾成为大别山红色旅游资源的一部分。汪达海抓住了红色旅游与生态农业的发展契机,为了服务村里快速发展的红色旅游业,他主动学习当地红色历史文化,一直在给自己充电赋能,决心讲好革命的故事、大湾的故事。汪达海说:"金寨有 10 万的先烈为新中国诞生献出宝贵生命。10 万是个什么概念? 当时金寨有 23 万人。讲脱贫攻坚路上一个不能少,特别不能少了老区。"

调研团队指导老师主编出版的革命精神普及读物《话说红色金寨》曾获安徽省"五个一工程特别奖",调研团队在前往大湾村调研服务时,曾赠予汪达海此书,汪达海在接受中央电视台"新闻联播"采访时,曾向记者展示自己日常阅读学习的红色书籍,经过长年累月的坚持学习,《话说红色金寨》一书竟被他翻烂了。汪达海日复一日地学习当地红色历史,成为大湾村红色文化宣讲员,向来自全国各地的参观游客介绍当地的革命故事,讲述大湾村的历史文化和振兴之路。

(2)茶叶铺就致富路——陈先志

作为全国劳动模范、全国人大代表的陈先志,从未因此自负自傲,他以"党旗引领致富路"为座右铭,带领高湾村人民脱贫致富。艰苦奋斗、自力更生、永跟党走、回报人民现已经成为四季春茶叶合作社的企业文化,这与红色文化的价值内核不谋而合。"在学习中锻炼成长,把自己锻炼成不锈钢的定海针",这是陈先志对有何能力带动乡亲社员脱贫致富的回答。陈先志认定了一条路,踏踏实实干,不仅自己要有发家致富的本领,而且还能带动三乡四里的乡亲们共同致富! 展望未来,全国劳模陈先志表示,要充分利用现有优势资源,做好脱贫与乡村振兴有效衔接,争一秒时间,挤一线之光,抢半步里程,为革命老区做好每件事,以根保农村,以土保农业,以水保农民,让"农子"生根、开花、结果,发挥更好社会效益和生态效益,让更多乡民共享改革发展成果。

"两个代表+两个书记+两种人才"的产业振兴模式,高度凝练了金寨在产业振兴和人才振兴中的体系模式,其可行性与科学性在老区金寨身上得到很好地实践,具有较强的可复制性,值得向类似老区乡村进行推广应用,从而助推更多老区的乡村产业建设。

四、基层党组织推动乡村产业振兴的推广机制架构

研究团队全面梳理提炼高湾、大湾为代表的金寨著名老区在党建引领产业振

兴的"五好模式"基础上,将该模式推广应用到更多革命老区,进而设计出线上线下同步推进模式,便于类似地区应用采纳。

(一)巩固拓宽线下推广形式

1. 彰显名片效应,讲好党建+产业故事

金寨高湾村和大湾村在基层党建引领乡村产业振兴的实践中探索、构建了产业引领型党组织体系,产业发展到哪里、支部就建设到哪里,让乡村企业、优秀人才始终团结在党支部周围,围绕乡村振兴大局,实现带领乡亲创业、致富的愿景。

"党建+产业"是金寨悠久的红色基因延续的精彩诠释,是党领导下实现产业创新的宝贵实践,将党建引领产业发展的经验,因地制宜,实现产业振兴、致富的路子宣传好,在发展产业、输出产品的同时,讲好红色故事,让产品、服务蕴含沉甸甸的精神价值、让老区产业兴旺的名片熠熠生辉。

2. 协同打造产业振兴典型

2021 年 6 月,大湾村党总支获评全国先进基层党组织。大湾村驻村第一书记余静作为"全国脱贫攻坚先进个人""全国诚信之星""中国好人",她为实现大湾脱贫和产业振兴持续 8 年,扎根基层、艰苦奋斗,无愧于全国十九大、二十大党代表的先锋模范作用;全国劳动模范、第十三届全国人大代表陈先志,数十年如一日带领村民种茶、种果树,久久为功,为实现高湾村生态有机农业发展指明方向。他(她)们成为基层党建推动大湾村、高湾村因地制宜实现产业振兴的典型,也为推动类似地区乡村产业振兴指明了方向。

3. 推动校地企持续合作

针对乡村专业管理与技术人才缺乏,通过校企持续合作,与大学合作培养人才,实现订单式培养,人才培养模式也备受关注,我们研究的重点带头人花石乡大湾村第一书记余静和桃岭乡东冲村书记傅贤悦就分别是合肥工业大学和安徽农业大学继续教育学院的毕业生,契合订单式人才培养模式。基于校企合作模式构建,团队成员撰写的《典型地区新型农业强镇发展模式的探索与思考:以利辛县城北镇为视角》将金寨模式应用推广到利辛县等地,并获评安徽省社科界 2020 年"应用对策课题"成果二等奖。社会实践调研是大学生自我教育的生动教材,新时代大学生理应探索梳理产业发展经验,通过调研报告、短视频等成果形式,把自己的报告推向社会。

4. 营造产业振兴品牌效应

品牌是强化产业的有效手段,品牌效应让产品有了广阔市场。从"卖茶叶"到"卖风景""卖文化"茶旅融合,红绿结合,造福一方,大湾村以红色品牌旅游为主导,将"大湾红"茶、大湾漂流推向市场,取得不俗口碑。高湾村以发展生态有机农业为主导,通过成立山河畜禽养殖专业合作社、四季春茶叶合作社,使高湾村有机农产品在市场上彰显品牌效应。正如陈先志劳模在调研团队集体访谈中说:"我们的茶根本不愁销路,总是在采摘之前已经被预订一空。"

(二)丰富线上推广路径

1. 新媒体推广党建+产业经验

一是利用各大网络社交平台(如:微博、微信等)建立宣传当地特色的公众号、视频号,用短视频展示趣味、丰富的农村生活图景。二是建立、维护门户网站,宣传产业发展经验,大湾村先锋网、高湾村先锋网作为展示基层党建和社会治理的有效窗口,作为村务公开的重要途径,为人们获得研究大湾、高湾的第一手材料提供了途径。《悬剑山下产业花开》《逆境蝶变百花齐放开新局——金寨县桃岭乡高湾村集体经济强村记》,勾勒出基层党建引领乡村产业的发展现状、蓝图。设置好关键词汇,让因地制宜发展乡村产业进入越来越多的网民视野。

2. 制作特色宣传片和红色创意微电影

作为真实再现基层党员干部不懈追求乡村产业振兴的纪录片、宣传片、微电影,作为红色精神、产业振兴经验的承载体,在实现乡村产业振兴、实现农民富裕的过程中所发挥的重要作用,都是"五好模式"的有效宣传。由中央广播电视总台与安徽广播电视台联合摄制的纪录片《大湾村的笑声》,以2集100分钟篇幅,记录大湾人在精准扶贫政策指引下,探索艰难转型之路,最终摆脱贫困,在乡村振兴道路上追梦前行的故事,产生较大网络反响,引起了社会对大湾经验的浓厚兴趣。与此同时,微电影《风从大湾来》,双获安徽省2019年"弘扬社会主义核心价值观共筑中国梦"优秀原创网络视听作品一等奖和"第二届中国红色微电影盛典"最佳微电影奖,社会效应显著。

3. 妥善利用互联网电商平台

如何将本乡本土的特色农产品推介出,让旅游产业焕发生机? 可以充分发挥互联网无线传播,让部分新农人利用网络直播模式,为相对闭塞的革命老区农产品开设"云旅游"窗口,推动它们将家乡的美与乡愁打造成品牌。[①] 大湾村正在朱湾组新建一座特色产业发展中心,集加工体验、展销、直播等功能于一体,总建筑面积达到2051平方米,大湾村的农产品从这里走向全国各地。

团队结合线下、线上两种推广模式设计而得,在挖掘阐释以著名革命老区金寨县为代表的基层党建引领乡村产业振兴"五好模式"基础上,进一步推动该模式在类似老区应用推广。

作者:李强　徐海燊　郑志航

---

① 段官敬. 让新农人在乡村振兴中激荡青春[J]. 农村·农业·农民(A版),2021(04):1.

新时代乡村治理经验的实证研究

内容导读

新时代乡村治理典型经验探察,针对安徽、浙江两省三种类型不同镇村(社区)的典型治理案例,借以擦亮新时代"枫桥经验"的安徽名片:重点聚焦四个典型治理案例,包括枫桥模式的当代样本、"全国乡村治理示范乡镇"浙江吴兴织里镇的智慧社区治理经验;安徽渡江战役"回民船工突击队"所在的漳湖镇回民村、日星村为代表的望江优秀地域文化融入典型农业区基层治理经验;全国法院"十大最具品质一站式建设改革创新成果"的"六尺巷调解法"所在的桐城优秀地域文化品牌嵌入基层社会治理经验;绩溪县瀛洲镇龙川村、仁里村为代表的古徽州文化核心区村规民约助推基层治理经验等。

擦亮新时代"枫桥经验"的安徽名片

——基于安徽"三类十村"情理法融合的治理经验^①

新时代乡村治理模式创新调研服务团以探寻中国式基层治理的可行路径为目标,走访安徽绩溪仁里村、龙川村两个传统文化型村落,旌德龙川村、金寨大湾村、高湾村、熊家河村等四个红色文化型村落,望江回民村、日星村、黟县宏村、泾县查济村四个特色村落,研究三类典型村的治理实例,探寻各类村庄结合地域特色创新治理方式的方法,总结梳理三类乡村情理法融合运用于社会治理的成功经验,并基于对枫桥经验的思考,由个性上升为共性,构建新时代乡村治理中情理法融合的可行路径,打造安徽版"枫桥经验"乡村治理品牌,借以促进更多地区的乡村治理制度建设,助推新时代乡村振兴进程。

一、引言

(一)研究背景

治理有效是乡村振兴的重要保障。党的十九大正式提出实施乡村振兴战略,而乡村治理又是乡村振兴的重要基石。2022 年中央一号文件指出:"突出实效改进乡村治理,健全党组织领导的自治、法治、德治相结合的乡村治理体系。"2022 年12 月 23 日,中央农村工作会议召开,习近平总书记指出:"要完善党组织领导的自治、法治、德治相结合的乡村治理体系,让农村既充满活力又稳定有序。"^②2023 年中央一号文件强调健全党组织领导的村民自治机制,全面落实"四议两公开"制度;加强乡村法治教育和法律服务,深入开展"民主法治示范村(社区)"创建;坚持和发展新时代"枫桥经验",完善社会矛盾纠纷多元预防调处化解机制;完善网格

---

① 该文属国家级大学生创新实验计划项目《典型乡村社会治理情理法融合的实证研究》的中期成果,项目编号为 G202210359116;2023 年 1 月获中国青年网全文转载,并于 2023 年获安徽省首届乡村振兴创新创业大赛一等奖。

② 习近平. 加快建设农业强国 推进农业农村现代化[J]. 求是,2023,66(06):4-17.

化管理、精细化服务、信息化支撑的基层治理平台。

习近平总书记就"枫桥经验"多次做出重要指示。2023年是纪念毛泽东主席批示学习推广"枫桥经验"60周年,也是时任浙江省委书记习近平推广"枫桥经验"20周年。习近平总书记在浙江工作期间,多次就坚持和发展"枫桥经验"展开调研,担任总书记以来,更提出一系列新理念新思想新战略,为推进基层社会治理现代化提供了根本遵循。

乡村社会面临"礼治"式微而"法治"又未完善的窘境。改革开放以来,伴随城镇化的不断推进,资本、技术、法治等元素流入乡村,传统乡村社会由封闭向开放转变,人们生产生活范围得到拓展,人口流动性变大,传统熟人社会渐渐瓦解。传统礼治秩序社会中依靠群体压力发挥作用的地方性规则,其约束功能也随之弱化,而体现着新的秩序与公正性的法治虽进入乡村,却也遭遇诸多困难,乡村社会面临礼治式微而法治又未完善的困境。由于传统文化、血缘、地缘等影响,村民在很大程度上仍以情理为价值取向,情理依然在潜移默化地发挥着作用,影响司法裁判的过程和结果,以致在一些案件审理和裁判经常出现情、理与法律之间的冲突。过度强调情理,不利于社会主义法治建设;过度强调法,则缺少法律温情,难以在乡村地区实现有效的社会治理;若将情理法三者有机结合,则契合了新时期乡村治理体系化的新方向,能够推动乡村治理体系现代化。

安徽"三类十村"情理法融合应用于乡村治理经验极具典型性。安徽省绩溪县仁里村、绩溪县龙川村两个传统文化资源丰富村,位于以中国走向世界的三大地方显学之一徽学的发源地与传承地盛名的皖南地区,徽文化底蕴丰厚,乡村治理中蕴含着优秀传统文化特色,情理法融合推动当地社会治理。旌德县版书镇、金寨县大湾村、高湾村、熊家河村四个红色文化村,红色底蕴深厚,金寨县于2022年获得"国家级乡村振兴示范县""全国农村电商快递协同发展示范区"等多项国家级荣誉称号,足见其治理经验极具示范性。老区人民对党具有深厚感情,对红色基因具有自觉认同、对革命情感具有天然亲近。这种对红色基因发自内心支持和拥护的情感,对于促进革命老区乡村治理具有特殊作用,具有借鉴启发意义。望江县回民村、望江县日星村、黟县宏村、泾县查济村四个特色村涵盖少数民族特色村、全移民特色村、商业旅游特色村、文艺特色村等多种类型,各村将当地特色资源与乡村治理融合,治理成效显著。

（二）相关文献综述

关于基层社会治理的研究。当前,学术界主要从基层社会治理的发展历程、治理内容、治理现状以及存在问题、具体对策等维度进行探索研究,对基层社会治理的内涵、路径、成效、问题和举措形成丰富的研究成果。龚维斌(2020)对基层社会治理概念进行界定,指出基层社会治理是指在党的领导下,运用包括政府在内的多种力量向基层辖区居民提供民生保障、公共服务、利益协调、矛盾纠纷化解、创造平安和谐舒适生活环境的活动。① 杨菁(2020)指出基层社会治理中存在的问题。② 胡钦钦(2020)提出加强新时代基层社会治理的建议,即创新基层社会治理理念,加强对基层多元主题协同治理能力。③

关于新时代"枫桥经验"的研究。中国关于治理理论与"枫桥经验"结合的研究,更注重党的领导在"枫桥经验"中的作用、"枫桥经验"的时代及地域创新等。徐汉明等(2019)对"枫桥经验"的多维应用进行分析,指出"枫桥经验"在乡村综合治理中应坚持人人平等原则,在中国特色社会主义格局下,辩证统一的看待乡村综合治理创新理念,并在治理工作中实现多元模式包容与创新,以及多元文化包容与融合。④ 张灏(2022)对新时代背景下的"枫桥经验"的社会治理示范性意义价值进行研究,指出以多元主体共治为社会治理的推动力。⑤ 赵会生(2022)提出新时代"枫桥经验"的应用及发展,应注重加强乡村人民调解组织队伍建设,通过选优配强专职人民调解员,创造性践行新时代背景下的"枫桥经验"。⑥ 沈娴姣、高艳(2021)归纳了新时代"枫桥经验"模式、成效等,提炼出基层社会治理的新挑战,指出新时代"枫桥经验"是完善基层社会治理、实现基层社会治理现代化的必经之路。⑦

关于情理法的研究。目前学术界对于情理法方面的研究分为对传统社会和对现代社会的研究两大类。前者又可以分为从法律文化视角和从特定时期研究两类。而后者主要是从现代法治社会中的情理法关系、宏观情理法结合和微观情理法结合三个不同角度进行研究。(1)对传统社会中情理法问题的研究。法律文化角度研究情理法方面,张晋藩认为"天理与国法沟通"。⑧ 马小红则从中国传统法律观角度,阐述了情理法的关系。她认为重视人情关系,是我国传统法律观的一大特色。⑨ 传统社会特定时期情理法研究的代表学者有滋贺秀三和黄宗智。(2)对

① 龚维斌. 加强和创新基层社会治理[J]. 理论导报,2020,34(10):56.
② 杨菁. 创新基层社会治理的路径研究[J]. 法制与社会,2020,29(10):137.
③ 胡钦钦. 新时代基层社会治理的问题及对策研究[J]. 青年与社会,2020,69(19):1-3.
④ 徐汉明,戚建刚,邵登辉. 基层治理"三治融合"方式方法研究[J]. 中国治理评论,2021,10(02):57-74.
⑤ 张灏. 新时代"枫桥经验"的社会治理示范性意义与实践价值[J]. 理论观察,2022,21(01):105-107.
⑥ 赵会生. 河南:以"需求侧"牵引"供给侧"创造性践行新时代"枫桥经验"[J]. 人民调解,2022,31(01):17.
⑦ 沈娴姣,高艳. 新时代"枫桥经验":引领基层社会善治必由之径[J]. 张家口职业技术学院学报,2021,34(04):4-7.
⑧ 张晋藩. 中国法律的传统和近代转型[M]. 北京:法律出版社,2009:99.
⑨ 马小红. 中国古代社会的法律观[M]. 郑州:大象出版社. 2009:82.

现代社会中情理法的研究。现代法治社会中情理法关系方面,汪习根从现代法治社会视野,先对情理法的内涵从法理学上重新定义,而后对情理法的关系进行定位。① 宏观情理法结合方面,有研究者认为现代社会中的法律注重形式理性,而情理是中国社会中普遍运用的纠纷解决依据,两者在当前法治现代化建设中会出现运用困境。解决这种困境的方式是在立法和司法中,恰当吸收合理的情理。② 微观情理法结合方面,有研究者从法治思维角度探讨法律与情理相结合的方式,即在日常情理中探寻法律的规定性,并从立法、执法、司法和用法角度,得出要坚持情法一元的法治观。③ 也有学者研究中国传统社会的司法裁判,认为古代司法裁判不能将"情"与"理"两者分开。④

从情理法方面研究成果上看,学界主要从法律文化角度研究情理法、特定时期研究情理法、现代法治社会中的情理法关系、宏观情理法结合、微观情理法结合五个角度进行研究,研究成果丰富。然而在基层社会治理、新时代"枫桥经验"与情理法三者交叉领域的研究较少。因此,本文以安徽省三类典型村庄为研究对象,在学习借鉴"枫桥经验"的基础上,提炼安徽省"三类十村"以情理法结合推动乡村治理的经验,设计出一套融"人情、公理、国法"为一体的基层治理路径体系,擦亮新时代"枫桥经验"的安徽名片,以期用治理合力助推乡村振兴,加快国家治理体系和治理能力现代化。

二、"枫桥经验"及新时代传承面临的问题

(一)"枫桥经验"的形成发展过程

"枫桥经验"萌生于社会主义建设时期。在 20 世纪 60 年代初,浙江诸暨市枫桥区委采取发动群众开展说理斗争的方式,对"四类分子"进行改造,形成了"矛盾不上交,就地解决,实现捕人少、治安好"的做法,被毛泽东主席批示:"要各地仿效,经过试点,推广去做。"

"枫桥经验"发展于改革开放时期。我国进入改革开放新时期,枫桥干部群众创造了"组织建设走在工作前、预测工作走在预防前、预防工作走在调解前、调解工作走在激化前"的"四前"工作法;"预警在先,苗头问题早消化;教育在先,重点对象早转化;控制在先,敏感时期早防范;调解在先,矛盾纠纷早处理"的"四先四早"工作机制。此外,还发展、创造了"党政动手,各负其责,依靠群众,化解矛盾,维护

---

① 汪习根,王康敏.论情理法关系的理性定位[J].河南社会科学,2012,20(02):28-32.
② 郭星华,隋嘉滨.徘徊在情理与法理之间——试论中国法律现代化所面临的困境[J].中南民族大学学报(人文社会科学版),2010,30(02):118-121.
③ 谢晖.法治思维中的情理和法理[J].重庆理工大学学报(社会科学),2015,29(09):10-15.
④ 陈林林,王云清.论情理裁判的可普遍化证成[J].现代法学,2014,36(01):22-29.

稳定,促进发展,做到小事不出村、大事不出镇、矛盾不上交"的改革开放时期的"枫桥经验"。

"枫桥经验"创新于中国特色社会主义新时代。努力适应新时代社会主要矛盾的深刻变化,既坚持以习近平新时代中国特色社会主义思想为指引,又坚持以创新发展"枫桥经验"为总抓手,坚持以平安建设为主线,并不断加强和创新基层社会治理,形成了新时代版的"枫桥经验"。

(二)新时代"枫桥经验"核心内容阐释

新时代"枫桥经验"的核心内容包含:党建统领,人民主体地位,"三治"结合,共建共治共享,平安和谐。其中党建统领是根本保证,人民主体是价值核心,"三治"结合是基本要义,共建共治共享是总体格局,平安和谐是目标效果。

党建统领。坚持党的群众路线,实现基层党组织建设与基层社会治理紧密联系、深度融合、良性互动和整体提升,构筑服务群众、化解矛盾、推动发展、促进和谐的坚强堡垒。党组织在基层社会治理中引领作用充分显现。如在基层纪检监察工作上,诸暨市创造性运用"枫桥经验",以源头预防为主,关注小微权利,开展乡镇纪检监察工作规范化建设,建立村级监察工作联络站,推行村级监察议事会机制,推动村民监督村事,干部清爽干事。

人民主体。坚持人民主体地位,问需于民,问计于民,问效于民,依靠群众,为了群众,最大限度地调动人民群众参与基层治理的主动性、积极性和创造性,做到过程要群众参与、成果让群众共享。针对新居民的管理服务工作、外来务工人员,不断优化流动人口服务机制,推进流动人口管理创新,推出民意导向型的"四化四式"服务管理新模式,深入实施流动人口再组织工程,推广居住出租房旅馆式管理升级版和新型居住证制度,健全流动人口服务管理配套机制,完善流动人口综合治理格局,全面提升流动人口服务管理水平。

三治结合。坚持以善治为目标,充分发挥好自治的基础作用、法治的保障作用和德治的引领作用,极大程度地激发群众追求平安、和谐、富裕的内生动力,加快健全自治、法治、德治相结合的乡村治理体系,推动乡村振兴。创新开展全市乡贤创新类、平安巡防类、乡风文明类、志愿服务类、矛盾化解类等五类标准化社会组织和X类个性化社会组织建设。大力建设新时代文明实践中心,强力推动移风易俗,推行婚事新办、喜事小办、丧事简办。

共建共治共享。坚持共建共享,人人尽责、人人参与、人人享有,做到社会治理过程让群众参与、成效让群众评判、成果让群众共享,让群众有更充分的获得感、幸福感、安全感。如诸暨市激励社会组织参与社会治理,调动和保护群众自我管理、自我服务、自我提升热情,加快培育与现代社会治理结构相适应的社会组织,充分发挥其协同作用,打造共建共治共享的社会治理格局。

　　平安和谐。平家和谐是新时代枫桥经验的目的,是共建共治共享的逻辑延伸。"枫桥经验"无论是统筹基层社会治安、平安建设问题、矛盾纠纷调解、基层社会治理等,都以平安和谐为目标。平安和谐符合习近平总书记的平安中国、和谐中国、法治中国思想。和谐是"枫桥经验"平安目标的升华,体现了新时代"枫桥经验"追求实现的目标:民主法治、公平正义、诚信友爱、充满活力、安定有序、人与自然和谐相处。

　　虽然"枫桥经验"不断发展与变化,但其依靠群众、化解矛盾的内核与实质始终没有变。枫桥经验的内核和实质是"小事不出村、大事不出镇,矛盾纠纷化解在基层",体现了综合运用情理法化解矛盾纠纷。

　　(三)新时代典型村传承"枫桥经验"面临的共性问题

　　进入新时代,"枫桥经验"不断进行创新性发展,推陈出新,逐渐推广到全国各地,各地纷纷借鉴和学习"枫桥经验",并因地制宜创新治理方式。但随着城镇化的加速推进与乡村振兴战略的深度实施,新时代乡村传承"枫桥经验"并因地制宜进行创新时仍然面临一些困难与挑战。

　　从总体上来说,各村在乡村治理中面临的问题包括:村党组织软弱涣散,村级权力缺乏有效监督;乡村矛盾纠纷多元化解机制尚未形成,尤其是农村社会保障体系及特殊群体服务体系不健全;移风易俗、文明乡风建设任重道远;村内核心人口大量外流,留守村民自身素质不高,法治意识不浓等等,都是乡村治理的痛点所在。

　　具体而言,各村在乡村治理中传承"枫桥经验"并因地制宜进行创新中,面临以下问题:

　　红色文化挖掘不充分,与优秀传统文化结合不密切。众多村庄对红色文化的利用仅停留在红色旅游等物质层面,忽视其在乡风文明建设中所起的引领作用。由于革命历史相对久远,文化价值取向日益多元,使得年轻人革命精神淡薄,革命精神传承面临断代危险。少数乡村认识到宝贵红色资源在乡风文明建设中的重要作用,但由于缺乏相应人才提供专业的咨询服务与可行模式设计,始终难以将想法付诸实践。同时,众多乡村既是红色文化的孕育地,也拥有着丰富传统历史文化,习近平总书记反复强调,要"望得见山,看得见水,记得住乡愁。"而许多村庄忽视了对传统文化的汲取开发,没有将红色文化与优秀传统文化结合,去促进乡风文明建设进而提升乡村治理效能。

　　德治建设实体平台分散,文化宣传模式感染力低。在德治建设中,家庭、社群和基层党组织三个平台主体发挥重要作用。家庭作为社会的细胞,培养优良家风对于乡风文明提振至关重要;社群组织作为村民日常接触最为密切的平台,在乡风文明宣传矩阵中占有重要地位;基层党组织作为党在基层的战斗堡垒,起到统领乡风文明建设全局的关键作用。然而在很多村庄,三大平台主体虽然在文化传承与乡风文明建设方面发挥了自身的重要作用，但并未进行系统规划整合，各自为政，影响合力的充分发挥。加之很多村庄硬件设施不完善，主观缺乏创新意识，对于当地特色文化及乡风文明的宣传多运用标语、横幅等老旧单一的方式，导致宣传囿于形式、停在表面，难以引起群众的共鸣，缺乏感染力，受众反响不高，未能有效提高村民参与乡风文明建设的积极性，进而无益于乡村治理并扩大了无效成本支出。

村规民约作用有限，嵌入乡村治理存在困境。第一，村规民约的自治色彩不浓。村规民约缺乏群众意见收集，弊于体现广大村民集体意志，降低了村民对村规民约的认同感，以致少数村民在涉及利益方面不遵守村规民约。第二，村规民约的操作性不强。村规民约缺乏具体内容边界，针对性和可操作性不强，难以全面落实到位。第三，村规民约对村民威慑力不大，且随着法制宣传力度加大，村民法律意识越来越强，意识到村规民约并无权力对其采取罚款等行政处罚，对乡规民约敬畏度自然降低。村内道德舆论对自身影响越来越小，不遵守村规民约者受到道德舆论的压力小，村民不良行为难以受到实质约束。第四，村规民约的执行机构不全。由于在法律法规上无依据，导致自治组织、协会只能采取沟通、协调、讲情、说理、宣传、舆论造势等软手段抓落实，村规民约执行效力明显削减。反过来，又进一步影响村规民约的权威性、约束力，形成恶性循环。

三、安徽典型村治理中情理法融合的经验梳理

（一）优秀传统文化资源丰富村

团队实地走访安徽省绩溪县仁里村、龙川村两个传统文化型村落，梳理当地基层治理中情理法融合的经验，经验总结如下：

传承优秀传统文化，构筑村规民约灵魂。绩溪县仁里村通过挖掘世居仁里的程氏族谱古训，挖掘、传播程朱理学等优秀儒家思想，整理提炼出程氏家训，通过开展家风家训"出祠堂、进家庭、当楷模"活动，把立于村祠堂中、藏于各家家谱中的家规家训"请"出来，张贴悬挂于本族每一个家庭，同时将家规家训中的精华部分纳入村规民约中，实现德治促和谐，将优秀传统文化有机融入基层治理；绩溪县龙川村亦把家风家训家范、族规族训族范、"和谐、和美、和顺、和鸣"四和文化等徽文化精华吸纳进村规民约条文，采取多种方式大力弘扬优秀传统文化，增强村民对村规民约中乡情的认同感和村庄的归属感，提升遵守村规民约自觉性。

建设法治阵地，注入法治力量。绩溪县仁里村、龙川村不仅将尊法守法作为村规民约的重要内容，而且以民主法治示范村创建为载体，全面落实法治乡村建设各项措施。通过实施农村"法律明白人"培养工程、实施一村一法律顾问制度、建立村级法律服务工作群、开展"法治家庭"评选活动、建设法治文化阵地，如流动大舞台、文化广场、农家书屋、乡村文化讲堂和远程教育等，为乡村治理注入法治力量。

重视新乡贤选树，发挥示范引领作用。绩溪县仁里村、龙川村注重发挥新乡贤的示范引领及监督作用，每年开展新乡贤评选活动，将有较高的文化技能、有较强的政治觉悟、有较好的道德品行、有良好的社会声望、积极践行和弘扬社会主义核心价值观、乐于奉献于乡里的老干部、老党员、老专家、老教师、老模范、乡村干部、退伍军人、企业家等评选为新乡贤，张榜公布，广泛宣传其遵纪守法、弘扬新风、无私奉献的事迹，给村民树立遵守村规民约的标杆，引导村民向上向善、孝老爱亲、重义守信、勤俭持家，切实增强村民的道德判断力和荣辱意识。

（二）红色文化资源丰富村

团队实地走访旌德县龙川村、金寨县大湾村、高湾村、熊家河村等四个红色文化型村落，梳理当地基层治理中情理法融合的经验，现总结如下：

坚持党的领导，强化党建引领。无论是大湾村的"三治融合"，还是高湾村的数字乡村建设，都是在党建引领下推进的。作为老区乡村基层党员干部，积极发挥先锋模范作用，主动扛起乡村治理责任。"五老"乡贤队伍里，老党员是其中的重要力量；"三治融合"中，德治、自治、法治归根到底应当在中国共产党的政治领导下有序开展；网格小组、志愿服务队、乡贤理事会等社会组织也是以党支部、党小组为基础组织构架建立的；老区乡村在基层治理中尤其突出党的核心作用。

挖掘红色治理智慧，强化情感灌输认同。金寨全军乡熊家河村利用自身的丰富红色资源与金寨干部学院联合建立红色传承教学点，借助金寨干部学院的优秀师资组织建立红色文化讲师团，将红色文化与司法文化相结合，将红色基因融入乡村治理的理念贯穿其中，梳理总结红军部队治理纪律经验，引领村民争做新时代大别山精神践行人，传承"牺牲奉献、永跟党走"精神，引导邻里乡亲互谅互让，多做奉献，严格服从党支部的领导与指挥，有困难找党支部、有诉求找村支书，形成鱼水情的良好氛围，利用红色情感认同化解矛盾纠纷。

坚持全过程人民民主，建立常态化协商议事机制。新时代，广大革命老区乡村继承优良红色传统，坚持人民群众主体地位，发挥人民群众首创精神，激发基层治理活力。版书镇在解决常年"缠访户"问题中充分发挥人民群众作用，发挥群众力量做群众工作，邀请当事人的左邻右舍作为代表参加听证会，各自发表意见，理越辩越明；金寨县高湾村推出"板凳议事会"基层协商议事平台，基层乡村干部在小板凳上与群众讲政策、谈想法、破难题，群众意见畅通无阻；大湾村大力推行村民议事协商，定期组织党员力量下沉，进村入户进行全方位、拉网式排查走访，及时掌握可能引发信访的重点事、重点人和苗头性、动态性问题，推动村民参与村级事务治理，及时将问题和矛盾解决在萌芽状态，进而实现党群心连心，有效促进农村稳定和谐。

（三）典型特色村

团队实地走访安徽省望江县回民村、望江县日星村、黟县宏村、泾县查济村四

个典型特色村落,梳理当地基层治理中情理法融合的经验,经验总结如下:

望江县回民村"民族团结一家亲"。第一,结合民族风俗习惯,加强治理情感认同。在社会治理中,回民村常常按照风俗习惯,倡导民族团结进步,依托民族节假日、宗教活动进行政策宣传,将村民会议地点和时间定在与宗教节日相对应的地点和时间,将乡村治理和宗教情感相结合,将社会法律法规和宗教习惯相结合,让更多村民参与,加强治理情感认同。第二,坚持"民族共同体"理念,实现民族一家亲。回民村坚持贯彻习近平总书记的民族理念,采取了一系列新举措,如回族和汉族通婚,在日常生活中,汉族人尊重并配合回族的各种习俗,有不慎违背回族习俗的举动,回族人也不斤斤计较,给以理解和原谅,回族和汉族"团结得像一家人",像石榴籽一样紧紧拥抱在一起。第三,厚植红色家国情怀,以"情"温和化解矛盾。除了极具少数民族特色外,回民村还因其红色资源闻名。回民村积极挖掘村内红色资源,修建回民村渡江战役纪念馆,宣传回民船工渡江突击队的红色故事,发挥突击队中唯一健在的老船工董玉发的榜样作用。在各级政府的积极宣传下,村民怀揣最真挚而朴素的家国情怀。在社会治理中,村民也因村内浓厚的红色氛围更容易理解和接受党的各种方针政策,在矛盾发生时能够激发心底深处的"红色情",让"情"连接矛盾双方,从而极大程度地减少激烈争端的发生,最终以温和的方式解决问题。

望江县日星村"全过程人民民主"。第一,建立协商民主议事机制,调动群众自治积极性。为促进日星村和谐发展,日星村探索村级议事协商机制畅通渠道,明确协商民主议事内容,坚持"六议五不议",想百姓之所想;遵循协商民主议事流程,做百姓之所盼;规范协商民主议事工作制度,解百姓之所难。通过协商民主议事,运用"民为贵""力促言和"等优秀传统文化思想,用情理法相结合的温和方式,建言资政,凝聚共识,提升村民自身参与基层社会治理的积极性和主动性。第二,打造人大代表联络站,积极反映社情民意。近年来,漳湖镇人民代表坚持党建引领提升基层治理效能,以日星村人大代表联络站为桥梁,调查研究深入群众生活,积极反映社情民意,认真做好人大代表建议答复工作,打造乡村振兴战略下乡村的治理新风貌。第三,挖掘移民地文化,落实"三孝调解工作法"。日星村为移民村,移民村文化与原住地文化断裂,这个问题引发的其他连续性问题给基层治理增加难度。在这一情况下,日星村根据望江县三孝文化,从"孟宗哭竹""仲源泣墓""王祥卧冰"三孝等历史典故中提取调解经验,贯彻落实了三孝调解工作法——听、查、讲、喻、析、用。

黟县宏村"作退一步想"。第一,总结调解经验,创设"作退一步想"调解工作法。矛盾纠纷调解工作室以"听、理、劝、借、退、和"即以耐心倾听、认真梳理、主动规劝、借古鉴今、引导退让、力促言和为调解方式,努力实现"小事不出村、大事不出镇,矛盾不上交"。第二,挖掘古村落优秀传统文化,培育朴素家国情怀。宏村陆续建立村史馆、古村民俗展示馆等,推进传统村落、千年古村申报,保护并修缮村落公共建筑,显著改善村落人居环境,一大批国家及省级非遗代表项目得到传承,优秀传统文化和明清传统村落成了彰显文化自信的精神纽带和道德滋养,推动乡村旅游及经济不断发展和社会进步。村民在宏村得到发展的同时,了解历史,了解古村,了解文化,在潜移默化中加强对村庄的认同感、归属感、自豪感,孕育最朴素的家国情怀,无疑是营造和谐友好社会环境的一大助力。第三,重视公民道德教育,弘扬中华民族传统美德。宏村注重家训、家规和家谱的保护传承和延续,兴建宗祠、伦理文化中心、礼乐文化中心。以古村落为代表的优秀传统文化全面融入公民道德教育,使中华民族传统美德能够更好地弘扬,使良好家风家教更好地传承,还可以培养道德模范,充分发挥道德模范作用。宏村还高度重视青少年思想品德教育。县关工委编撰《黟县故事:记住乡愁》印发赠送全县九年级以下的中小学生;碧阳小学、宏村学校、黟县中学先后编撰了《宏村我的根》等校本教材。宏村的青少年从小便在浓厚的传统文化氛围中,在潜移默化中培育传统美德。

泾县查济村"六全工作法"。国内各文艺村可以借鉴查济村的治理方式,通过要素全覆盖、信息全采集、隐患全排查、纠纷全调解、宣传全到人、诉求全受理"六全"工作法,全面提升基层社会治理和服务水平,真正使能力在网格中展现,问题在网格中解决,促进辖区社会和谐稳定。

四、新时代乡村社会治理中情理法融合的路径优化

枫桥经验是从中央到地方、从省市到乡镇,按照党的领导、政府负责、民众协同参与的角色分工,多元主体合力打造的成果。枫桥经验的产生和发展从根本上说是几代中国共产党人关于中国社会基层治理的思路、思想、制度、机制以及方法方式的探索实践及创新。在这个意义上,枫桥经验可谓党和国家关于中国基层社会治理的"试验以及实践示范样本",具有普遍意义。因此,在对安徽省"三类十村"社会治理经验进行梳理后,团队基于对枫桥经验的思考,将枫桥经验之智慧与"安徽模式"之经验结合,构建以下乡村治理情理法融合路径。

(一)坚持党建统领,筑牢治理根基

强化党组织建设,建强基层战斗堡垒。在乡村治理实践中,党建引领建构一核多元的乡村治理共同体,有助于将党的政治优势、组织优势以及制度优势转变为治理效能,从而推动乡村社会的有序发展[1]。党组织通过政治引领、思想引领、组织

---

① 韩志明. 面向治理碎片化的再组织化——基层党建引领的治理优势及其效能[J]. 治理现代化研究,2021,37(05):80-89.

引领,组织群众、凝聚群众、引导群众、服务群众,把党组织的作用发挥到社会治理的方方面面,实现党组织领导下的政府治理和社会调节、居民自治良性互动。无论是传统文化型村落,还是红色文化型村落,抑或是典型特色村落,在提升社会治理水平的过程中离不开党的领导,使村民加强对党的认同感,自觉拥护中国特色社会主义道路,构建形成"党委领导、政府负责、社会协同、公众参与、法治保障"的社会治理体制。

坚持全过程人民民主,下沉基层党员力量。坚持以人民为中心是中国共产党领导乡村治理的根本立场。《乡村振兴战略规划(2018—2022年)》中,坚持农民主体地位被视为乡村振兴的基本原则。坚持农民主体地位,既是历史经验的总结,也是中国共产党的承诺,更是农民彻底解放的重要体现。早在抗日战争时期,我党在陕甘宁边区便实行了"马锡五审判方式",注重发挥群众力量、强调运用调解方式、手续简捷方便,深受群众欢迎。20世纪60年代,毛泽东主席所大力推介的"枫桥经验",同样是坚持群众路线,充分倾听民声,依靠群众力量解决纠纷的典范。中国已进入发展新阶段与改革深水区,唯有继承优良传统,从历史中汲取治理智慧,拿出更大勇气、更多举措破除深层次机制障碍,才能推进国家治理体系和治理能力现代化。基层协商民主源自中华民族长期形成的天下为公、兼容并蓄、求同存异等优秀政治文化,源自中国共产党人领导人民进行革命、建设和改革的长期实践,源自全国各族人民在中国特色社会主义制度上进行的伟大制度创新,具有深厚的文化基础、理论基础、实践基础和制度基础①。各村要珍惜运用党在百年历程中艰辛探索的基层治理经验,定期组织党员力量下沉,进村入户进行全方位、拉网式排查走访,坚持民主协商,贯彻全过程民主,充分发挥"村民议事会""板凳议事会"等组织平台的协商议事功能,充分听取民情民意,努力算出"最大公约数",画出"最大同心圆"。

挖掘红色文化智慧,强化治理情感认同。革命战争年代,无数人民参军作战、奔赴前线,为新中国的建立奉献出了自己的生命。红色基因在人民身上留下了深刻烙印。对于红色资源较丰富的地区,红色文化对当地人民具有潜移默化的浸染作用,人民对于革命精神具有天然的情感和发自内心的认同,挖掘红色元素中的治理经验,利用红色情感认同来调处矛盾纠纷是红色资源丰富型乡村的一大治理特色。善于挖掘本土红色文化资源,从红色历史中汲取治理智慧,从红色榜样中获得精神启迪,利用红色文化浸润人心,利用红色邻里乡情调处纠纷,把握红色基因融入乡村治理线索,用心用情为民解忧。

---

① 王炳权,岳林琳. 基层协商民主的制度优势转化为治理效能的现实路径[J]. 理论与改革,2020,36(01):77-87.

（二）推动"四治"融合，转变治理思维

自治为基，激发治理内生力。提高乡村治理效能离不开群众的参与，鼓励村民参与乡村治理日常事务，建立协商议事机制，使村民充分发表自身意见，听取民情民意，汇集群智；加快培育与现代社会治理结构相适应的公益性、互助性社会组织，支持行业协会商会类社会组织发展，使社会组织在反映群众诉求、参与社会事务，救助困难群众、协调群际关系、化解矛盾纠纷方面发挥政府所不及的拾遗补阙作用，激发治理内生力。各社会组织可以通过政府购买服务的形式，逐步承接政府部分职能，促进政府中群众性、公益性、社会性、服务性职能向社会分流和有序转移，形成党、政、社、民四方合力的现代性乡村综合治理机制，激发共治力量。

法治为本，增强治理硬实力。推进法治化建设是乡村综合治理有效落实的重要保障。确立法律主体地位，明确村民自治权利的内容和范围；划定乡（镇）街道权力范围，避免出现政府无限制下放行政权力及事务；进一步加强普法工作，建设普法广场、培养法律人才，全面提升村民法律意识，构建乡村民主监督制度，保障村民合法权益，追责违法行为，营造良好的乡村综合治理法治氛围。

德治为先，提升治理软实力。加强基层社会治理，离不开德治的道德教化作用。在乡村这一传统的熟人社会，舆论、道德、习俗发挥着不可替代的作用，道德评价会从内心情感方面约束村民的行为，潜移默化中提升乡村治理效能，提升治理软实力。充分发挥中华优秀传统文化的作用，大力弘扬社会主义核心价值观，以宣弘德、以文养德、以评树德，通过乡贤文化、道德榜样、家风家训、生活礼俗的教化作用，引导人们行为，规范社会秩序，发挥道德引领、规范、约束的内在作用，增强乡村自治和法治的道德底蕴，为自治和法治赢得情感支持及社会认同，使基层社会治理事半功倍。

智治为用，注入治理新动力。我国当前处在全面建设社会主义现代化强国的新征程中，安徽模式也应该在农村基层综合治理中充分纳入数字化建设，学习新时代"枫桥经验"的"互联网+"和现代技术综合运用，借以增强农村基层治理的高效性、信息化和现代化程度。牵头搭建一个社会综合治理大数据中心，广泛链接公安执法、政法司法、农业农村、党政组织、信访举报、综合治理、基层乡镇等多方面的信息，搭建互通有无的统一信息处理平台，及时进行信息预判、预警监测、信息传承和公示通知的作用。并将基层信息综合处理平台和各村办公系统整合联系，加快村务信息化建设，规范化村务审核、办理和信息留存。依托综合平台，建立线上党群服务中心，综合整理农村基层治理信息和问题，进一步推进村庄治理的现代化建设，促进村民的现代化意识，快速提升规范村务处理渠道、村应急反应能力、村务公开透明程度、村治安监督水平，真正实现现代化、立体化治理。

（三）挖掘地域文化，创新治理方式

凝练特色村规民约。村规民约在各村乡村治理中发挥着重要作用，村庄的地域特色也体现在村规民约中。充分挖掘地域文化，将地域特色与村规民约结合，从村史中提取经验、从当地风俗、家风家训中获得启发，根据该村具体情况因地制宜订立村规民约，实现"一村一约"，利用村民对于村庄的归属感，增强村民对村规民约的情感认同，发挥村规民约治理的柔性、自律性、协商民主性、共同参与性、主观能动性等优势，在乡村和社区治理中发挥自我约束和管理的作用，降低治理成本，实现村规民约人人知、人人守、人人用，发挥村规民约在基层治理中习惯法的作用，打造地域特色治理品牌，创新治理方式。

融合民风民俗文化。对于国内一些少数民族村，民族风俗、宗教习惯是其村庄特色，也是其社会治理中不可忽视的重要因素。少数民族村落应挖掘当地地域文化，把地域特色融入乡村治理中。可以根据少数民族的风俗习惯，倡导民族团结进步，培育中华民族共同体意识，同时依托民族节假日、宗教活动进行政策宣传，将乡村治理和宗教情感相结合，将社会法律法规和宗教习惯相结合，打造特色治理方式，让更多村民认同并参与治理。

表彰宣传当地榜样。当地榜样生活于所在村，受当地独特地域文化、社会风气的熏陶，一方山水养一方人，模范行为是村庄优秀地域文化的体现。挖掘当地地域特色，重视当地道德榜样的评选，传播当地榜样故事，凝练当地榜样精神，营造村民争做道德榜样的社会风气，并将榜样的示范引领作用融入治理中，创新乡村治理方式。

作者：陈雨诗　徐海燊

新时代基层社区治理经验梳理及对策体系构建

——以"中国童装之都"湖州市吴兴区织里镇为视角①

　　新时代乡村治理模式创新调研服务团赴浙江湖州,以"中国童装之都"织里镇为典型研究样本。2021 年织里镇排名全国百强镇第 69 名,更是第三批国家新型城镇化综合试点和全国乡村治理示范点,享有"中国之治看织里"的美誉,而所在的湖州市更于 2022 年 7 月获批国务院批复建设"国家可持续发展议程创新示范区"。研究报告运用文献梳理、实地走访、问卷调查、深度访谈等多种方法,详细梳理织里镇的典型治理经验,构建织里新时代基层治理格局的有效政策体系。报告以织里镇"共建、共治、共享"的根本宗旨,通过有序推进产、城、人融合发展及推动智慧建设的治理方式;激发社会组织活力,让民间组织参与社会治理的多元联动主体;完善基层治理构架、推动基层治理精细化、营造浓厚的亲商氛围,希冀为全国类似社区治理提供典型样本,助推新时代基层治理体系和治理能力现代化。

一、绪论

(一)选题背景

　　基层治理,贯彻党中央最新文件精神。2021 年 4 月,中共中央国务院颁布《关于加强基层治理体系和治理能力现代化建设的意见》,统筹推进乡镇(街道)和城乡社区治理。2022 年 5 月,中共中央办公厅、国务院办公厅印发《乡村建设行动实施方案》,乡村建设成为实施乡村振兴战略的重要任务,也是国家现代化建设的重要内容。社会治理工作的坚实支撑在基层,突出矛盾也在基层。加强和创新基层社会治理,既是实现国家治理体系和治理能力现代化的基础工程,也是夯实党的执政基础、巩固基层政权的必然要求。探索新时代城乡基层社区治理的现状及对策,为日趋多元复杂的社会治理找到思路和答案,探寻中国范式的社区治理现代化可行路径。

---

　　①　该文于 2023 年获评安徽省首届乡村振兴创新创业大赛三等奖。

前沿关注,推进基层治理能力和治理体系现代化。2022 年 7 月 26 日,习近平总书记在省部级主要领导干部专题研讨班的重要讲话中指出:"在新中国成立特别是改革开放以来的长期探索和实践基础上,经过党的十八大以来在理论和实践上的创新突破,我们成功推进和拓展了中国式现代化。"①2022 年 10 月 16 日,习近平总书记在党的二十大报告中强调:"中国式现代化的本质要求是:坚持中国共产党领导,坚持中国特色社会主义,实现高质量发展,发展全过程人民民主,丰富人民精神世界,实现全体人民共同富裕,促进人与自然和谐共生,推动构建人类命运共同体,创造人类文明新形态。"②基层治理是国家治理体系和治理能力现代化的基石,是提升社会治理有效性的基础。调查研究新时代城乡基层社区治理经验,借以构建基层治理新格局,契合我国推进国家治理体系和治理能力现代化这一重要课题,顺应时代发展要求。

对策构建,健全共建共治共享的社会治理制度。党的二十大报告提出:"在社会基层坚持和发展新时代'枫桥经验',完善正确处理新形势下人民内部矛盾机制,加强和改进人民信访工作,畅通和规范群众诉求表达、利益协调、权益保障通道,完善网格化管理、精细化服务、信息化支撑的基层治理平台,健全城乡社区治理体系,及时把矛盾纠纷化解在基层、化解在萌芽状态。加快推进市域社会治理现代化,提高市域社会治理能力。强化社会治安整体防控,推进扫黑除恶常态化,依法严惩群众反映强烈的各类违法犯罪活动。发展壮大群防群治力量,营造见义勇为社会氛围,建设人人有责、人人尽责、人人享有的社会治理共同体。"③

(二)"中国之治"的织里样本:发展历程与研究动态

"户户皆绣机,遍闻机杼声",历史上,织里镇就以织造业兴盛而得名。乘着改革开放的东风,20 世纪 70 年代末,织里人从家庭小绣品起步。到 80 年代,几乎家家户户踩缝纫机,利用纺织、刺绣、缝纫等手艺,从事产销枕套等小生意。步入 90 年代,织里获得更多改革红利。1992 年 8 月,湖州市政府批准成立织里经济开放区,赋予更大的自主权。1995 年 6 月,织里镇被国家体改委等 11 个部委列为全国小城镇综合改革试点单位,赋予部分县级经济管理权限。进入 21 世纪初,织里镇人员结构不合理、产业矛盾、治理滞后等问题凸显。这个以童装生产著称于世的名镇,却在社会治理领域宛若"大人穿童装",治理体系滞后问题越来越影响前进的

① 人民网评论员.高举中国特色社会主义伟大旗帜 奋力谱写全面建设社会主义现代化国家崭新篇章[N].人民日报,2022-07-28(01).

② 丁怡婷,王洲,宦翔等.以中国式现代化全面推进中华民族伟大复兴[N].人民日报,2022-10-21(01).

③ 习近平.高举中国特色社会主义伟大旗帜 为全面建设社会主义现代化国家而团结奋斗[N].人民日报,2022-10-26(01).

步伐。

党的十八大以来,中国社会治理不断取得新进展,习近平总书记提出社会治理新思想,大力推进社会治理新实践,多方开拓社会治理新境界。越来越多的媒体、学者关注织里这个不断蜕变的小镇,聚焦于小镇经济、政治、文化等多领域开展研究。织里镇 2006 年 9 月重大火灾和 2011 年"10·26"大规模群体性事件发生后,人们意识到需要改进治理方式,向基层治理现代化转变。2014 年程明强著《浙江省织里镇小城市培育发展研究》,深入探寻织里镇发展现状及问题对策。2017 年王宝龙著《浙江省织里镇治理问题研究:从小城市治理角度》,从社会治理视角,探究织里小城市培育过程中的治理经验及问题,并提出相应建议。2019 年 11 月,在织里举行"中国治理的世界意义"国际论坛,织里经验成为"中国之治"的样板。2020 年 5 月,南太湖社会治理研究院推出《织里之治:全面小康后社会治理密码》,系统剖析社会治理"织里样本",总结织里实现基层治理体系现代化、提升基层社会治理能力的改革历程,为后小康时代基层社会治理提供经验借鉴。2022 年 8 月,浙江省公共研究院、浙江大学公共研究院推出《织里之治——针对外来人口的协同治理模式》,剖析了社会治理模式改革的"织里样本",构架织里实现基层治理体系现代化、提升基层社会治理能力的织里模式。

纵观织里历史,从一个镇到一座城 40 余年的变迁,虽然发生过重大火灾和群体性事件,但痛定思痛,抓住机遇、大胆创新,最终取得历史性发展成就,经历由乱到治的惊人蜕变。从过去出名的"穷乡僻壤",到如今的"童装之都",织里镇因地制宜、因时制宜、"产""城"互促;汇聚融合之力,新老居民增进认同,感情相通相融;锻造发展之魂,以人的城镇化为核心,惠民利民为民;从曾经脏乱差的"扁担街",到如今的"全国乡村治理示范乡镇",织里镇全面开展"社会治理先行地,美好生活试验区"建设,以童装转型为主导,以城市转型为突破,以社会转型为重点,以乡村转型为基本,以政府转型为保障。

(三)研究意义

理论意义。第一,梳理湖州市织里镇基层治理典型经验。推广新时代基层社区治理经验,推进三治融合与基层治理现代化有效衔接,为全国新型城镇化和浙江省小城市培育试点工作,提供更多可复制、可推广、可操作的基层治理经验。织里镇是国内最大的童装产业市场,这里集聚着 1.3 万家童装企业,并由此聚集了大量外来人口。人流汇集、经济繁荣的同时,也给基层治理带来种种难题,织里镇坚持以人民为中心,推动智慧织里、多元调解等建设,着力破解难题、实现精彩蜕变,成为中国基层社会治理的先行地与试验区。第二,透视"织里窗口",探索"中国之治"的基本理路。从"肩上两个包"到雄踞国内童装市场半壁江山,这是新时代的一个缩影与奇迹。所谓"中国之治在织里",浙江湖州织里镇,是当代中国国家治理、社会治理的优秀典范。走进织里，走进湖州，可以看到中国治理的发生、发展、提升历程，彰显世界意义。织里治理现状，折射出中国治理的优越性和生命力。"织里之治"生成在中国迈向现代化进程中，不断加以探索与创新，最终成为面向世界、面向未来的中国之治。

实践意义。第一，构建中国特色的基层矛盾综合治理体系。社会治理是一个矛盾运动的过程，也是一个与时俱进的过程。近年来，织里在各级政府关心和自身的不懈努力下，实现了由乱到治的巨大转变，并不断迈上发展新台阶。基于此，织里继续贯彻落实中央和省委、市委推进基层治理现代化工作要求，确立"社会治理先行地、美好生活试验区"的建设目标，全面深化基层治理创新实践努力，为浙江乃至全国提供典型样本。第二，为更多类似地区提供基层治理的典型样本。习近平总书记指出："党的工作最坚实的力量支撑在基层，经济社会发展和民生最突出的矛盾和问题也在基层，必须把抓基层打基础作为长远之计和固本之策，丝毫不能放松。"素有"中国之治看织里"的美誉，剖析织里镇基层社会治理典型案例，梳理"枫桥经验"3.0版经典做法，形成可操作、可复制、可推广的有效模式，有利于不断推进基层治理体系和治理能力现代化，筑牢国家治理体系和治理能力现代化的根基。

(四)研究思路与方法

研究团队以基层治理共建、共治、共享为切入点，从法学、社会学、政治学、管理学等多学科出发，运用多种研究方法，多维度深层次把握研究问题。梳理探究织里镇基层社区治理现状和典型经验，借以拓宽思路，找寻改进对策，从实践升华到理论，新的理论指导新的实践。第一，文献分析法。通过图书馆、互联网等，对涉及织里之治的内容进行相关文献资料收集，通过阅读、筛选、整合和分析各种文献，多维度梳理织里基层社区治理经验，有的放矢地进行研究，为织里镇的治理发展提供对策依据。第二，实地调研及深度访谈法。2022年7月25日，研究团队通过实地走访社区综治中心、社会矛盾纠纷化解中心等方式，到访织里南太湖社会治理研究院，同时与织里镇相关领导进行座谈，实证分析织里镇社区治理现状，全面深入地进行深度调研，为探讨相关的对策打下基础。第三，问卷调查法。基于织里镇新老居民融合、社区流动人员密集、矛盾纠纷类型复杂等特点，研究团队设计《新时代城乡基层社区治理现状与对策的调查问卷》，发给织里镇居民，通过线上填写，借以分析问卷调查的结果，探究织里镇基层社会治理现状和对策研究方向。

二、新时代织里社区治理效果的问卷分析

通过随机形式向当地居民发放"新时代城乡基层社区治理现状与对策"线上调查问卷，共计发放问卷1475份，回收有效问卷1471份，有效率超过99%。实践

团队以浙江织里镇开展实地调研,参见图1。

图1　团队成员在织里社会治理展示馆实地调研

　　调查对象基本情况。第一,受访者年龄结构方面:受访人群覆盖"25～35岁"(45.05%)、"35～45岁"(30.03%)、"45岁及以上"(17.29%)、"18～25岁"(6.58%)、"18岁及以下"(1.08%),多角度展现了不同年龄段层面的新时代织里基层治理现状,样本数据较为丰富。第二,受访者学历结构方面:受访人群呈现不同程度的教育经历,"大专"(34.17%)、"高中"(23.05%)、"中小学"(22.03%)、"大学"(19.88%)、"硕士"(0.88%),整体受教育程度良好,对于新时代城乡基层社区治理现状与对策也有独立的认知。第三,对所在社区治理的了解程度方面:结果依次是"非常了解"(44.75%)、"比较了解"(25.83%)、"基本了解"(22.37%)、"了解较少"(5.83%)、"完全不了解"(1.22%),说明新时代城乡基层治理及其对策拥有着较为广泛的关注度,大部分群众有较为深入的了解。

　　对社会治理政策的了解认知。第一,社区公共治理问题由谁解决。在受访群众的认知中,认为社区公共治理问题解决对象包括"社区居委会"(45.45%)、"居民间自行协商"(20.56%)、"业主居委会"(14.11%)、"物业"(10.45%)、"当地政府"(9.43%)等,由此可见,在社区治理中,社区居委会及居民之间的沟通协商发挥了重要作用。第二,诉讼程序和非诉讼程序之间的选择。在面对纠纷时,运用诉讼程序或非诉讼程序问题上,依次为"根据具体案情来决定"(41.38%)、"都可以"(27.48%)、"诉讼程序"(20.42%)、"非诉讼程序"(10.72%)。因此可以看出在受访群众中,更倾向于利用诉讼程序解决纠纷。第三,对社区治理理念的认可度。新时代城乡基层社区治理所运用的各理念均有较高认可度(多选),其中包括"创新理念:提高创新能力水平"(80.54%),"协调理念:解决发展不平衡问题"

（69.02%）；"绿色理念：生态资源利用最大化"（67.19%）；"开放理念：积极扩大贸易市场"（59.59%）；"共享理念：形成可操作、可复制、可推广的有效模式"（55.93%）等。

所在社区目前治理现状。第一，对社区党员干部争当"店小二"服务的满意度。受访群众对于社区全体党员干部争当"店小二"的服务活动满意程度较高，依次是"非常满意"（58.58%）；"比较满意"（30.31%）、"一般"（9.29%）、"不太满意"（1.36%）、"非常不满意"（0.47%）。由此可见，较多数受访者对此服务活动满意度较高，说明该服务活动整体情况较好。第二，对社区治理系列建设的满意度。在受访群众对社区治理相关建设的满意度调查中，结果依次是"非常满意"（65.2%）、"比较满意"（27.34%）、"一般"（6.72%）、"不太满意"（0.54%）、"非常不满意"（0.2%）。整体而言，超过90%的受访者表达出满意、认可新时代城乡基层社区治理，侧面凸显相关建设的群众基础及影响力。第三，社区治理的关键。不同受访者眼里社区治理的关键点不同，主要包括"坚持'绿水青山就是金山银山'理念"（79.24%）、"因地制宜，形成个性化治理方案"（65.47%）、"促进各领域均衡发展"（64.18%）、"提高科技水平"（54.41%）、"形成可操作、可复制、可推广的有效模式"（52.04%）。

当前基层社区治理的难点。第一，解决社区纠纷的处理方式选择。包括"人民调解工作室，由第三方机构解决"（61.26%）、"平安大姐、商会等社会组织工作室"（17.37%）、"打官司，由法院解决"（14.18%）、"不经过任何其他机构，私下协商解决"（7.19%）等。受访者更愿意通过人民调解室、社会组织工作室等方式去解决社区纠纷，侧面彰显城乡基层社区居民的法律意识有所提升。第二，促进新老居民安居乐业的行动方案（多选）。受访者对于促进新老居民安居乐业的行动方案具有很高的认同感，"住有所居，住房补助促安居"（83.04%）、"病有所医，医疗保障惠民生"（76.87%）、"学有优教，量质并举上好学"（74.69%）、"产城融合，就业创业共奔富"（66.76%）、"其他"（13.84%），体现出在群众心中对此次行动方案的支持力度及满意度都较大。第三，主要的民间纠纷调解。在对受访者当地民间的主要纠纷调解的调查中（多选），包括"租房纠纷"（67.53%）、"劳资纠纷"（65.15%）、"邻里纠纷"（56.47%）、"市场纠纷"（54.37%）、"婚姻纠纷"（52.54%）、"婆媳纠纷"（47.39%）、"亲子纠纷"（33.69%），可见，城乡基层社区治理的难点在于调和新老居民之间、劳务关系之间、邻里市场和家庭伦理之间的纠纷。

社区治理具体问题的满意度。第一，对所在社区智能化服务平台的满意度。受访者普遍对社区智能化服务平台较为满意，包括"非常满意"（58.48%）、"比较满意"（32.63%）、"不清楚"（7.62%）、"不太满意"（1.09%）、"不满意"

（0.54%）。第二，对所在社区公共事务公开透明情况。受访者认为，所在社区的公开事务透明情况依次为"完全公开透明"（59.97%）、"部分公共事务进行公开"（19.27%）、"不清楚"（17.98%）、"不太透明"（1.9%）、"完全不透明"（0.88%）。第三，对所在社区社会救助服务满意度。受访者所在社区的社会救助服务整体情况较好，包括"非常满意"（59.57%）、"比较满意"（27%）、"不清楚"（11.47%）、"不太满意"（1.42%）、"很不满意"（0.54%）。

当前社区治理的总体效果。第一，社区治安与扫黑除恶状况。受访群众对于当前社区治理效果的正向反馈较多，对社区治安综合状况和扫黑除恶状况的评价依次是"很好"（74.83%）、"比较好"（20.08%）、"一般"（4.55%）、"非常差"（0.34%）、"比较差"（0.2%），不难看出社区治安综合、扫黑除恶状况整体情况较好，但个别地区或个别情况仍稍有不足。第二，社区治理未来需要注意的主要问题（多选），主要包括"社会治理"（75.1%）、"安全生产"（70.9%）、"疫情防控"（69.06%）、"精细化管理"（63.64%）、"小区物业管理"（59.84%）、"干部队伍建设"（49.73%）、"其他"（17.71%）。第三，提升社会治理效果的主要政策。在新时代背景下，当地社区治理取得成就的原因是多方面、多角度的，包括"利用'互联网+'新理念"（83.11%）、"政策引导和培育"（74.49%）、"一流的营商环境"（69.67%）、"推动产业转型升级"（68.25%）、"促进优质人才聚集"（65.81%）、"加快新兴产业发展"（59.5%）等。当地社会治理取得一定成就的原因不仅于此，更在于各个阶段、各个领域的居民对相应政策的实践，并及时使其形成可操作、可复制、可推广的有效模式，更好地造福社会。

调研总结。本次问卷调查共收集了1475份，样本数据真实、有效，从随机受访群众反馈的数据中，可以得出以下几点结论：第一，从受访者的年龄结构、学历结构以及对所在社区的社区治理了解程度来看，受访人群涵盖各个年龄层，有不同的教育经历，并且对于新时代城乡基层社区治理的政策、规定、活动等内容关注度较高。第二，在对受访者进行"社会治理政策了解认知"调查时显示，社区居委会在解决社区公共治理问题上发挥重要作用，受访者也更愿意通过诉讼程序解决社区纠纷，并且对社区治理理念均有较高认可度。第三，社区治理现状方面，受访者对社区全体党员干部争当"店小二"的服务活动、人民调解室以及平安大姐、商会等社会组织工作室均获得较高的满意度，超过90%的受访者表达出愿意继续支持新时代城乡基层社区治理的相关建设。第四，约80%的受访者表示：社区网络智能服务平台令人满意，公共事务公开透明情况较好，社会救助服务高效优质。第五，当前社区治理效果的正向反馈较多，群众也对未来的社区治理继续顺应新时代背景进行创新发展抱有较高期待，希望能够早日形成可操作、可复制、可推广的有效模式，对类似地区的社区治理提供实践经验。

三、新时代织里社区治理经验梳理

习近平总书记强调："基层强则国家强,基层安则天下安,必须抓好基层治理现代化这项基础性工作。要坚持为民服务宗旨,把城乡社区组织和便民服务中心建设好,强化社区为民、便民、安民功能,做到居民有需求、社区有服务,让社区成为居民最放心、最安心的港湾。"①织里童装产业曾经历"低小散"、城市管理"脏乱差"、新老居民不和谐,体制性机制性瓶颈显现,面临发展历史关口,织里痛定思痛,坚持党建引领,以社会治理为抓手,牢牢把握体制机制改革、加快高质量发展、大力改善民生等,围绕共治、共建、共享,实现社区治理机制创新。

(一)共治——共富之治安民心

腾笼换鸟,打造产业新引擎。城镇发展的基础在于产业。织里紧紧依托产业发展和转型升级为城市建设提供动力,开创了"产""城"互促互进的良好局面。其一,对内升级创新。织里以童装产业创新服务综合体为引擎,全力打造童装产业高质量发展五大工程,着力构建"一城二园三中心五平台"的创新格局,形成以科技创新为驱动、助推童装集群产业转型升级的发展态势。除传统服装业外,还大力发展新兴产业。织里正朝长三角区域高质量发展的路子大步迈进:全力打造以电子信息、金属材料、光伏装备为核心的新材料"千亿级"产业,通过技术改革、科技创新、人才引进等手段推动铝合金、光伏、电子信息等主要特色优势产业快速增长,积极推进高新技术产业发展。其二,对外改革开放。织里加快童装上市园与童装产业园建设,加大童装"走出去"步伐。举全镇之力,建设湖州(织里)童装及日用消费品交易中心,打通童装出口贸易壁垒,真正向世界童装之都迈进。"走出去"的同时,织里也注重"引进来",引进并培育一批国内外有一定品牌知名度和影响力的企业,实现由"童装名镇"向"童装强镇"转型。

内外兼施,决胜时代新挑战。产业发展在带动城市建设的同时,也带来了人口的集聚。高密度的人口、众多的企业、少量的管理人员,不同人群的文化差异、盘根错节的社会矛盾,使织里社会管理一直面临"小马拉大车"、新老居民如何和谐相处的难题。为此,织里镇从两方面入手,其一,框定块明,厘清未来发展方向。织里立足"湖州市现代化生态型滨湖大城市重要组团"的发展定位,委托中规院高水平编制四轮小城市发展三年规划,统筹"生态、业态、形态、文态"融合发展,初步形成"织西以中国童装城为中心的特色总部经济商圈、织东以珍贝商业综合体为中心的都市生活商圈、织北以扁担街为中心的文化休闲商圈"三大板块,同时加快推进旧

---

① 向全国各族人民致以美好的新春祝福 祝各族人民幸福吉祥祝伟大祖国繁荣富强 习近平春节前夕在贵州看望慰问各族干部群众[J]. 当代贵州,2021(Z2):6-11.

城改造、退二进三、延伸城市发展空间,确保重点平台、重大项目、重要试点的顺利推进。织里地处沪苏浙皖的中心位置,高铁贯通,距上海、杭州、南京都仅需一个小时车程。为进一步彰显交通区位优势,织里继续推进城市道路建设,打造"内成网、外成环"的综合交通体系。积极外拓交通圈,以"接沪融杭"为引领,加快构建沪杭半小时交通圈。同时,深入内延发展圈,推进湖织大道、吴兴大道等 28 条道路建设,建成"八纵八横"交通路网。截至目前,全镇公路里程超 500 公里,平台承载力大幅提升。其二,文化建设,促进居民和谐共处。织里充分利用文化"助推器""黏合剂"的作用,拉近新老居民之间的距离,不断加强文化认同。通过"织里·知礼"品牌建设,让群众身边的榜样站在"镁光灯"下,把"知礼好人"的生动样本春风化雨般传播开来,在全社会营造"尊崇好人、学习好人、礼遇好人、争当好人"的浓厚氛围,为好人添底气、为社会添正气。为有效调解矛盾、促进新老居民和谐共处,织里探索出了"以外治外"的社会治理新模式,"以新调新、以新助新"成为织里社会治理特色。其中各类矛盾调解组织在社会治理中发挥了重要作用,如"平安大姐"工作室,两年内为新居民朋友调解了各类纠纷 358 起。

多方并举,构筑发展新动力。城市经济的发展不能仅仅局限于眼前,要思考如何持续推动经济长期向好发展。对此,织里营造良好的营商环境,吸引人才的流入。第一,优化营商环境。良好的营商环境是产业兴旺的沃土,是织里镇实现共富的坚固基石。织里为创优营商环境,从以下四个方面支持,扶持实体经济发展:在产业发展上,织里给企业政策支持,确保 100% 事项实现部门综合窗口"无差别全科受理",同时抓好项目追踪,实现开工前审批"最多 90 天"并全流程代办。据安庆市湖州商会的李国满会长介绍,疫情中织里延续税务改革,未进行收税,切实减轻营商主体经济压力。在社会治理上,商协会与政府形成双向良性互动,每次的改动会议都有商协会参与,咨询商协会的意见,而商协会也会协助行动的落实。在招商引资上,织里镇聚焦电子信息、新材料等主导产业,紧盯上海、江苏、深圳等重点区域,以国际国内先进、行业标杆企业为标准,采取"区招商分局+镇招商分队"形式,开展定点组团招商。在引建项目上,围绕两个千亿级产业开展精准招引,不遗余力引建优质项目,将项目"双进双产"作为高质量赶超发展的"主引擎",统筹做好"个转企、小升规、规改股、股上市"工作。织里镇党委、政府及各职能部门,整体上与当地企业保持了"既亲又清"的政商关系。一方面,关系上清,守住规矩,在企业高歌猛进的时候,提醒企业家注意市场规律,要冷静清晰,防范企业风险,企业家对政府对干部都非常尊重。另一方面,感情上亲,当企业遇到困难,遇到市场起伏时,及时始终帮扶企业,企业遇到流动资金困难时,及时伸出援助之手。第二,吸引发展人才。织里秉持人是最核心、关键因素的理念,大力引进人才,激发经济发展活力。通过与高校开展对口交流合作,全面推动定向引才;举办童装设计大赛,吸引优秀设计师;通过人力资源产业园平台和地校合作项目,订单式、多维度培育符合织里产业导向的专业技术人才,把本地优秀的全产业链人才留下来。为了让引进、留下的人更安心、更舒心,努力实现以人民为中心,完善民生建设,践行全心全意为辖区民众服务的根本宗旨。

（二）共建——社会共治聚民力

以改革创新和制度建设、能力建设为抓手,建立健全基层治理体制机制,推动政府治理同社会调节、居民自治良性互动,提高基层治理社会化、法治化、智能化、专业化水平。①

党建引领,改革行政管理体制。党的十八大以来,以习近平同志为核心的党中央高度重视党建对基层社会治理工作的引领功能。织里创新社会治理体制,把资源、服务、管理放到基层,把基层治理同基层党建结合起来,充分发挥党建对基层社会治理的引领功能,提高基层社会的治理水平。第一,党建融合。针对织里童装企业多、外来人口多的特点,织里建立健全各级党组织。在 13 个商会组织建立党支部,不断深化"同心共治、同创共富、同行共美"的党建融合新模式,推行"支部建在网格上"。将每月 15 日固定为支部主题党日,吸纳流动党员参与组织生活和社会治理志愿服务,推动新老织里人融合。第二,社区平台。以社区作为基层治理单位,将行政执法、安全监管、市场监管、交通管理、市政维护、环境卫生等六条线的职能权限全部下放给社区,社区内再划分若干网格,每个网格配备 4～5 人,由安监、公安、城管执法、志愿者等组成。通过管理扁平化,让社区拥有了部分镇政府职权,街道下再设立办事处,即"二级街道"及若干网格,整个小城镇的管理体系更加高效。第三,网格管理。积极推进全域、全科网格建设,织里镇将辖区划分为四大全科网格,把安监、执法、公安、环卫、市政、交管等全部力量"入格",实现管理职能与全科网格的无缝对接,依托"一张网"做好各条线工作,把各项社会管理服务资源整合推送到社会最小单元,实现网格化管理。为了让新居民更好地融入基层服务管理中,织里推行"一体化服务,均等化管理",把新居民当成当地人,各项服务管理工作一视同仁,从而减少矛盾纠纷的发生率。织里按照网格组建"百名业主微信群",让群众参与到社区管理中来,让群众真正成为社区治理的执行主体、监督主体,真正做到"自治自理身边事,共建共享生活圈"。

智慧赋能,加快智慧社区建设。首先,为基层社会治理提供智力支撑。为加强基层社会治理的前瞻性、理论性和科学性研究,织里成立南太湖社会治理研究院。由中外知名专家、学者组成,以基层社会治理研究为主攻方向。研究院聚焦长三角

尤其是南太湖地区基层社会治理问题,建立跨地区、跨智库、跨领域联合研究机制,积极开展基层调研、理论创新、舆论引导、社会服务、教育培训等活动,为推进基层治理体系和治理能力现代化建言献策,为全面小康后的社会治理提供决策参考。其次,为基层社会治理提供技术支撑。织里镇政府始终秉持"急群众所急,难群众所难"的智慧化治理理念。"智慧织里"以智慧民生、智慧政务、智慧安防、智慧产业为抓手,通过加强 4G 网络、大数据分析、云平台等信息基础建设,以及"智慧安防""智慧安监""智慧人口管理""智慧税收"等子项目建设,提高城镇智能化管控水平,有效破解社会综合治理、安全事故防范和产业转型升级等多方面难题。第三,打造"城警一体化"破解社会治理难题。利用数字信息,线上线下联动,在线下警务站以"1+1+1+N"的勤务布局,开展派出所、交警、综合执法的联勤巡防和走访,随时发现城市精细化管理的隐患问题,及时进行信息数据的采集和交互处理。同时,通过线上搭建"城警一体化"智慧联动应用场景,以统一的联勤智慧平台,吸纳公安、执法、安监、环保等多个重点部门,推进视频监控资源共享、智慧信息资源联通,实现数字监控和一线执法的无缝对接。

多元参与,共谋化解矛盾纠纷。织里镇成立社会矛盾纠纷调处化解中心,融合多方力量参与社会治理,实现政府治理和社会调节、居民自治的良性互动。第一,社会矛盾纠纷调处化解中心。结合"最多跑一地"改革,探索完善社会矛盾纠纷多元预防调处化解综合机制,打造多部门入驻、社会组织参与等多方联动的治理新体系,形成网格化排摸、集中调处化解、一跟到底销号的闭环机制,让新老织里人矛盾调解只需进"一扇门",并成立综合调解服务平台,该平台由矛盾调处中心、法庭仲裁庭、南太湖社会治理研究院、"代表委员之家"以及"卫士之家"五部分组成,下设4 个工作室、6 个调委会和 8 个服务中心等①。第二,专业调解团队。社会矛盾纠纷调处化解中心吸纳老兵驿站、"平安大姐"工作室、"吴美丽"工作室等 20 多个专业调解团队参与矛盾化解,全力营造共建共治共享的社会治理新格局。依托平安大姐工作室,充分利用女性工作者的优势,参与辖区内新居民的劳资纠纷、婚姻情感等纠纷调解,并积极投身公益事业,不断提高新老居民的融合度;依托商会调解工作室,搭建起辖区内企业与政府沟通的桥梁,在维护企业利益的同时,企业向政府建言献策、调处化解纠纷矛盾,将行业隐患消除在萌芽状态;依托老兵驿站工作室开展法治宣传,为辖区退伍老兵提供政策咨询,做好群众和退伍老兵的来访接待,掌握辖区社情民意,组织退伍老兵开展公益活动,积极发挥正能量。第三,试点推行楼道长管理制度。云村街道推选政治素养好、做事有担当的优秀老党员担任辖区楼道长,对辖区内 118 幢楼房进行网格化管理,做到政策及时传达、问题快速解

---

① 庄俊亭. 矛盾调解只进"一扇门"[N]. 人民日报,2020 - 06 - 04(03).

决和信息高效流通,提高社区管理效率。

"三理"融合,健全基层司法保障。习近平总书记指出,"法律并不是冷冰冰的条文,背后有情有义"。要让人民群众在每一个司法案件中感受到公平正义,实现案结事了人和的社会效果,就必须坚持司法公正和有效释法说理相统一,讲法理、明事理、通情理,实现"三理"的深度融合。"理法官工作室"是吴兴区人民法院依托高新区、各乡镇(街道)片区建立的法官指导人民调解工作室,旨在贯彻落实习近平总书记"把非诉讼纠纷解决机制挺在前面,从源头上减少诉讼增量"的重要指示精神,坚持和发展新时代"枫桥经验",深入开展"法官联系片区"工作,满足人民群众多元、高效、快捷的解纷需求。"理法官工作室"围绕"无讼是最高境界,非诉是最佳方式,诉讼是最后途径"的纠纷化解理念,实行对口联系制度,由区法院46名法官、法官助理分别联系全区的46个片区,定期驻点,履行纠纷排查、指导调解、司法确认等职能,切实发挥人民法院在创新完善矛盾纠纷多元化解机制中的引领、推动、保障作用,深入推进溯源治理工作,为争当推进基层治理现代化先行地和排头兵提供有力的司法保障。

(三)共享——俯下身段感民情

中国共产党是人民的党,是为人民服务的党,共产党当家就是要为老百姓办事,把老百姓的事情办好。织里镇始终坚持以人民为中心的发展思想,让人民群众共享发展成果。建设更美的环境,打造更优的配套,提供更好的服务,让老百姓得到更多的实惠,有更多的获得感、安全感和幸福感。

整治环境,社区管理做精做细。织里镇以"遏制、稳定、改善"为总基调,开展"五水共治""三改一拆""厕所革命"等人居环境整治行动,探索建立水、气、土等污染治理新模式,推动城市管理从粗放型向精细化转型,从突击攻坚向常态管理转型。坚持问题导向,制定织里镇电动车管理公约、停车服务公约等体现织里特色的长效机制8项,创新实施物业综合管理方案,开创大物业管理新模式。坚持建设生态宜居美丽乡村,编制实施农旅融合产业振兴规划编制,全面推动乡村农旅商文综合发展,用绣花功夫织出和美乡村新形象。

提优配套,民众福祉做好做实。织里镇围绕打造全面发展安居福地、提高公共服务设施供给和共享水平,形成以产促城、以城兴业、产城融合、宜业宜居的城镇新格局,累计投入加快建设配套设施,补齐民生短板。第一,教育保障,实现公平教育。向新居民发布《义务教育阶段新居民子女入学申请摇号规范》,推动新居民子女公平规范入学。同时,投资近百亿新建、扩建中小学、幼儿园等,公办学校超过60%的在校学生为新居民子女,推动"上学难"问题的解决。第二,文化地标,开展多样形式。以城市客厅、文化地标为定位,斥资建设织里镇文体中心,全面满足居民休闲娱乐、培训展览、文体活动等多种需求,让群众获得感、幸福感和归属感不断提升。第三,养老保障,实现老有所养。织里镇幸福邻里中心(示范型居家养老服务中心)建成投入使用。按照浙江省示范型居家养老服务中心标准和邻里中心标准建设,所有功能室是集服务居民、协商议事、组织培育三大职能为一体的公共空间,真正打通服务群众的"最后一公里"。第四,医疗保障,推行异地结算。织里与多个省区达成患者就医异地结算跨省联报,解决异地结算周期长、往返奔波的难题,并对在织里参加医保的新居民进行补贴。

提升效率,社区服务更快更优。织里镇始终把建设人民满意的服务型政府作为重中之重,全体党员干部从管理者向服务者转型,形成人人争当"金牌店小二"的浓厚氛围。近年来,为更好地提升效率,创新基层治理机制,织里镇通过多项新举措推进"最多跑一次"改革,先后梳理出"最多跑一次"清单事项531项,通过网上办、自助办等新方式,打破办事空间上的限制,提升工作效率,完善乡镇公共服务体系。2021年以来,已受理事项20余万项,日均办理千余项。实现了"方便老百姓在家门口办事,实现织里人办事不出织里镇"的目标。云村社区推动建立"共建·共廉"新模式,村社合理分工、互帮互助,增进村和社区的互动交流,密切党群干群关系,在深入推进基层党风廉政建设的同时,高效推进城市精细化管理、违章搭建拆除等多项重点工作,为干群相互交流、共同进步提供新平台,从而提升村和社区两级基层组织的工作效率,优化服务水平,取得"1+1>2"的良好效果。

四、新时代加强织里社区治理的对策构建

现代性与复杂性共存的治理环境、多元性与扩张性兼具的治理诉求,要求我们更加前瞻性把握形势,高起点谋划、高标准定位、高质量推进织里的治理创新,开拓"共治、共建、共享"的新治理格局。

(一)创新治理理念,谋划精细治理

解决社会治理中出现的问题,必须坚持改革导向,创新手段方式。就织里而言,重点要加强三个方面的创新:治理思维、治理基石、治理平台。

创新治理思维。第一,坚持绿色发展。织里美丽城镇建设持续推进,产、城、人融合发展有新突破,绘制出一幅"环境美、生活美、产业美、人文美、治理美"的亮丽画卷。未来,湖州市必须以绿色创新引领生态资源富集型地区可持续发展为主题,着力建设国家可持续发展议程创新示范区,为助力国家创新示范区建设,继续以"绿水青山就是金山银山理念"为引领,创新治理理念,实现精细化治理。第二,坚持法治建设。织里党政及各种执法力量应该继续落实廉政建设到具体制度上,统一执法尺度,推进依法治理,彰显法律的严肃性,提升政府公信力。应继续依托社会组织力量,整合法学专家、律师等资源,进行普法宣传教育,引导社会公众培育和形成自觉守法、遇事找法、解决问题靠法的法治思维,充分保障新老居民的各项合

法权利。第三,坚持人民主体。真民主、好民主,就要真正做到人民当家作主:人民不仅有选举、投票的权利,也有广泛参与的权利;不仅能表达自己的意愿,也能有效实现意愿;不仅推动国家发展,也共享发展成果。在社会治理中要加快从碎片化治理向系统化、集成化治理的转变,让更多群众参与基层治理,实现自治共享的良好局面。坚持全心全意为人民服务,时刻倾听人民呼声、回应人民期待,持续推进民享领域建设,增强人民的获得感。

夯实治理基石。党的领导是党和国家的根本所在、命脉所在,是全国各族人民的利益所系、命运所系。习近平总书记指出:"治理好我们这个世界上最大的政党和人口最多的国家,必须坚持党的集中统一领导,维护党中央权威,确保党始终总揽全局、协调各方。"党的建设问题事关国家发展前途命运与民族未来,而基层党组织则直接与人民的生活福祉休戚相关。党的全面领导要靠党的坚强组织体系去实现,只有党的各级组织不断健全、作风过硬,形成上下贯通、执行有力的严密组织体系,党的领导才能"如身使臂,如臂使指"。[①] 要坚持"造形"和"铸魂"一体推进,着力固根基、扬优势、补短板、强弱项,着力提高基层党组织的政治领导力、思想引领力、群众组织力和社会号召力。

构架治理平台。织里治理重点是推动社会治理领域"最多跑一次"和"最多跑一地"改革,核心是全面铺开数字化运用。织里镇相关的硬件建设、软件开发也走在全区乃至全市前列。应该根据问题导向,更多地开发运用相关手段载体,扩大覆盖面,继续借助全科网格片区建设等载体,让更多力量下沉到片区、村社甚至网格。要注意国家权力和平台权力间的冲突,虚拟社会平台权力在一定意义和程度上侵蚀着国家的部分行政权和立法权,必须综合运用法律、行政、经济、技术等手段,加强对网络虚拟平台的建设和管理,不断提高依法治理、科学治理水平。

(二)健全治理体制,优化治理格局

在社区治理中,社区居委会及居民之间的沟通协商发挥了重要作用。社会组织是实现政府治理、社会调节和居民自治良性互动的重要主体之一,但客观上面临着平台缺失、保障不足、能力弱化等问题。应在坚持党建统领的基础上,聚焦社会组织参与基层治理这一主题,在探索创新中找寻解题方案。

转变基层政府职能。开拓社会治理新格局,需要坚守党委领导、政府负责,注重党建统领,发挥基层党组织战斗堡垒作用和党员先锋模范作用,构建形成"党委领导、政府负责、社会协同、公众参与、法治保障"的社会管理体制。首先要解决的是党政部门的职能转变,让党委政府能够投入时间和精力来进行执政党的执政能力建设、政府的行政服务水平提升,充分相信和依靠人民群众,集聚人民群众的智

---

① 习近平. 贯彻落实新时代党的组织路线,不断把党建得更加坚强有力[J]. 求知,2020(15):4-7.

慧。党委政府的工作重点主要集中于社会矛盾化解、社会治安防控、社会事务管理等平面工作中,对于动态社会治理必须依靠群众参与和社区管理。通过社区民主自治和合理培育社会组织,并在社区建设中焕发出持久活力,使一些看似复杂的社区问题在不同的群体内部予以化解。①

赋权社区,共举互促。为进一步激发社会活力,政府应秉持从全能管理向有效服务的理论转变,促进由政府督促组织嵌入社区"跟项目"向激励组织融入社区"创服务"的转变。以赋权社会组织为切入口,购买社会服务,明晰社会组织的最低服务要求,赋予社会组织发挥自主意识、运营公共空间、参与公共事务的权力,确保社会组织充分融入街区民主协商、矛盾调解、便民服务等功能领域,突破原有行政壁垒,常态化发挥协同共治功效;同时,发挥社会组织的内生创造力,结合街区的文化资源的挖掘、传承与焕新工作,推动契合时代潮流与民生急需的服务项目持续运转,强化公共联系,深化居民对于社区的价值认同感与情感归属感。

技术应用,软硬兼施。着眼长远,社会组织专业技术与信息硬技术的结合是基层治理高效化、精准化的有效途径。要以体制机制为抓手,构建横向到边、纵向到底的治理体系,进一步完善应急体系、数据支撑体系、队伍建设和干部能力提升等,形成平战结合、网格织密、指挥灵敏、基层赋能、底数要清的集成体系。通过适当的政策倾斜,促进能人挖掘、公益创投催生优秀项目,推动人才队伍外学内引,激活社会组织专业技能优势,吸引各类治理创新试点和服务实验在基层充分施展;依托社会组织搭建服务系统,以队伍专业化技能优势夯实治理技术基础;结合智能化基层治理系统,实现信息传递共享,促进区域内服务资源在本土环境的有机整合与针对性反馈。以社会之"技"推动专业化、智能化的基层之"治",拓展街区管理服务减负提效新方向。

(三)完善治理机制,助力安居乐业

织里中国童装城吸引了来自五湖四海的创业者,造就了织里经济的繁荣和社会治理先行特色。随着织里未来发展的不断向好,更要高度重视新老居民融合、提升城市品质,为新老织里人共建共享美好生活保驾护航。

推动服务"均等化"。面对大量的外来人口,织里的公共服务配置仍显不足,应该加大公建配套建设力度。以与新居民关系最密切的教育与医疗服务为例,虽然这几年织里镇持续加大教育投入,也多次就新农合异地即时结报问题与流动人口输出地开展协商,但仍然无法完全满足新居民子女就读公办学校的诉求,也无法实现所有在织新居民的即时结报问题。应继续投入教育、医疗等公共服务事业,让

---

① 中国法学会"枫桥经验"理论总结和经验提升课题组. 枫桥经验的理论构建[M]. 北京:法律出版社,2018:175.

更多医院、小学建设在织里,不断提升新老居民的幸福感。

实现基层"高效治"。以创新型智慧化城镇为蓝图,强化智慧化、信息化建设理念,持续推进精细化管理,建立智慧管理系统,加强日常管控,打造智慧城管平台,整体提升城市管理项目化、数字化、智能化效果。以美丽城镇建设为契机,不断推进社会治理现代化、智慧化、综合服务一体化平台建设,进一步完善服务机制,让新老织里人"安居乐业"的梦想化为现实。

打造治理"共同体"。建设人人有责、人人尽责、人人享有的社会治理共同体,激发组织活力,激励居民参与社区治理,形成多方协调发展、共治共享的良好局面,因地制宜打造更广义上的社会治理"共同体",在鼓励动员新居民参与社会治理基础上,进一步畅通与流动人口输出地的沟通联系,共同做好智慧社区管理时代的社会治理工作。

作者:张燕　钱文静　袁萍

文化品牌嵌入新时代基层社会治理的经验与启示

——以桐城市六尺巷文化为视角

以探寻中国式基层治理的可行路径为目标，以闻名遐迩的桐城"六尺巷"文化品牌为研究视域，以桐城六尺巷社区和桐城市人民法院孔城法庭为典型样本，以2022年全国法院文化建设特色项目"六尺巷文化融合工程"为基石，挖掘六尺巷文化的深厚内蕴，梳理基于六尺巷文化的基层社区治理实例，从打造地域文化经典、创立独特治理品牌和构架多元治理机制等三个维度出发，把握六尺巷文化品牌和"新时代六尺巷工作法"的核心内容，探寻中华优秀传统文化融入基层社会治理的有效方式，总结梳理"六尺巷"文化品牌应用于基层社会治理的典型经验，即提升基层治理社会化、智能化、法治化、专业化等"四化"水平，推动地方特色文化的创造性转化、创新性发展，探寻中国基层社区治理的可行路径，以期为全国类似地区提供借鉴，夯实社会稳定基石，助力国家基层治理体系和治理能力现代化。

一、绪论

（一）研究缘起

第一，探索中国特色城乡基层善治之路。2020年9月19日，习近平总书记在基层代表座谈会上强调："'十四五'时期，要在加强基层基础工作、提高基层治理能力上下更大功夫。"[①]2021年7月，中办、国办发布《关于加强基层治理体系和治理能力现代化建设的意见》，阐述加强基层治理体系和治理能力现代化建设的指导思想、基本原则、主要目标、重点任务等，为探索新时代基层治理现状及对策提供任务要求和根本遵循，为日趋多元复杂的社会治理考题找到答案。坚持走中国特色

基金项目：国家大学生创新创业训练计划项目"地域文化品牌嵌入基层社会治理路径研究——以安徽典型县域为视角"（编号202310359114）。该文于2023年获评安徽省首届乡村振兴创新创业大赛一等奖，并全文在"中国青年网"（2022－12－09）刊发。

① 张术平．切实提高基层社会治理成效［N］．人民日报，2020－11－05（09）．

的社会治理现代化之路,是构建新时代基层社会治理格局的正确道路。第二,打造地域特色治理品牌。2013年,习近平总书记就坚持和发展"枫桥经验"作出重要指示。在习近平新时代中国特色社会主义思想,特别是社会治理思想引领下,"枫桥经验"不断焕发新的生机活力,成为新时代基层社会治理的好经验、好典范。[①] 2022年4月22日,全国"枫桥式人民法庭"与基层社会治理研讨会在浙江省诸暨市召开。桐城市人民法院孔城法庭参会交流,并以《推行"新时代六尺巷工作法",助力基层社会治理》为题作交流发言,向全国展示独具地域特色的"六尺巷"基层治理品牌。第三,探寻优秀传统文化嵌入基层社会治理的有效路径。习近平总书记在党的二十大报告中指出"推进文化自信自强,铸就社会主义文化新辉煌",强调"增进民生福祉,提高人民生活品质"。[②] 挖掘中华优秀传统文化资源,将其嵌入基层社会治理,是中华优秀传统文化创造性转化、创新性发展的重要体现,助推基层社会治理体系和治理能力现代化建设,实现人民对美好生活的向往。

(二)研究意义

丰富新时代基层社区治理理论体系。从文化品牌助推基层社会治理发展视角展开诠释,剖析桐城地域文化品牌与基层治理耦合理论,梳理基于"六尺巷"文化的基层治理模式创新,探寻特色文化与基层治理耦合理念及机制方法。实践维度,助推"新时代六尺巷工作法"的持续发展。作为桐城基层社会治理实践的智慧结晶,"新时代六尺巷工作法"源于实践,又在实践中不断发展。通过梳理治理现状,发现其中不足,探寻改进对策,于求变中发展,助推持续发展,尤其是大胆探索、发掘典型,不断优化桐城独特的基层治理品牌,注重经验做法的总结提炼、宣传推广,打造安徽版"枫桥经验",筑牢国家治理体系和治理能力现代化的文化根基。

(三)中国式基层治理的典型样本——"六尺巷"工作法

"六尺巷"故事在新中国成立后迸发出新活力。2014年,中央纪委监察部官网廉政文苑栏目发表《让人三尺又何妨———安徽桐城"六尺巷"的启示》一文。2022年4月,中纪委国家监委网发表评论《为官第一要清廉》,"慎独慎微,明纪以自守,怀德以自重,才能行稳致远、有所作为,不辜负党和人民的信任和期望。"以"父子宰相"清廉之道,倡导为官从政者在"忍"字上下功夫。近年来,桐城市充分挖掘"六尺巷"宽容礼让的文化精髓,推出"六尺巷调解法"多元解纷体系升级版。作为"新时代六尺巷工作法"的发源地,从"六尺巷调解法"到"新时代六尺巷工作

---

① 中国法学会"枫桥经验"理论总结和经验提升课题组."枫桥经验"的理论构建[M].北京:法律出版社,2018:55.

② 习近平.高举中国特色社会主义伟大旗帜 为全面建设社会主义现代化国家而团结奋斗[N].人民日报,2022－10－26(01).

法"，桐城市人民法院不断健全和完善多元化纠纷解决机制，拓宽非诉与诉讼纠纷化解渠道，充分发挥人民法庭"前哨站"和"神经末梢"作用，创新"法院+"机制，逐步实现将各种纠纷解决机制的功能完善与司法服务有效衔接，将法治、德治、自治"三治"融合，立足基层、扎根基层、重视基层、服务基层，树立了"六尺巷"文化融入基层社会治理的优秀品牌，成为中国式基层治理的典型样本。2023年2月，桐城市人民法院的"创新'六尺巷调解法'，构建多元解纷新机制"，获评全国法院"十大最具品质一站式建设改革创新成果"。

（四）研究思路与方法

本研究综合运用多种研究方法，梳理总结"六尺巷"文化发展的历史脉络与启示意义，深度了解"新时代六尺巷工作法"的内涵，逐层深入，探索文化品牌嵌入当地基层社会治理的作用机制。首先，文献梳理法。通过图书馆、互联网、党史县志等，进行大量相关文献资料的收集、阅读、筛选、整合，把握相关对象的背景性知识，增强学术支撑。其次，实地调研及深度访谈法。研究团队前往桐城六尺巷、桐城市人民法院孔城法庭、桐城文庙等地搜集整理一手资料，并与桐城市人民法院政治部主任方岱宗、派驻纪检监察组组长黄涛、审委会委员胡立平、孔城法庭负责人张诚、文昌街道纪工委书记严云乐、政法委员叶贵明、办事处副主任胡洁、综治中心主任黄帅以及张英后人、六尺巷社区党总支书记张耘等相关领导展开深度访谈，参见图1。了解桐城六尺巷地域文化品牌内涵与特色治理做法，从理论到实践、实践到理论，反复逐次提升。再次，问卷调查法。通过随机方式，在网上发放问卷，了解受访者对"六尺巷文化与基层社区治理"的认知，共收回有效问卷4233份。最后，综

图1　团队成员赴桐城市人民法院孔城法庭实地调研

合分析法。从法学、社会学、历史学、哲学等多学科视角展开分析,多维度深层次把握研究问题。

二、调查数据解读与分析

1. 调查对象基本情况

第一,受访者年龄结构。受访人群覆盖"45 岁及以上"(49.61%)、"35~45岁"(23.08%)、"25~35 岁"(21.99%)、"18~25 岁"(4.87%)、"18 岁及以下"(0.45%),样本丰富,多角度展现不同年龄段层面对"六尺巷"文化与基层社会治理现状的理解。第二,受访者学历结构。受访人群的学历水平分布覆盖范围广。"大专"(33.45%)、"大学"(31.02%)、"中小学"(21.4%)、"高中"(12.14%)、"硕士及以上"(1.98%)不同学历的受访者,对于六尺巷文化及基层治理情况有较为独立与深入的认知。第三,受访者桐城居住时长。受访人群大多长期定居在桐城。结果覆盖"30 年以上"(63.12%)、"20~30 年"(17.6%)、"10~20 年"(9.8%)及"0~10 年"(9.47%)。第四,受访者了解六尺巷故事的渠道(多选)。受访者了解六尺巷故事的渠道多样,依次是"口口相传,他人告知"(75.74%)、"参观景点"(68.30%)、"网络媒体"(63.64%)、"理论学习"(59.48%),仅 1.35%的受访者"不了解六尺巷文化"。

2. 受访者对六尺巷文化内涵的了解情况

第一,对六尺巷故事的了解。结果依次是"非常了解"(72.71%)、"比较了解"(15.52%)、"基本了解"(9.52%)、"了解较少"(2.01%)、"完全不了解"(0.24%),说明六尺巷故事流传许久,几乎家喻户晓。第二,对"六尺巷文化融合工程"的了解。大部分受访者具有较高的了解度。结果依次是"非常了解"(47.72%)、"比较了解"(19.68%)、"基本了解"(14.84%)、"了解较少"(13.77%)、"完全不了解"(3.99%),说明该工程具有较好的群众基础。第三,对"六尺巷文化融合工程"建设法治项目的了解。受访者对"六尺巷文化融合工程"建设法治项目的满意度较高。结果依次是"非常满意"(64.82%)、"比较满意"(23.81%)、"一般"(10.28%)、"不太满意"(0.59%)、"非常不满意"(0.5%)。近九成的受访者持满意态度,反映出工程建设富有成效。第四,对六尺巷文化的总体关注。多数受访者对于六尺巷文化关注度较高。表示"非常关注"(55.63%)和"比较关注"(28.68%)的受访者占有绝对优势,其后为"一般"(13.04%)、"不太关注"(2.36%)、"不感兴趣"(0.28%)。

3. 当前基层治理的难点

第一,对诉讼程序与非诉讼程序的选择。在面对纠纷时,多数受访者选择"根据具体案情选择程序"(43.11%),其后为"诉讼程序"(19.82%)、"非诉讼程序"

（19.11%）、"都可以"（17.2）、"不知道"（0.76%）。第二，解决基层纠纷途径的合适选择。78.88%的受访者认为"经六尺巷调解工作室调解"是合适选择，其次为"打官司"（7.84%）、"第三方资源"（7.68%）、"私下协商"（3.69%）、"不知道"（1.91%），反映出六尺巷调解法在当地的影响较大，成为矛盾化解的有力途径。第三，"新时代六尺巷工作法"的重要性（多选）。受访者认为在多方面发挥重要作用。"用六尺巷智慧指导司法调解工作"占比高达92.65%，其后依次为"推动六尺巷文化传承、发掘和弘扬"（83.09%）、"营造礼让互让的司法氛围"（79.19%）、"树立党员干部在群众中的良好形象"（68.11%）、"拉近广大干警与群众的距离"（65.30%）等，认同度均高于65%，彰显"新时代六尺巷工作法"在生活中不可或缺的重要地位。第四，当地民间的主要纠纷种类（多选）。结果依次是"家庭纠纷"（75.24%）、"邻里纠纷"（74.72%）、"劳资纠纷"（57.19%）、"房产纠纷"（48.55%）、"市场纠纷"（57.19%）、"其他"（12.07%），家庭与邻里纠纷占比较高。

4. 当前城乡基层社区治理现状

第一，桐城社区文化宣传活动力度。受访者对社区文化宣传力度普遍表示满意。结果依次为"很好"（65.67%）、"比较好"（19.96%）、"一般"（12.85%）、"比较差"（1.06%）、"非常差"（0.45%），说明社区文化宣传活动力度较大，但也存在有待改进的地方。第二，桐城社区治安总体满意度。大部分受访者对社区治安总体满意度高。结果依次为"非常满意"（74.94%）、"比较满意"（19.8%）、"一般"（4.58%）、"不太满意"（0.43%）、"非常不满意"（0.26%），说明社区治安状况整体情况较好。第三，对基层社区综合治理措施的支持度。受访者的态度大多倾向支持，少数较为消极。结果依次是"非常愿意"（81.93%）、"比较愿意"（14.46%）、"一般"（3.38%）、"非常不愿意"（0.17%）和"不太愿意"（0.07%），凸显社区综合治理措施大部分符合居民的需求。第四，对六尺巷调解法在基层治理的认同度。结果依次是"非常认同"（67.49%）、"比较认同"（24.69%）、"一般"（7.18%）、"不太认同"（0.47%）、"非常不认同"（0.17%），总体显示六尺巷调解法在基层治理中取得较显著的工作成果。

5. 新时代六尺巷工作法的主要内容

第一，了解新时代六尺巷工作法的发展过程。在受访者对"新时代六尺巷工作法"发展历程的了解调查中，结果依次是"非常了解"（46.14%）、"比较了解"（21.88%）、"了解较少"（15.1%）、"基本了解"（13.7%）、"完全不了解"（3.19%），表明"新时代六尺巷工作法"的演变与群众关系尚不够深入。第二，学习新时代六尺巷文化带来的启示（多选）。基于对六尺巷故事的了解，受访者获得不同启示，认识到"君子文化"（85.75%）、"家风家教"（80.56%）、"谦和礼让"

（80.06%）、"清廉文化"（71.91%）等多重文化内蕴,仅有1.32%的受访者不了解六尺巷文化,反映出六尺巷文化内涵丰富,启示颇深。第三,对有理者（强者）先让的认同度。大部分受访者（61.09%）倾向于有理者（强者）先让,"非常不愿意"仅有0.73%,说明六尺巷文化对群众的日常行为产生影响较大,有助于培养谦和礼让精神。第四,对"新时代六尺巷工作法"内容的认同度（多选）。结果依次是"礼让和事法"（90.48%）、"党建领事法"（80.49%）、"多元解事法"（75.24%）、"村民说事法"（73%）、"网格管事法"（65.96%）、"群力防事法"（63.25%）,反映出六尺巷文化蕴含的谦和礼让精神深入人心,新时代六尺巷工作法的群众基础深厚。

6. 新时代弘扬六尺巷文化的主要路径

第一,弘扬六尺巷文化的有效途径（多选）。结果依次是"利用互联网和新兴媒体"（91.33%）、"场景重现"（78.83%）、"融入学科课堂"（77.37）、"打造六尺巷片区教育基地"（77.06%）、"成立线下宣讲团"（69.03%）和"其他"（8.58%）,反映出宣传弘扬六尺巷文化应做到线上线下相结合,实现中华优秀传统文化的创造性转化、创新性发展。第二,六尺巷文化传承的重要意义（多选）。90.31%的受访者认为六尺巷文化是"精神根脉",认同"文旅融合"（83.3%）,"为中国之治做贡献"（78.31%）,"加强道德建设与个人修养"（76.33%）,"化解纠纷"（76.12%）的受访者也不在少数,反映出传承弘扬六尺巷文化意义重大,既有利于传统文化本身,也有利于社会和个人发展。第三,弘扬六尺巷文化的主要困难（多选）。实践中宣传弘扬六尺巷文化也存在诸多困难,主要体现在"创新性不强"（58.49%）、"特色性不够"（53.44%）、"引导性不够"（51.97%）、"针对性不强"（45.5%）、"互动性不强"（44.84%）。第四,培养六尺巷精神的有效措施（多选）。培养六尺巷精神的途径方法多样。结果依次为"开展多样化六尺巷活动"（87.38%）、"加大教育力度"（82.4%）、"加强传统美德教育和家风家教建设"（78.17%）、"推动六尺巷文化创造性转换、创新性发展"（76.8%）、"开发精神文化产品"（72.31%）。第五,弘扬六尺巷文化的主要参与者（多选）。弘扬六尺巷文化需要全社会共同参与。在受访者看来,"政府"（87.6%）、"学校"（85.14%）、"管理部门"（81.2%）、"家长"（80.98%）、"自身"（69.15%）都应参与其中,积极传承与弘扬地域文化精华。

7. 数据总结

本次调查共收集4233份有效调查问卷,样本数量充分有效,调查中保证随机性,减小误差,可得出以下结论:一是大部分民众认知停留在表层,即理解六尺巷文化内涵,对诸如"六尺巷文化融合工程"等延展内容的关注不够。二是在基层治理维度,最为常见的纠纷集中在家庭方面,包括家庭内部和邻里纠纷,其后是关于财产的纠纷。三是在适用解决纠纷维度,应用诉讼和非诉讼的比例相当。四是在社区治理维度,普遍对社区文化宣传和治安方面表示满意,高度认同六尺巷工作法。

六尺巷工作法的应用得到了积极反馈,在民众中的普及率较高,对民众的教育效果较好,取得了广泛共识,为其继续发展提供坚实基础。五是在成果与问题维度,成果在于更多人意识到六尺巷文化的重要性,积极探索其发展的道路;问题主要在于六尺巷文化品牌具有局限性,难以普及到各地施行,在互动、创新、推广方面仍有待继续提高。

三、文化品牌对基层社会治理作用的经验梳理

(一)凝练地域文化精华,擦亮文化展示窗口

2021年11月12日,安徽省桐城市成功获评"国家级历史文化名城"。作为"中国文都",桐城文脉悠悠赓续不断。"桐城派"起源于此,以六尺巷为代表的许多民间故事和传说广泛流传。桐城拥有中国最具代表性和影响力的文化资源,其构建独具特色的基层社会治理品牌,利用中华优秀传统文化精品为基层社会治理现代化提供平台支撑。六尺巷文化从桐城走向安庆,最后成为安徽乃至中国传统文化的名片,其精神实质与丰富内涵被不断挖掘、传承与弘扬。

1. 体悟六尺巷文化内蕴,传承六尺巷精神实质

首先,三尺窄巷变六尺,礼让精神感人心。清康熙年间,宰相张英以一首发人深省的劝让诗,解决了一场异常棘手的邻里纠纷。"一纸书来只为墙,让他三尺又何妨? 长城万里今犹在,不见当年秦始皇。"字字情真意切、入情入理。一条宽2米,长100米的小巷就此而生。心宽不怕巷子窄,大学士张英的谦逊礼让,使窄窄的六尺巷,却有着"3+3>6"的效果,成就了中华优秀传统美德和谦和礼让精神的一篇大文章。其次,廉洁之花香溢远,为官亦当知进退。三百年来,六尺巷承载无数修身正心之人虔诚的脚步,映射以张英为代表的桐城张氏家族祖孙数代合家顶戴、满门朱紫的不朽传奇,已成为广大干部群众接受廉洁教育、传承廉洁文化、弘扬清风正气的重要场所。张英一门,为官为宦者数不胜数,六代翰林代代兴盛,秘诀便是为官清廉。2014年11月15日,中纪委书记王岐山曾低调造访桐城六尺巷,深有感慨:"做官先做人。"王岐山书记以此告诫党员干部必须知古鉴今,正心修身,清廉自律。最后,君子之风润百年,家风家教更绵长。六尺巷为后世树起一道君子文化的标识,彰显"宽厚仁爱,谦恭礼让"的和谐精神。六尺巷的和谐君子文化,承载着桐城文化的重要内核,既印记着悠久独特的桐城文脉,又豪迈着大学士的君子风骨;既含蓄着礼让二字的深厚意蕴,又散发着传统文化的魅力。大学士张英以谦逊大度、秉礼处事的家风家教,熏陶了为官清正、心系百姓的子孙后代。聪训传家,世泽绵长。张英著典范家训《聪训斋语》,张廷玉著《澄怀园语》,内容深入浅出,富含哲理,落脚便在"廉俭""礼让"二端。两部家训的深刻影响,镌刻在子子孙孙的血脉之中,随着家族的发展延续,成为中国家训文化的一笔宝贵遗产,也是留给当今

时代的精神财富。

2. 延续六尺巷经典文脉,文化"活化"适应新时代

桐城市各级政府把准时代脉搏,积极探索六尺巷文化的精髓和价值,通过运用六尺巷文化综合工作法,使其"活"起来,更"火"起来,成为中华优秀传统文化创造性转化、创新性发展的经典之作。首先,六尺巷文化载体提供发展新动力。当下基层文化产品存在一些供需错位的痼疾,包括文化产品表达形式错位、文化产品外生型错位等。如今普遍出现的农村文化礼堂等文化场所即是利用本土传统文化资源、解决长期痼疾的一大有效举措。① 六尺巷文化载体的建设同"农村文化礼堂"建设相似,利用本土内生文化基因"种文化""建文化""送文化"。为将六尺巷文化的无形化为有形,桐城市启动恢复重建六尺巷相关旧址,打造一个集学术研究、精神展示、旅游休闲、廉政教育等功能为一体的和谐礼让、清正廉洁的教育基地。桐城市六尺巷历史片区恢复与修缮项目建设的内容包括六尺巷、张府、吴府、宰相府遗存、勺园以及吴越故居等。其次,六尺巷文化内涵融入核心价值观。六尺巷文化中,如吃亏是福的礼让精神、清廉自律的为官之道、大度做人的君子风范等,与中国特色社会主义核心价值观"诚信、友善"理念高度契合。在传承与弘扬六尺巷文化的过程中,认真汲取其思想智慧与道德精华,充分挖掘六尺巷精神的多元内涵,融入社会主义核心价值观、融入社会发展、融入日常生活,培育民众道德素养,弘扬社会崇礼尚贤之风。最后,六尺巷文化内涵嵌入社会治理方式。中国优秀传统文化中有很多精华思想可以改造后再运用于今天的治国理政,习近平总书记多次强调新时代社会治理要从中华优秀传统文化中汲取智慧和精华。桐城市重视六尺巷文化在社会治理中的运用,对于六尺巷文化创造出的物质财富和精神财富两手抓。结合时代地域特点,通过挖掘六尺巷文化的新时代价值,潜心打造基于"六尺巷+"的社会治理新模式,与新时代"枫桥经验"高度契合,打造安徽版的"枫桥经验"。"六尺巷调解工作法""新时代六尺巷工作法"的不断发展,使涌现出愈来愈多的新时代新六尺巷故事。

(二)依托地域文化资源,创立独特治理品牌

1. 六尺巷调解法

2010 年后,随着经济社会的发展不断涌出,我国各类矛盾纠纷案件数量有所上升。2015 年 6 月,为缓解"案多人少"的矛盾,桐城法院率先提出"六尺巷调解法",并以孔城法庭为实践基地,在矛盾纠纷化解过程中,融入六尺巷谦和礼让精神。"六尺巷调解法"的基本内涵包括:以借古喻今为切入点,用六尺巷典故启发

---

① 张金凤,李勇华. 从规则治理、文化治理走向价值治理——以农村文化礼堂建设为例[J]. 东南学术,2018(01):88-89.

人;以办法析理为着力点,用情理法交融引导人;以化解矛盾为关键点,用和为贵理念感化人;以公平正义为根本点,用知进退境界昭示人。操作规程方面,"六尺巷调解法"将理论与实践相结合,将六尺巷文化贯穿矛盾化解实践的过程中,使之程序化、体系化、规范化,形成一套具有可行性、可操作性、可复制性的"六步走"调解法——听、辨、劝、借、让、和。听,即倾听当事人陈述、让当事人把话说完,以便法官掌握基本案情事实;辨,即释法明理、明辨是非,事理法理并行、以理以法服人;劝,即参观六尺巷文化墙、聆听六尺巷文化故事,进行劝导;借,一是指借古喻今,以"张吴争地"喻矛盾纠纷,以"先让三尺"喻谦和礼让,以"后让三尺"喻纠纷化解;二是指借力调解,借助乡镇综治中心、村级调解委的力量,引进"两代表一委员"等力量进行调解;让,即通过劝导及调解倡导当事人强者先让,带动对方互谅互让,展现新"六尺巷"故事;和,即达到解决争议、握手言和、案结事了人和的效果。

2. 新时代六尺巷工作法

桐城市于2015年创设"六尺巷调解法",2017年在全市广泛推行,经历由探索到提出,不断提升的发展历程。最终,2021年出台《关于打造"新时代六尺巷工作法"的意见》,提出以"谦和礼让、知进退、和为贵"为基本内涵,打造以"源头治理、多元共治、和谐共享"为基本体系,以"党建领事法、礼让和事法、村民说事法、多元解事法、网格管事法、群力防事法"为基本内容的"新时代六尺巷工作法",力求达到"矛盾不上交,平安不出事"的基本目标。其基本内容包括六个维度:党建领事法,构建"党建+平安建设""党建+信访"的基层治理新格局,推进党建引领信用村(社区)建设,平安建设示范村(社区)创建,建立党员联系群众机制,党员干部发挥带头作用;礼让和事法,全方位弘扬六尺巷"和谐礼让"的传统美德,营造人人会讲六尺巷故事、处处彰显六尺巷文化、事事体现六尺巷精神的浓厚氛围,努力从源头预防和减少纠纷矛盾;村民说事法,成立以"五老""新乡贤"等群众为主体的村民说事会,通过"说、商、办、评"四步法,实行"民事民说、民事民商、民事共办、民事民评",推动群众关切的民生大事和邻里小事"事心双解";多元解事法,多元解事化民忧,发挥市、镇、村三级综治中心作用,整合信访、调解、仲裁、法律服务、心理咨询及社会组织等第三方资源,落实"631"分级化解机制,运用六尺巷调解工作法,实现矛盾纠纷化早、化小、化了;网格管事法,构建"党组织+网格长+单元长(联防长)+住户"的"小单元作战"社会治理模式,打通服务群众的最后一米;群力防事法,线上推进"雪亮+平安乡村"建设,构建城区"天网"、农村"雪亮"、农户"慧眼"三位一体的公共安全监控网,线下组建"文都义警"群防群治队伍,构筑起"75万人民创平安、桐城处处有人防"的坚实防线。

3. 工作实效

通过桐城法院和全社会的不断实践和共同努力,六尺巷文化创新法院工作的有效方法进一步被深度挖掘,新时代六尺巷工作法从桐城走向全国。孔城法庭二楼设置六尺巷调解工作室,室内一面为新时代六尺巷工作法基本理念的宣传墙,另一面为六尺巷故事的展示墙,具有浓厚的文化气息。2022 年 7 月 9 日,桐城法院"六尺巷文化融合工程"获"全国法院文化建设特色项目",也是安徽法院唯一获评项目。两个"唯一",展示了桐城人民法院在推广新时代六尺巷工作法上的显著成效,更彰显其可操作性、可复制性、可推广性,成为地方优秀传统文化融入基层治理的一大创举。数据显示,2021 年,桐城市通过运用新时代六尺巷工作法成功化解矛盾纠纷 4 万余起,调处成功率达 99.32%。人民群众安全度、政法满意度逐年提升,2021 年下半年,两项指标分别居全省第 9 位、第 7 位,连续 12 年跻身安徽省平安县行列,先后荣获全国信访工作"三无"县、平安中国建设示范县。

(三)构建多元治理机制,推动全员共同参与

1. 上下贯通,联动协同

桐城在纠纷化解时运用新时代六尺巷工作法,整合分散的人民调解、司法调解与行政调解三大调解体系,构建市、镇、村三级贯通的矛盾调处工作体系。首先,市级层面,五级调解,"五调联动"。桐城市设立社会矛盾纠纷调处化解联合中心,下设司法、仲裁、人民、行政、行业协会调解的五级调解机构。重新整合的多级机构在面对重大错综复杂的疑难纠纷问题时,通过召开联席会议群策群力,齐力协作,推进矛盾问题高效化解。同时整合公安、法院、检察院、行业协会等力量,与人民调解组织联动,形成警民联调、诉调对接、检调对接、访调对接、行业调解"五调联动"模式,让调解工作力量更强、效率更高、覆盖更广。在落实"五调"联动的基础上,桐城市人民法院细化倡导"一庭两所"联动,打造"前哨式解纷"模式。作为"新时代六尺巷工作法"实践基地的孔城法庭切实探索庭所联动化解纠纷,合力调解促进和谐。其次,镇级层面,一站服务,融合入镇。桐城市下辖 15 个镇(街道),在各镇成立社会矛盾纠纷调处化解中心和信访接待大厅,建立综治办、司法所、派出所常驻,农业站、林业站等派出机构轮驻;同时,引进行业性调委会入驻接访,设置法律咨询、心理咨询等功能室,将接访、调解、法律服务、心理咨询等融为一体,打造矛盾纠纷化解"终点站",实现"一站式、一揽子、全链条"服务。最后,村级层面,以文化人,依法治村。桐城市积极建设综治维稳信访工作站,全市 223 个村(居)全面设立六尺巷调解工作室,确保小事不出村、大事不出镇、矛盾不上交;同时,结合村内新时代文明实践站,推动"文明实践"与"新时代六尺巷工作法"相融,弘扬六尺巷精神,传播法治文化,推动村民尊法学法守法用法。通过多级协同治理,积极践行新时代六尺巷工作法,桐城市基本形成"631"矛盾纠纷化解格局,矛盾纠纷 60% 在村级化解、30% 在镇级化解、10% 在市级化解。

2. 群众自治,多元主体

桐城市突破以往多数社区形成的由政府主导、街道办和居委会"两端膨胀"的

"沙漏型"治理结构,跳出"代理型"治理的"闭锁逻辑",形成更有效的社区治理结构。① 首先,村民说事,说商办评。新时代六尺巷工作法在村居建立"村民说事"制度,成立村民说事会,邀请"五老"、乡贤等担任说事会成员,以"议民愿、评民理、遣民闹、劝民和"为原则,以"说、商、办、评"为步骤,让老百姓用自己的语言,用自己的方式,解决自己的事情,通过发挥村民主体作用,切实把矛盾风险化解在萌芽。其次,网格管事,全科治理。实行"网格化管理、小单元作战",汇集基层群众的力量。每个网格确定一名专职网格长,社区聘用"单元长",村镇聘用"联防长",落实"党组织+网格长+政法干警+单元长"的全科网格治理模式。桐城市厘清管理与自治的界限,让群众服务群众,群众治理群众,实现了在网格发现需求、在网格整合资源、在网格解决问题的"多能网格"。最后,群力防事,群防群治。为形成共创平安、共享和谐的社会氛围,桐城市在线下强化群防群治,联防联控,成立"文都义警"队伍。由社区党员、平安志愿者、商户等共同组成,聚焦五类防控区域:校园周边、商业街区、公园广场、交通枢纽、住宅小区,分时段常态化开展巡逻防控,问题及时排查处理,众志成城构筑坚实防线。

3. 平台搭建,多维高效

一是搭建"文都e家"智慧治理平台。"文都e家"平台集基层党建与基层治理于一体,运用智慧党建、智慧社区、智慧乡村、智慧人才、智慧园区五大系统,对"人、地、事、物、情、组织"等六大要素实施可视化、动态化管理。该平台采取"街道吹哨、部门报到"办事机制,对标囊括14个部门构成的"大联勤"范围,整合公安、民政、人社等部门数据信息32万余条,实现纠纷一键上传,全流程掌上跟踪。二是搭建六尺巷调解工作室辐射平台。搭建矛盾化解平台,服务基层社会治理。桐城市大力推行诉调对接工作,建好六尺巷调解工作室辐射平台,设立六尺巷调解工作室,辐射各基层司法所、法律服务所和人民调解中心,及时化解诉前基层纠纷。在市镇村三级全覆盖,共设立260余家工作室。三是搭建诉调对接平台。建好"诉前调解中心"分流平台和诉调对接平台,丰富完善诉讼服务中心职能,前置调解程序和部分诉讼程序,实现案件"繁简分流""简案速结",做好诉调对接工作。对于调解成功的,通过平台经审查符合法律法规和双方自愿调解原则的,法院进行司法确认。未能成功调解的,法院则从平台快速获取案卷及其他相关证据,迅速把握案件基本事实,提高审判效率、降低当事人维权成本。四是搭建家事审判工作室调解平台。从镇村、妇联等部门聘任特邀调解员,通过调解家事纠纷消除大纷小争,推动家事审判更加专业化、人性化。线上线下全覆盖、诉前诉中诉后全过程的多维平台

---

① 吴晓林.中国的城市社区更趋向治理了吗——一个结构-过程的分析框架[J].华中科技大学学报（社会科学版）,2015,29(06):52－61.

建设及更新,为基层治理减负增效,赋能保鲜。

四、新时代六尺巷工作法基层社区治理的启示借鉴

(一)"四化"指明社区治理方向

1. 社会化治理

相关社区借鉴桐城多元治理的经验,构建多元主体治理体系,提升基层治理社会化水平。首先,党委领导是根本。党建引领城市基层治理,形成街道党组织为核心、驻区单位踊跃参与、社会各界大力支持的大党建格局。其次,政府主导是关键、社会协同是依托。政府运行成本居高不下,成为中国发展中的一道难解之题,这道难题的症结就在于政府包揽过多事务。① 要彻底扭转长期以来以政府为唯一社会治理主体的思维定式,以开放公正的态度,平等地对待各类社会治理主体。最后,公众参与是基础。明确多元治理主体职责,使其在法治框架内各司其职、各尽其能,又齐心并进。渐趋完善的社会组织依托政府的开放性架构及市场机制,有效承担政府让渡的职责与功能;居民持续培育自治精神和社会责任感,积极主动参与社会公共事务治理。

2. 智能化治理

面对新时代社会治理新要求,相关社区可以借鉴桐城六尺巷社区在社会治理中科技赋能,提升基层治理智能化。首先是系统化布局。借鉴桐城市全科网格管理模式,坚持条块联动,推进社会治理一体化,搭建一张"治理网"。其次是信息化整合。搭建技术支撑平台,整合共享政府信息资源,加快健全数据共享与开放机制,全面提升社区治理感知力,实现数据互联互通的一体化、集约化、综合化数据平台。最后是实战化平台。搭建民心汇聚平台,将群众最关切的问题分类好、解决好,聚焦民情民意提供精准服务。搭建智慧便民服务平台,综合多项便捷服务渠道,以切实提高工作效率,实现综合高效服务。不断深化"互联网+"诉讼服务平台,推动诉讼服务中心转型升级,有效实现"信息多跑路,群众少跑路"。人工智能加速变革,与其相关的伦理规范、风险框架以及治理理念、治理模式,都受到广泛关注,营造创新生态、重视防范风险,越来越成为共识,人工智能时代的基层治理,需要更多传统社会的共同商量、民主协商,找到矛盾综合调解理处的有效方法。

3. 法治化治理

一方面,把发扬社会主义民主制度与依法办事原则有机统一,通过各种有效方法,将人民内部矛盾置于化解第一线;另一方面,弘扬积极向上的文明风尚,使法治建设获得道德和舆论支持,获得人民群众的广泛参与和认可。着力完善社会矛盾

---

① 卢芳霞.《"枫桥经验":走向社会治理》[M].杭州:浙江人民出版社,2020:71.

纠纷多元预防调处化解机制,把法治导入矛盾纠纷调处,衔接联动调解、仲裁、行政、诉讼等多种解纷方式,形成有法可依、功能互补、程序衔接的矛盾纠纷化解体系,推动当地特色的治理方式与执法司法工作深度融合,切实完善非诉解纷体系,深化诉与非诉对接机制,创新"法院+"机制,有效拧紧案件"增量阀"。落实德法并行,情理法结合,培根立心,德法并用,打开案件"法结",化解群众"心结"。

4. 专业化治理

相关社区既要构建专业纠纷处理机制,成立医患、交通事故、涉电维权、涉军维权、征地拆迁、消协纠纷等专业矛盾调处中心,充分发挥专业人才的优势,做到专业纠纷专业化解[①];更要重视基层治理队伍建设,以"专业化、职业化、规范化"为目标,以"专门渠道准入、专业能力培训、专职管理考核、专属薪酬保障、专有激励措施"为内容,引育基层治理工作者,提升基础服务专业化。

(二)推动地方特色文化创造性转化、创新性发展

文化自信是更基本、更深沉、更持久的力量。社区文化健康与否,直接影响新时代社区建设的成功与否,更直接影响社会主义制度优越性在社区治理过程中的能效发挥。而独有的地方优秀传统文化对于社区自身治理具有典型代表与推动意义。[②]

1. 充分发掘地域特色文化资源

中华文明因其民族自身的智慧创造了文化内在的历史性演绎,逐渐形成一套体系庞大、内容精深的思想积淀。相关社区发掘中国基层治理建设的"本土资源",通过对当地的特色文化资源进行系统挖掘,对地方历史文脉清晰梳理,全面、科学认识地域文化,加快特色文化资源的开发利用。

2. 多重挖掘地域特色文化内蕴

桐城"新时代六尺巷工作法"方兴未艾,其重要支撑是六尺巷文化中的谦和礼让精神。对于类似六尺巷故事的文化本身而言,进行创新性发展,实现传统地域文化的现代化,通过补充、拓展、完善等方式,丰富其新时代内涵,增强影响力和感召力。同时创新地方特色文化资源载体,进行内容、形式、服务等多方面的创新。

3. 加快推进地域特色文化转化

桐城市在继承、发展六尺巷文化的基础上,按照时代特点和要求,嫁接了基层社会治理桐城实践,生长出更多的内核,最终落地生根、开花结果,实现创造性转化——"新时代六尺巷工作法"。相关社区可以打造当地文化品牌,通过家风家教、道德榜样、社会公德的教育功能,指导群众行为、规范社会秩序,结合中华民族

---

①　方瑜. 运用"六尺巷"调解工作法创新基层社会治理研究[J]. 法制与社会,2019,28(16):172-173.

②　史亮. 基层治理现代化视域下城市社区治理问题研究[D]. 吉林:吉林大学,2021.

优秀文化精华,凝练出具有地域特色的社会治理方式。

（三）探寻中国基层社区治理的现代化之路

1. 全方位强化党的领导,锚定基层治理大方向

2022 年 7 月 26 日,在省部级主要领导干部专题研讨班上,习近平总书记深刻指出:"我们推进的现代化,是中国共产党领导的社会主义现代化。""必须坚持以中国式现代化推进中华民族伟大复兴"。① 中国共产党的领导是中国式现代化道路得以形成和拓展的根本保证。中国式的现代化,体现在基层乡村治理中,关键是中国共产党领导的现代化道路。基层党组织通过政治领导、理论引领、文化导向、实践引导,积极联系群众,团结群众、带动群众、服务群众,把党组织的领导功能发挥到社会治理的方方面面,在党委领导主线下实现政府治理嵌入社会调解、社会调解带动居民自治、居民自治优化社会治理三者的良性互动。落实到基层实践中,就是要发挥共产党员领导干部在基层管理实际中的先锋模范作用,采取以上率下,有效统筹各方,避免治理过程中群龙无首、一盘散沙的治理格局,最大限度保障治理过程顺畅,切忌出现治理真空地带。

2. 优化"三治"结合,构架现代化治理体系

首先,完善制度构架。科学构建管理体系与组织架构,完善相关法律法规体系,推进社会组织、公众参与等制度建设,形成在政府、社会、市场等多方协调互动,打造"三治结合"的有效载体。其次,扩大社会力量的有序参与。习近平总书记在党的二十大报告中提出:"发展壮大群防群治力量,营造见义勇为社会氛围,建设人人有责、人人尽责、人人享有的社会治理共同体。"② 群力防事,共铸民安,化实、落实人民群众的获得感、幸福感、安全感;村民说事,说商办评,尊重和保障群众的知情权、参与权、表达权、监督权;网格管事,依靠群众,调动群众参与治理的能动性、创造性。最后,强化道德教化功能。依托当地特色文化资源,在时代链条前端创新发展基层社会的基本道德规范,以宣弘德,以文养德,以评树德,引导群众向上向好向善。③

3. 实现多元发力,提升现代化治理能力

首先,坚持问题导向,提高破解难题能力。针对"案多人少"难题,整合多方社会力量,做到诉调对接,使法院减负增效。针对矛盾纠纷化解难题,多元解决方式

---

① 人民日报评论员. 坚持以中国式现代化推进中华民族伟大复兴——论学习贯彻习近平总书记在省部级专题研讨班上重要讲话[N]. 人民日报,2022 – 07 – 31(03).

② 习近平. 高举中国特色社会主义伟大旗帜 为全面建设社会主义现代化国家而团结奋斗[M]. 北京:人民出版社,2022:54.

③ 中国法学会"枫桥经验"理论总结和经验提升课题组. "枫桥经验"的理论构建[M]. 北京:法律出版社,2018:143 – 147.

环环相扣,最大限度地预防、减少矛盾纠纷,并就地化解。构建事先预防为主的社会治理体系,健全完善中国特色一站式多元纠纷解决体系,打造"只进一扇门"的矛盾纠纷调处中心。① 其次,坚持资源导向,提高创新结合能力。借鉴学习"新时代六尺巷工作法"的创举,探索传统与现代结合的治理方式,将中华优秀传统文化嵌入基层治理。针对城乡基层实际,有典故用典故、有村规用村规、有文化用文化,在继承传统的基础上,实现创造性转化、创新性发展。最后,坚持为民导向,提高群众工作能力。江山就是人民,人民就是江山。济民困、解民忧,找准群众反映集中的痛点,解决亟待处理的难题;聚民智,汇民力,坚持群众路线,激发群众内生动力,助力基层治理。

作者:李雪　徐海燊　李强

---

① 汪世荣.枫桥经验:基层社会治理的实践(第2版)[M].北京:法律出版社,2018:15－16.

中部典型农业区乡村治理经验及路径优化

——以望江县漳湖镇为视角

2022年6月,"新时代乡村治理模式创新调研服务团"赴雷池故里、"三孝文化"之乡望江县,以漳湖镇回民村和日星村为典型调查样本展开调研。回民村是全国民族团结进步模范单位、少数民族特色村寨、全国民族团结教育基地、中国美丽休闲乡村和红色美丽村庄;日星村是纯移民的传统农业村,曾获评先进基层党组织和"五好"村党组织。研究报告遵循历史逻辑、理论逻辑、实践逻辑的有机结合,运用文献梳理、实地走访、问卷调查、深度访谈等多种途径,厘清典型乡村治理现状,探寻当前乡村治理难题,探究优秀传统文化有机嵌入乡村治理、实现创造性转化与创新性发展的可行路径。报告集中梳理了两个典型村的治理经验,包括"三孝文化"解矛盾、红色文化重传承、民族团结一家亲、村民协商好办事和人民代表入基层五个维度,希冀为全国类似村提供经验遵循,助推建设具有中国特色的乡村治理体系。

一、绪论

(一)研究缘起

第一,落实党中央文件精神。党的十九大报告指出:"加强农村基层基础工作,健全自治、法治、德治相结合的乡村治理体系。"①党的二十大报告指出:"抓党建促乡村振兴,以党建引领基层治理",强调"着力推动全体人民共同富裕"。新时期推进农村治理工作,要坚持党建引领,构建自治、法治、德治治理体系,构建更适合国情乡情的农村治理体制。深入研究全国典型农业区治理状况和成功经验,探索农村治理可行性创新模式,高度符合中央有关完善和提升农村治理水平的文件精神。第二,探寻文化在乡村治理中的作用。党的二十大报告指出:"坚持和发展马克思主义,必须同中华传统文化相结合,根植本国、本民族历史文化沃土,马克思主义真理之树才能根深

基金项目:"地域文化品牌嵌入基层社会治理路径研究——以安徽典型县域为视角"(编号202310359114);该文于2023年获评安徽省首届乡村振兴创新创业大赛三等奖。

① 高其才.健全自治法治德治相结合的乡村治理体系[N].光明日报,2019-02-26(16).

叶茂。"①中华传统文化的伦理、德性特征明显,蕴含丰富的教化理念、人文精神、道德规范,集"修齐治平"功能于一体,积淀了丰富的基层治理智慧,是当下乡村治理理念和素材的供给者,被视作破解乡村治理难题的密钥。第三,构建中国基层乡村治理模式创新。现代化是一个世界性潮流,寄托着几代中国人对理想社会的期盼,农村治理是国家治理体系中最基本的治理单位。研究报告以望江县漳湖镇为视角,立足典型农业区乡村治理的现状经验,深入探究中国基层乡村治理模式,希冀为全国类似村提供经验遵循,助推具有中国特色的乡村治理体系建设。

（二）研究意义

第一,赓续中华传统文化基因,增强文化自信。中国文化的根源在农村,以乡村治理为重点,推动乡村振兴,是重构我国本土文明的重大行动,也是传承中华优秀传统文化的重大策略。通过对漳湖镇蕴藏丰富的乡村历史资源的全面发掘,在尊重传统的基础上,与时代同步开展创新改革和创新活动,以促进并营造新时代中国社会文明的新气象,进一步提升经济发展能力,保持社会发展稳定②。第二,丰富乡村治理模式理论,提供典型样本。调查研究的核心在于望江县漳湖镇特色文化与乡村治理的有机耦合,作为望江基层社会治理实践的智慧结晶,望江县特色文化根植于地方实践,又在实践中不断发展,通过梳理治理现状,发现个中不足,探寻改进对策,于求变中发展,借以探索典型农业区特色文化与基层治理有机结合新路径,丰富乡村治理模式理论框架,为全国提供典型样本。第三,助推基层治理能力提升,完善治理体系。社会治理的基础在基层,薄弱环节在乡村。研究典型农业区乡村治理现状及经验,顺应时代潮流,回应社会之需,通过交流互建、经验共享,提升农村治理能力,优化农村治理体系,是推进基层治理现代化的必然路径③。

（三）研究对象

努力建设中华民族现代文明,乡村是热土、是基石、是底气所在。望江县漳湖镇以德治、法治、自治三治融合为总目标,以红色文化提高村民集体意识、"三孝"文化配合以德治村、乡贤文化助益多元共治、民俗文化涵养乡村共同体、规约文化呼应法律制度,持续提升乡村治理效能,创新乡村治理模式,为类似地区的乡村治理提供借鉴。漳湖镇隶属于安徽省安庆市望江县,位于古雷池之滨,地形平坦,土地肥沃,物产丰饶,耕地面积9.8万亩,水产养殖面积7000余亩,林业面积0.76万亩,人口2.9万,人均耕地面积较大,绝大部分是圩区,适合大规模机械化。近年来,漳湖镇立足实际,突出产业转型,因

①　习近平.高举中国特色社会主义伟大旗帜　为全面建设社会主义现代化国家而团结奋斗[M].北京:人民出版社,2022:18.

②　丁成际.试论传统文化在乡村治理中的作用[J].湖湘论坛,2017,30(03):80-83.

③　王晶冉.基层治理现代化的理论来源、治理思路和实践路径[J].陕西行政学院学报,2022,36(03):84-88.

地制宜,赓续红色基因,发扬传统农业,打造民族特色,促进乡村振兴。

两个典型村基本情况。第一,回民村——少数民族特色村。回民村滨江临湖,1830 年由安庆、九江一带躲避战乱、灾荒迁来的 5 户回民在此依江而居,鱼牧为生,逐渐繁衍而成村落。全村现有 1129 人,其中回族人口占 80% 以上,耕地面积 3762 亩,是望江县唯一的少数民族聚居村、全国民族团结进步模范单位、中国少数民族特色村寨、全国民族团结进步教育基地、中国最美休闲乡村和红色美丽村庄。第二,日星村——全移民村。日星村以望江后山外来移民为主,全村 5248 人,耕地面积 15368 亩,2014 年获县"五个好"党组织。

典型农业区的内涵解读。第一,全移民村。日星村以外来移民为主,回民村也由移民发展而来,社会关系相对复杂。第二,农业资源丰富。漳湖镇绝大部分属于圩区,总体资源丰富,种养殖业发达,盛产优质粮、油、棉、畜、禽等农产品,是全国绿色食品原料(水稻)标准化生产基地,稻田蛋鸭养殖模式被誉为"中国畜牧行业优秀创新模式"。第三,特色旅游资源。漳湖镇地处望江县 50 万亩油菜花海核心区,风景殊丽,回民村更是安庆市民旅游休闲的"后花园"。第四,人口流失现象普遍。漳湖镇作为传统农业区,户籍人口 29734 人,常住人口 14300 人,其中回民村外出务工人员 200 多人,日星村 1500 多人,面临着青年人严重流失的问题,青年人口在外务工人数超过六成,经济发展水平相对较低,经济发展封闭性较大,是中西部农业区面临的共性问题。第五,红色资源深厚。漳湖红色文化底蕴深厚,渡江战役中,漳湖镇回民村积极支援军队渡江战役,组成 127 人的"回民船工突击队"运送军队渡江。第六,传统文化底蕴深厚,古雷池所在地三孝文化盛行。安徽省安庆市望江县是一个有着 1600 多年历史的滨江古邑,中华"二十四孝"中王祥卧冰、孟宗哭竹、仲源泣墓的故事在此发生,望江因此被称为"三孝文化之乡"。图 1 是实践团队在漳湖镇日星村协商民主议事办公室合影。

图 1　实践团队在漳湖镇日星村协商民主议事办公室实地调研

二、典型农业区治理中存在的共性问题

（一）基层党建相对薄弱

第一，基层党组织凝聚力小。乡村振兴的核心力量是村基层组织，但目前在我国广大农村地区，村干部对党在农村的方针政策认识尚不全面，对现实认识和创造性贯彻不够，缺乏足够的创造力领导村级经济社会发展。第二，党员队伍老龄化。现阶段农村治理体制建设普遍存在党员老龄化问题，党员缺乏活力和创新能力。老年党员虽然经验丰富，但由于学历较低，很难对农村治理提出有效的建设性的意见。并且随着互联网建设深入，老党员很难适应农村发展逐渐向基于互联网的智能化建设平台发展，工作方式难以改变，工作容易停滞不前。第三，基层工作遭遇"双低"。基层干部工作繁重，而对应的薪酬较低，这就难免引起基层干部工作积极性难以调动。同时，基层工作经费缺口大，工作难以展开，这严重阻滞着基层乡村治理发展创新。

（二）经济发展动力不足

目前，大量中西部农业区仍以传统农业为主，土地附加值低，青壮年人口大量外移，乡村治理仍存在诸多难题。农业发展虽有自然优势，但也有"不可忽视"的缺口。尽管互联网信息技术的普及应用和规模化经营不断推动农业转型升级，中西部地区农业发展仍存在农民收入水平低和农业转型升级不完善等诸多问题。传统农业附加值低，漳湖镇资源丰富，地形平坦，种养殖业发达，盛产优质特色农产品。漳湖镇青年人口在外务工人数超过六成，村庄面临空心化严重问题，后续发展力不足。城乡发展差距较大，乡镇的综合实力在一定程度上反映城乡差别。《2021乡镇综合竞争力报告》在北京发布，上榜中国百强镇数量前三名的省份，安徽省乡镇无一上榜。相对于安徽省2021年在全国GDP百强市中占3席、在赛迪顾问发布的2022年中国县域经济百强榜单占3席（均为合肥下辖县）及2022年赛迪百强区中占3席，安徽乡镇此次无缘百强镇，说明安徽省经济产出主要集中于县以上城市，尤其是省会首位度较高，乡镇和农村工业基础薄弱，甚至工业空白村普遍存在，与同为长三角省份的江苏、浙江相比，安徽不但总体经济实力较弱，在城乡均衡发展上也不尽人意①。

（三）法制建设亟待完善

法治建设在法律法规上取得了良好的效果，但农村社会治理立法仍存在明显

① 伍波.乡村振兴背景下农村移民社区的乡村治理困境研究——以S村为例[J].湖北农业科学，2022,61(14):237-241.

的缺陷,更突出的是立法冲突的存在,如上位法与下位法的冲突,不同部门法律法规的冲突与矛盾,造成执法混乱,在一些农村立法中,许多领域侧重于反映政府部门和地方政府的利益,基层意见没有得到充分表达,表达意见的方式也不够;总体法治体系建设不充分、不完善,阻碍乡村治理进程;法制人才严重匮乏,造成农村法治化进程受阻,直接影响乡村管理进展;村民法治意识相对淡薄,依法治理能力不强,通常根据村里的规章制度和传统习俗来解决矛盾,基层司法缺乏信誉。在农村地区,"权力大于天"和"人治大于法治"的古老观念仍然盛行,大多数农民都因维权成本过高或时间过长而不愿走法律途径解决问题。

(四)乡村治理体制需健全

农村建设面临新冲突。当前农村建设中,比较突出的问题是人地冲突和村民合理安置。比如,村内征地与拆迁之间存在短期内难以解决的冲突,与当地人民生活密切相关的村民思想建设,与医疗、教育、养老、生态环境等密切相关的问题。这些新旧矛盾的存在,使得乡村治理制度建设难度越来越大。由于乡村业务人员对应用行政公共服务系统平台积极性不高,开展网络办事的困难较大。手机办事通过 App 办理事需功能齐全,如对关乎普通民众切身相关权益的养老保险缴纳、医疗保险缴纳等功能提供渠道比较苛细,便民化程度还不够高。乡风文明建设既是乡村全面振兴的外在表现,也是乡村复兴战略实施的灵魂。但由于农村各类教育设施严重不足,教育人员不足,教育现代化、信息化水平相对较低,农村教育质量总体较低。乡村优秀传统文化被忽视也是一大问题,随着城镇化进程的加快,农村传统文化被忽视和遗弃,更谈不上很好的保护和发展。

三、典型农业区乡村治理的经验梳理

(一)民族团结一家亲

"中华民族共同体"理念深入人心。第一,党建引领方向明,回民村作为少数民族特色村,将党建引领放在首位,坚持贯彻党中央的民族理念,为实现乡村治理激发更为主动的精神力量。回汉团结助治理,回汉通婚进一步加强对彼此民族风俗的了解,加深了回汉两族人民的感情,对民族团结互助起到了很大的作用,促进民族之间友好交流,同心同力推动乡村振兴。同心协力共防洪灾,1989 年,同马大堤六合段与回民村交界处江堤外滩塌陷,回民村毫无保留地将自家能腾出来的地方全部让出给兄弟乡镇民工居住,妇女们帮民工洗衣裳,两族人有不少成了民族兄弟。他们十分尊重回民的习俗,严格禁止猪荤进回民村,不讲有悖回民风俗的话,两族人民团结一心。民族特色助推持续发展,凸显民族特色,打造风情小镇。回民村根据特色村寨建设总体规划,通过特色民居一期、二期等工程的建设,实施环境整治,建立文化广场、渡江战役纪念馆,修通水泥路,完善便民服务、清真饮食、村庄绿化、亮化工程。回民村刘卫东书记在访谈中提道："令我感触最深的是，良好的人居环境也改变了人的生活习惯，从前过年街道遍地狼藉，处处是烟花碎屑，后来大家都自觉主动各自清扫。"回民村通过建设特色村寨，提升乡村治理水平，发展民族特色，推动乡村振兴。并根据自身传统种养殖习俗，并依托民俗风情、历史文化、生态田园，着力发展特色种、养产业，逐步开发特色村寨旅游，提升乡村治理水平，大力发展牛羊养殖，逐步将回民村特色养殖建成全县沿江片区特色产业园，为规模化养殖产业拉开了序幕；重点推进薄壳山核桃、瓜蒌种植产业化建设，成立望江县顺民山薄壳核桃种植专业合作社，发展壮大产业，带动农户致富，目前瓜蒌种植已发展到 500 余亩；积极发展特色村寨旅游，围绕"特色回民村"，开发农家乐和乡村旅游活动，推进特色村寨旅游建设，让更多的游客体验农耕文化、感受民族特色、促进乡村经济发展。

（二）红色文化重传承

第一，赓续红色血脉，讲好红色故事。回民村有着浓郁的民族文化和光荣的红色历史。为怀先烈、记历史、育后代，回民村先后投入 800 万元建成渡江战役纪念馆、抗日飞机残骸陈列馆和回民村起渡点纪念碑，年举办党性教育和红色研学活动 160 多场次，并将红色故事与黄梅戏等艺术形式有机结合，通过讲红色故事、建红色基地、拍望江故事等，让红色精神历久弥新。第二，夯实党建基础，打造坚强战斗堡垒。根据新时代新要求，回民村深入推进支部标准化规范化建设，强化村干教育管理，提升为民服务水平。注重日常学习培训，在学习教育中提高素质，以"三会一课""支部主题党日"为载体，全面提升党员干部的思想素质和文化修养。严格落实各项规章制度，在恪守制度中提升水平，以党员分类管理、积分量化管理等制度规范约束党员行为，以"四议两公开"等制度规范村内议事决策程序、提升村级运转水平。增强服务意识，在密切联系群众中发挥作用，以推动"两商衔接"村协商议事会为契机引导广大党员为群众办好事办实事解难事。第三，促进乡村治理，建设红色美丽乡村。回民村为把红色资源利用好、红色基因发扬好，坚持党建方针，建立"一约四会"管理体制，注重发挥红色乡情在矛盾化解中作用，让红色基因润物无声地嵌入村民心田，为基层社会治理新格局注入源动力："一约"立新风，为推进红色美丽村庄建设，2021 年回民村党支部主持修订了"村规民约"，针对少数民族村特色，特别强调"热爱祖国、热爱集体"，按照"合法简约规范"的原则，积极动员辖区群众建言献策，结合村庄实际，制定村民认可遵循的行为规范和约束准则；"四会"议和谐，回民村通过完善红白理事会、道德评议会、村民议事会和禁毒禁赌会等"四会"制度，引导群众自我教育、自我管理、自我服务、自我提高，同时依托红色载体，组织开展红色活动，让优秀传统文化深入人心；"两队"强服务，回民村党支部组建成立了"党员突击队"和"党员志愿服务队"。"党员突击队"在于攻坚，在新冠疫情防控、防汛救灾等活动中冲锋在前、攻坚克难;"党员志愿服务队"在于服务,注重弘扬"雷锋精神""渡江精神",在农村人居环境整治提升中服务群众。深入挖掘渡江战役革命斗争史等红色史料,讲好回民船工支援解放军渡江等红色故事,让红色文化看得见、记得住、传承好;文化重传承,回民村积极传承红色基因,打造党性教育基地,积极申报爱国主义教育示范基地项目;建设渡江战役回民村起渡点纪念碑和民族团结进步广场,整理完善渡江战役回民船工突击队的事迹,积极开展红色教育,将红色基因转化为推动建设宜居宜业和谐红色美丽村庄的不竭动力,最大程度助力乡村治理和乡村振兴。全国民族团结进步模范个人、回民村党支部书记刘卫东在深度访谈中提出:"回民村依托宝贵的红色资源,弘扬渡江精神,团结集体,为红色美丽村庄建设铸牢思想之基。"

(三)"三孝文化"解矛盾

中国特色乡村善治之路,离不开人情、公理、国法,矛盾不可避免,重在如何解决。望江县漳湖镇以三孝文化为切入点,推行"三孝"调解工作法,及时总结提炼打造"三孝"调解工作品牌,探索出一条情理法融合之路,为乡村基层治理提供经验遵循。一方水土养一方文化,一方文化养一方人,望江县充分挖掘"三孝之乡"独特文化资源,大力倡导现代孝德孝义,将孝爱文化与社会主义核心价值观紧密结合。第一,基层自治有广度,实行"三孝调解+人民调解"。望江县重点加强阵地建设,成立150个"三孝调解工作室",聘用600名人民调解员,基本实现人民调解组织全覆盖,为维护县域经济社会稳定提供有力保障。第二,乡贤议事有热度——推行"三孝调解+党群说事"。漳湖镇凝聚乡贤,利用"五老"等力量组建"党群说事会",建立每周说事制度,主动或依据申请介入矛盾纠纷调解,屋场村组、田间地头、村委会都能看到"党群说事会"的身影。第三,法治保障有力度——推行"三孝调解+法治宣教"。实行调教结合,化解矛盾的同时,进行法治宣传教育,为乡村治理提供法律保障。第四,人文教化显温度——推行"三孝调解+文化浸润"。漳湖镇结合"三孝"调解法和文化教育解决家庭伦理矛盾。晓之以理,动之以情,使家庭和睦如初,有效化解矛盾。第五,服务群众有深度——推行"三孝调解+警务创新"。近年来,漳湖镇结合当地实际大胆改革创新,推进"多元警务一体化",实现"一警多能"警务机制改革,零距离服务群众:建立警察系统,建立信息整合的新型警察体制,为人民服务,确保派出所改革实效;民意引领警务,创新建立市综合警务中心,实现警民联系,推进警力建设,不仅夯实社区、农村警务基础,更增加便民服务深度,提高及时解决冲突的能力;创新警务模式,以"人民"为载体,调动群众主动性。加强三孝文化体系建设,近年来,漳湖镇通过推动三孝文化体系建设,在错综复杂的矛盾纠纷构建多元的化解体系,促进基层乡村治理。

（四）村民协商好办事

第一，完善议事构架——想百姓之所愿。协商于民，协商为民，乡村治理需要群众性力量。漳湖镇协商民主制度 2021 年在回民村初试，并以日星村为前沿开展。为推进民主协商的有序开展，日星村加深村级议事协商实践内涵，聚焦村民反映强烈、解决实际困难问题和矛盾纠纷，明确协商议事内容，坚持夯实民主协商平台根基。自协商民主议事制度实施以来，日星村就人居环境整治、农村土地流转等群众关心的问题召开多次协商民主议事会，回应群众关切。第二，遵循议事流程——做百姓之所盼。议题提出上，村"两委"和村协商会议由群众个人或集体、社会组织、个人等组成；登记机构统一组织村委会。主题选择采用问卷调查、直接对话、小组咨询、听证、在线投票等形式；会议协商事宜，由村委会协商、审议批准，并报基层民主建设小组备案；会议召开上，村协商会议需制定会议计划、时间、地点、与会者、会议议程、指定会议秘书；会议秘书负责计算出席人数，参加协商的实际人数应超过三分之二。主持人应报告与会者出席会议的情况，并安排主持人就磋商议题进行互动磋商，经主持人许可每次发言一般不超过五分钟，每次发言一般不发言两次；主持人提议以举手或表决方式发言，并公开宣布协商结果；成果运用上，就此事达成协议后，应报村党支委调查确认，实施后，应及时公布实施情况，并通知发起人，公布至少持续一周。协商问题未达成协议时，经村党支委批准，可以组织重新协商，关于同一主题的协商次数一年不应超过两次，协商可送交村"两委"供决策参考，也可通过提案或政协委员的社会民意信息等方式，告知镇政协工作小组成员。第三，规范议事制度——解百姓之所难。通过完善协商民主议事组织体系，设立日星村协商议事会议作为村协商议事工作平台，村党支部书记任村协商议事会议召集人，村"两委"代表、乡贤代表、村民小组长代表，党员代表、群众代表、外来务工人员代表、企事业单位代表等为成员；明确协商主体及产生方式，协商议事会议成员原则上不超过 30 人，各行业、各阶层、各群体名额由村党支部研究确定，经组织推荐、联名推荐、自荐等形式产生，经村党支部审核通过。利益相关方代表由各利益相关方推荐或委托，报村协商议事会议审定，每次协商会议，利益相关方代表人数不少于总人数的 50%，与协商议题有关的其他人员，由村协商议事会议指定或报上级基层协商民主建设工作领导小组邀请参加；丰富协商民主议事内容。涉及全村发展和群众切身利益的重要事项，主要包括乡村规划、工程项目、征地拆迁、土地流转、水利兴修、乡村振兴等事关经济社会发展的重大问题，以及教育医疗、养老住房、生态环保等群众反映强烈的民生问题。

（五）人民代表入基层

近年来，漳湖镇人民代表坚持党建引领提升基层治理效能，以日星村人大代表联络站为桥梁，加强与群众的联系和服务，在乡村治理中行使好人大职权、发挥好代表作用,为乡村治理贡献力量。第一,调查研究,深入群众生活。调查研究不仅是一种工作方法,更是关系党和人民事业得失成败的大问题,深入村民生活的调查研究是乡镇人大代表的一项基本功,也是提高议事决策水平的关键所在,漳湖镇人大代表始终围绕群众关切问题,深入群众生活进行调查研究。第二,建言献策,解决民生难题。民有所呼,村有所应。漳湖镇日星村人大代表联络站落实解决措施,认真做好人大代表建议答复工作,同时,为密切人大代表与选民联系,日星村确定为代表接待选民日,代表可以提出议案建议、批评和意见等。第三,进站履职,凸显职责担当。人大代表主要职责包括积极参加闭会期间统一组织的视察、专题调研、执法检查、工作评议、代表向选民述职等各项履职活动,以日星村人大代表联络站为主阵地,人民代表深入基层,协助推进人居环境整治、疫情防控管理等工作,为提升日星村人居环境质量、进一步筑牢疫情防控安全屏障等做出贡献。第四,投身实践,助力乡村治理。漳湖镇濒江临海,旱涝灾害多发,近些年来,镇人大代表多次开展汛前视察活动,通过实地察看、听取汇报、开展座谈,提升防洪能力,建立防灾减灾长效机制。

四、典型农业区乡村治理的路径构架

(一)坚持贯彻党建统领

第一,党的基本思想为行动指南。乡村治理离不开理论、历史、实践三大逻辑的结合,理论逻辑、历史逻辑都是实践逻辑的科学反映,只有与实践相结合,才能发挥更好的作用。基层治理必须坚持以党的基本思想为行动指南,既要尊重和辩证分析历史经验,更要跳出经验的局限性,在实践中不断丰富发展理论,如此才能走上乡村治理善治之路。第二,党的最新理论成果为实践指导。党建引领方向明,党建统领是乡村治理的重要保障,乡村治理必须以党中央的理论为实践指导。第三,基层党组织为战斗堡垒。党的二十大报告指出:"坚持大抓基层的鲜明导向,把基层党组织建设成为有效实现党的领导的坚强战斗堡垒。"凡是乡村治理水平高的地方,都是党建工作深入融入社会治理、基层党组织战斗堡垒作用发挥得好的地方。基层党组织通过组织群众、凝聚群众、引导群众、服务群众,把党的路线方针政策深度融入基层社会治理,构建和谐共治格局①。

(二)深挖地域文化资源

第一,发挥村规民约作用。村规民约促进有效治理。村规民约是在一个广泛听取各方面意见和建议、集思广益、确保村规民约具有群众基础和生命力的过程

---

① 陶晓娟,谭毅. 农村基层治理现代化路径与成效分析——以 A 农村为例[J]. 佳木斯大学社会科学学报,2022(04):29-31.

下,以村民自我管理的方式制定的,对于乡村治理具有重要参考意义。在社会治理中,各村应筑牢村规民约等"软法"治理的社会基础,实现"软法"和"硬法"的良性互动,发挥村规民约的治理优势。第二,深入融合红色文化。红色文化精神内核是坚实根基。近代中国乡村治理的艰苦探索证明,一盘散沙的乡村格局无法抵御外来侵略。革命战争年代与和平建设时期形成并不断丰富发展的红色文化,具有丰富的价值内涵、物质载体与精神导向,在乡村治理中具有重要价值。红色文化历史智慧是科学引领,要善于挖掘本土红色文化资源,把握红色基因融入乡村治理线索,从红色历史中汲取治理智慧。第三,发扬榜样引领精神。伟大时代呼唤伟大精神,崇高事业需要榜样引领。在乡村治理之中,先进榜样的引领示范作用必不可少。地方党委政府应鼓励各基层单位积极上报先进典型和榜样事例,深入到榜样身边去,近距离面对面地了解榜样的生活点滴,深度挖掘榜样身上的优秀品质,塑造有温度、有深度、有情怀的典型形象,更要善于利用现代化媒体渠道,创新宣传形式,全方位、立体化地对榜样事例进行深度报道宣传,激励更多的党员干部和民众向身边的榜样学习。

(三)创新现代治理思维

共建、共治、共享是新时代乡村治理创新发展的必然走向。党的十九大指出:"打造共建共治共享的社会治理格局。""共建""共治""共享"三者既相互交融又互相促进:筑牢共建基础,共建是乡村治理的基础,要形成容纳社会各界和人民群众的民主参与机制,乡村治理应当坚持民主协商,充分发挥"村民议事会""板凳议事会"等组织平台的协商议事功能,充分听取民情民意,努力算出"最大公约数",画出"最大同心圆";把握共治关键,当今社会,人民法制素养不断提高,对于民主、法治、公平、正义的愿望越发强烈,把握共治成为乡村治理核心,如组建"党群说事会",建立每周说事制度,主动或依申请介入矛盾纠纷调解,促进共同治理;保障共享实现,乡村治理的最终目标是共享治理成果,构建美好生活,乡村治理成果应由全体人民共享,由此促进乡村经济社会发展,为有效治理提供坚实保障。

(四)"四治"融合聚民力

党建引领,自治、法治、德法、智治四治融合,汇聚老区乡村治理的内生动力。第一,自治为基,激发内生源动力。人民群众是社会实践的主体,也是一切发展的目的。"为了人民"是价值取向,"依靠人民"则是行动路径。应充分发挥基层群众自治组织的作用,通过推进协商民主议事制度建设,转变治理方式,深化乡村治理民生工程。完善村规民约和社区公约,制定或完善村规民约时,广泛听取各方面意见和建议,确保村规民约具有群众基础和生命力。建立一约四会管理体制,引导群众自治,为基层社会治理新格局注入源动力。大力培育发展社会组织,各村应加快社会组织的培育和发展,支持商会等社会组织向行业协会发展,在反映群众要求、参与社会事务、救助群众、协调群体关系、化解矛盾纠纷等方面应发挥重要作用。第二,法治为本,增强治理硬实力。法治国家体现在基层,法治政府服务在基层,法治社会落脚在基层。完善基层社会治理地方性法规,依法化解基层矛盾纠纷,着力提升基层群众法治素养,切实推动法制建设。第三,德治为先,提升文化软实力。加强基层治理,注重乡土人情、道德规范的情感认同,赓续文化基因,以红色文化、"三孝"文化配合以德治村、乡贤文化补益多元共治、民俗文化涵养乡村共同体、规约文化呼应法律制度,持续提升乡村治理效能,夯实乡村治理文化软实力。第四,智治为用,注入治理新活力。没有信息化,基层社区管理也不能够做到信息化。新时期农村管理必须建立"互联网+"的社区管理方式:在冲突解决、治安管理、执法司法、村民自治、信用管理等方面,最大限度地实现网络辅助社区管理,不断提高基层社区管理现代化水平[1]。

(五)智慧治理谋发展

第一,探索矛盾纠纷多元化解新机制。深入推进"诉解对接"联动调节机制;充分发挥交调对接优势,集中调解辖区道路交通民事赔偿;设立劳动争议人民调解委员会,保障劳动者合法权益;推动基层信访,助力基层矛盾预防化解。第二,打造新时代人民调节升级版。随着人民内部矛盾出现新特点,乡村治理应当创新调解工作手段,通过创新"巡回调解服务快车"、建立个人调解室等多种方式,有效提升新时代人民调解升级版。第三,推广经验促进平安建设。利用互联网建设与发展,积极推广治理显著成果,形成人民调解最大合力,实现新时代乡村治理水平有效提升。第四,构建智慧绿色乡村。在农村经济社会发展中,广泛应用移动互联网、物联网、大数据、云计算、人工智能、区块链、元宇宙等新一代数字化技术,提升信息基础设施水平,实现5G全覆盖,实施党建引领、乡村治理、公共服务、治安防疫、垃圾分类等数字化转型。第五,文旅赋能乡村振兴。坚持文化驱动,依托自身地理、文化优势,顺应消费新需求,大力发展乡村休闲旅游和智慧农业,推动乡村旅游业高质量发展,为乡村振兴持续注入新动能[2]。

作者:刘小婧　李雪　吴雨阳

---

① 中国法学会"枫桥经验"理论总结和经验提升课题组."枫桥经验"的理论构建[M].北京:法律出版社,2018:132－147.

② 中国社会科学院国家法治指数研究中心,中国社会科学院法学研究所法治指数创新工程项目组.社会治理:新时代"枫桥经验"的线上实践[M],北京:中国社会科学出版社,2019:148－165.

村规民约助推新时代乡村治理的经验及路径

——以古徽州文化核心区绩溪县瀛洲镇为视角

探究村规民约在乡村治理中的作用现状,构建基于优秀传统文化底蕴的新时代乡村治理模式,聚焦绩溪龙川、仁里两个著名的"徽州故里"和"全国民主法治示范村",从家风家训、村规民约模范选评中,梳理出独具特色的"里仁为美""四和""柔性化""新乡贤选树""村史村志编纂"等治理模式,探寻讲好中国乡村治理故事、推动基层治理现代化的经典样本。

一、绪论

(一)选题背景与意义

领悟践行以习近平同志为核心的党中央最新文件精神。2022年10月16日,习近平总书记在党的二十大报告中指出:"全面推进乡村振兴:全面建设社会主义现代化国家,最艰巨最繁重的任务仍然在农村。""健全共建共治共享的社会治理制度,提升社会治理效能。"①2020年8月,习近平总书记在和基层代表座谈会上提出:"要加强和创新基层社会治理,使每个社会细胞都健康活跃,将矛盾纠纷化解在基层,将和谐稳定创建在基层"②。深刻领悟习近平总书记、党中央关于基层社会治理重要论述的科学内涵与政治智慧,弘扬中华优秀传统文化,加快推进乡村社会治理现代化。

理论意义。村规民约能够最大程度化解乡村纠纷,对乡村治理发挥着重要作用。村规民约以法律为准绳,与当地的风土人情相结合,对于完善我国法治体系有着重大意义。本文对于基层治理中村规民约运用的实证研究,是对乡村治理模式

基金项目:国家大学生创新创业训练计划项目"地域文化品牌嵌入基层社会治理路径研究——以安徽典型县域为视角"(编号202310359114),该文于2023年获评安徽省首届乡村振兴创新设计大赛三等奖。

① 习近平.高举中国特色社会主义伟大旗帜　为全面建设社会主义现代化国家而团结奋斗[N].人民日报,2022-10-26(01).

② 周振超,侯金亮.新知新觉:使每个社会细胞都健康活跃[N].人民日报,2020-11-25(07).

的探索和构建,着力探究村规民约的应用现状,既求同存异又凸显特色,构架村规民约应用的理论经验。

实践意义。弘扬村规民约价值,助力基层治理能力高效发展。充分调动村民的积极性,发挥村规民约的独特价值,推动乡村法治建设,弘扬乡村优秀传统文化,形成一种良好的法治、文化氛围,凝聚乡村振兴合力,推动农村经济社会持续高效发展。

(二)选点典型:千年古村,传统文化资源深厚,村规民约底蕴丰富

绩溪县"邑小士多",文风萦绕,群英荟萃。明兵部尚书胡宗宪,近代学者胡适等,都是绩溪历史名人的杰出代表。绩溪尊崇家训族规,乡风文明建设成效显著。绩溪胡氏等名门望族的家训中,常见勤奋勉励、公义廉洁、崇儒重教、孝老睦族、勤俭淡泊等引领社会风气的要求。诸多族规和家训提到崇德、尚廉、戒奢、惇友、守规、笃行等思想,这些家训族规与社会主义核心价值观高度契合,深刻地影响家风传扬,助推乡风文明建设。图1为服务团成员在仁里村村史馆调研。

图1 服务团成员在仁里村村史馆调研

历史名人和家训族规都是中华优秀传统文化的鲜活载体,在新时代仍能展现独特的魅力,不仅塑造良好的社会风气,同时也是文旅产业发展的资源基础。在保护乡贤文化的基础上,加以传承利用,让乡贤文化体现当代价值,成为绩溪文化和旅游产业独具特色的亮丽名片。

龙川、仁里都是著名的"徽州故里"和"全国民主法治示范村",绩溪县更荣膺"安徽历史文化名城"等称号。从家风家训、村规民约中形成独具特色的"四和""柔性化"治理模式,"里仁为美"渗透了中华传统文化的厚实基因,是讲好中国乡

村治理故事、推动基层治理模式现代化的经典样本。

(三)研究思路与方法

本文以多次实地调研获得的数据为根基,广泛查阅相关资料,了解绩溪龙川村、仁里村两村村规民约应用的实践经验,实证调查村规民约在基层治理中的应用现状,借以探究可行路径。第一,文献分析法。通过图书馆、互联网、到访绩溪龙川村、仁里村开展座谈会等,进行相关文献资料的收集,通过阅读、筛选、整合和分析各种文献,多维度梳理龙川村、仁里村基层社区治理经验,有的放矢地研究。第二,实证研究法。结合研究需要,通过实地走访社区综治中心、社会矛盾纠纷化解中心等方式,同时与绩溪镇当地领导进行座谈,实证分析绩溪县龙川村、仁里村治理现状,为探讨相关对策奠定基础。第三,问卷调查法。基于绩溪县龙川村、仁里村的特点,研究团队设计《村规民约在基层治理中的作用现状调查及机制构建的调查问卷》,针对治理基本情况、居民反馈评价、改进意见建议等层面设计出若干问题,发给相关村民,了解基层社会治理的现状和对策研究方向。第四,综合分析法。从法学、社会学、政治学、管理学等学科出发,多维度深层次把握研究问题。

二、村规民约融入基层治理的现状调查及经验梳理

龙川村、仁里村将村规民约建设与推进民主法治、传承传统文化、建设乡风文明有机地结合在一起,探索出一条符合本地实际、彰显本地特色的新时代村规民约建设新路径:坚持自治为基、法治为本、德治为先,因村施策、因地制宜、共同发力,最大限度地把文化优势转化为治理效能。

(一)龙川村村规民约助推基层治理的经验梳理

龙川村地处绩溪县东南,是宣城市唯一的国家5A级旅游景区,现存国家重点保护文物"龙川胡氏宗祠"和"奕世尚书坊",绩溪县更是全国第一批通过验收的七个国家级文化生态保护区之一。

胡氏家训、胡氏宗祠为村规民约奠基。龙川村极其重视家风家训的传承,胡氏家训在当地经久不息,历久弥新。胡氏家训强调勤劳、重视读书、注重以德育人。胡氏宗祠集中反映胡氏经世治家的理念,胡氏家训及"四和"理念共同奠定龙川村村规民约建设的主基调。

探究"四和"源头,助力基层治理。"四和图"集中反映了胡氏经世治家的理念,"和谐、和美、和顺、和鸣"即"四和",成为龙川胡氏历代经世治家法宝,也成为当今和谐社会的历史表征。龙川村积极弘扬"四和"理念,将"四和"理念融入乡村治理,使情理与法融合,为当地"德治"建设发展提供了重要的文化依据。

构架"柔性化"治理新模式。龙川村党支部书记——村民委员会主任胡友农与村民共生共长,有着深厚的感情基础,村民之间的情感联系成为乡村治理的重要

纽带,"柔性化"治理模式成为以龙川村为代表的古徽州文化区基层治理的突出特征,是代表着信任与尊重并举的基层治理模式。"柔性化"的治理模式在解决矛盾纠纷发挥着举足轻重的作用,开展群众的思想工作时,既将法律法规的严肃性与人文关怀的亲切性有机结合,做到思想上高度重视,方式上灵活变通;又从村民自身利益出发,把村民的利益放在首位,讲究语言技巧,兼具说服力和亲和力,从而有效提高基层治理效率,促进邻里和谐,共建睦邻友好的美丽乡村。

村规民约凝心聚力。促进旅游业高效发展,村民合力维护乡村环境的和谐美观是关键。保证村道、屋前不堆放杂物,鸡窝、鸭圈等养殖业合理规划并保证清洁,这些看似"鸡毛蒜皮"的小事,却是影响龙川村旅游业发展的关键因素。龙川村将村规民约通过口口相传的方式宣传推广,强化村民凝聚力、约束力,在优化村民自身生活环境的同时,更助力旅游业蓬勃发展。

（二）仁里村村规民约助推基层治理的经验梳理

"千年古村,里仁为美"。仁里村位于绩溪县东南 3 公里,依山傍水,自然环境优美。仁里村建村于南北朝时期梁大同五年(公元 539 年),作为中国徽商、徽文化的发展源头之一,历史底蕴深厚,人才荟萃。作为国家 AAA 级景区,仁里村坚持党建引领,紧紧围绕"登源河畔·徽州味道"乡村振兴示范片区建设,发展以古民居为载体、以徽文化为特色的乡村振兴之路,打响"千年仁里"旅游品牌,实现基层党建"新突破",展现乡村振兴"新格局",成绩斐然。仁里村先后获评中国特色村(2012)、中国传统村落(2013)、中国最美休闲乡村(2014)和安徽省新农村"千村百镇"示范村。

新乡贤成为维护基层和谐稳定的新力量。新乡贤与特定的乡村相关,他们德高望重,声名显达,积极助推乡村振兴发展、巩固乡风文明建设成果,有利于提高基层治理水平。新乡贤通过良好的道德规范引领培育文明乡风,助力和谐乡村发展。为借力新乡贤助推乡村振兴战略发展,仁里村坚持优化配套服务政策,弘扬新乡贤文化,营造浓郁的崇德尚贤氛围。

积极开展模范评选活动,建立奖励激励机制。龙川村注重道德力量建设,发挥党员干部的引领作用,积极开展身边好人、道德模范、示范户等评选活动,教育引导村民向上向善,切实增强村民的道德判断力和荣辱意识。试点建设积分兑换制的"生态美超市",鼓励村民积极参加强国文章阅读学习,以积分兑换制的形式调动村民学习先进思想、接受文化培训的积极性。这一举措既有创意,又贴近群众生活,可操作性强,将理论学习和村民日常生活紧密结合。重视树立正面榜样,积极组织开展"文明村""五好家庭""十星清洁户""最美庭院""思想道德模范"等评比活动,持续增强思想道德水准和生态环境建设,提升村民整体素质,建设美丽乡村。

家风家训进厅堂。仁里村程姓村民占总人数的 65%,为更好地教育引领族人的行为规范,经长期总结凝练形成著名的《程氏家训》,借以规范族人言谈举止。第一,程氏家训格调高远,以小见大。仁里程氏家训祠规,皆从个人自身出发,但核心内涵始终强调"国之本在家,家之本在身",重视个人成长与国家发展的内在关联。第二,立意明确,助推全面发展。程氏家训从交往关系、婚姻孝悌、勤俭戒奢到奉公守法、履职尽责等,皆在其中,教育引导族人的行为,提升个人修养。第三,导向清晰,体现恒久价值观。仁里程氏非常注重社会价值,突出强调敬业精神,包括家庭助廉、文化传承、媒体宣传,潜移默化地促进族人忠、信、礼、义、廉等优秀品质,从而形成良好的社会风尚,提升整体村民的道德素养,成为村、族范围内的道德约束力,助推德治、自治、法治"三治"融合的乡村治理模式。第四,崇文重教,促进村规民约教育推广。仁里村历来弘扬崇文重教,讲求"厚文养心,文教仁里",崇文尚学的优良传统对教育事业发展、青少年培育具有重要意义。仁里村坚持以文化为精神引领,引导村内各类人才参与乡村振兴建设,探索助力教育发展新模式,让崇文重教的氛围盈满仁里每个角落,让深厚历史底蕴焕发强大的正能量。

编纂村史村志,助力村规民约推广普及。仁里编史修志,以为资政,编纂出《中国名村志文化工程·仁里村志》、《千年仁里》等丛书,每家分发一本,进而将千年村落文化固定下来,传承下去。村史村志既为村干部科学决策提供了历史借鉴和现实参考,通过真实地再现历史,更使村民增强感恩意识,自觉继承优良的历史文化传统;使年轻一代深入了解故乡,激发年轻人建设家乡的热情。

"四会"制度为"自治"增活力。第一,村民议事会,反映群众意见,促进村民和谐。村民议事会讨论内容涉及全体村民利益的重大问题,广纳民意,并将其反映给村党组织、村委会,监督并协调村委会调解民事矛盾纠纷,促进村民和睦。第二,红白理事会,做好党的喉舌,起到引领作用。宣传党的方针政策,贯彻落实有关红白喜事的新政策,引导群众改变旧习恶俗。第三,道德评议会,树立榜样力量,提升群众修养。坚持正义公平、明理诚信,组织开展各类道德模范评议活动,运用群众舆论力量,遏制村内不良言行。第四,禁毒禁赌会,在村内积极宣传国家法律法规,树立村民禁毒禁赌意识,开展相关健康有益的文体活动,扼杀毒、赌等不良行为。

三、村规民约在基层治理中作用现状的实证调查

调研团于 2022 年 6 月前往安徽省绩溪县龙川、仁里两村,通过随机形式,向瀛洲镇和两村的干部、党员、村民代表发出调查问卷,收回有效问卷 256 份。

(一)受访人基本情况及认知

第一,受访者年龄结构调查,结果是 45 岁及以上的占 48.83%、35～45 岁的占 25.00%,他们的人生阅历非常丰富,对基层治理情况非常熟悉,意见一般比较客观、真实;25～35 岁的占 19.53%、18～25 岁的占 5.86%、18 岁及以下的占 0.78%。

第二,受访者学历结构调查,结果是中小学学历的占 30.08%、高中学历占 21.09%、大专及其以上学历的占 48.82%,现实大专及以上学历的人最多,他们受教育程度更高,见识面广,易于接受新思想、新观点,对基层治理工作思考更深、更全面。第三,基层治理指导性政策的普及程度,结果依次是"非常了解"(39.06%)、"比较了解"(33.98%)、"了解一般"(16.80%)、"不太了解"(10.16%),说明落实基层治理指导性政策具有良好的群众基础。第四,基层治理建设情况的满意程度,结果依次是"非常满意"(53.31%)、"比较满意"(32.35%)、"一般"(12.5%)、"不太满意"(1.1%)、"不满意"(0.74%),说明大部分群众对农村治理建设认可度高,但当前治理建设仍有不到位之处。第五,基层治理建设的支持度,结果依次是"非常愿意"(78.13%)、"比较愿意"(19.14%)、"一般"(1.95%)、"不愿意"(0.39%)、"无所谓"(0.39%),彰显农村治理建设的推进有着良好的群众基础。

(二)农村基层治理中的主要问题

第一,受访地老年人健康与福利保护现状,结果依次是"很好"(50.74%)、"比较好"(29.78%)、"一般"(18.01%)、"不太行"(0.74%)、"很差"(0.74%),反映出当前农村比较重视老年人健康与福利保护。第二,农村黄赌毒治理状况,结果依次是"很好"(65.23%)、"比较好"(28.13%)、"一般"(5.47%)、"很差"(0.78%)、"不太行"(0.39%),说明虽然治理力度很大,但在少数地方仍存在黄赌毒现象。第三,基层治安综合治理、农村扫黑除恶状况,受访结果为"很好"(66.80%)、"比较好"(26.17%)、"一般"(6.64%)、"不太行"(0.39%),说明经过近几年的扫黑除恶,农村的社会治安状况总体良好,但在个别地区仍存在扫黑除恶不彻底,农村的社会治安有待加强。第四,留守儿童权益保障力度,结果依次是"很好"(55.08%)、"比较好"(28.91%)、"一般"(15.63%)、"不太行"(0.39%)。第五,留守妇女权益保障力度,农村治理中比较重视对留守妇女的权益保障,其中依次为"很好"(55.86%)、"比较好"(29.30%)、"一般"(14.06%)、"不太行"(0.39%)、"很差"(0.39%)。反映出当前农村比较重视对留守妇女的权益保障,但保障力度还有待继续提高。第六,村民间纠纷主要类型(多选),依次为"夫妻矛盾、子女抚养、离婚财产分割"(78.13%),"房屋宅基地流转、使用、确权纠纷"(67.58%),"经营性土地流转、确权纠纷(农用地)"(57.81%),"买卖商品、借钱、借用物品出现财产纠纷"(47.27%),"打人等其他人身伤害类犯罪"(35.55%),"诈骗等其他财产类犯罪"(25.39%)。

(三)村规民约对基层治理的作用机制

第一,农村群众解决矛盾纠纷的途径,依次为"通过诉讼程序"(44.14%)、"通过非诉讼程序"(33.20%)、"不重方式只看结果"(20.70%)、"无所谓"(1.95%),

说明农村群众解决矛盾纠纷途径多样,比较关心解决纠纷的结果。第二,基层治理对村民财产性权益的保护力度,结果依次为"很好"(57.42%)、"比较好"(30.86%),反映出当前农村对村民财产性权益保护力度比较大。其后是"一般"(10.94%)、"很差"(0.78%),这说明对村民财产性权益(如土地、房屋)保护的力度还未完全达到群众的期盼。第三,解决农村纠纷的途径,依次为"通过人民调解委员会、由第三方机构解决"(80.74%)、"通过打官司、由法院解决"(9.77%)、"私下协商解决"(8.98%)、"采取暴力方式解决"(0.78%),说明绝大多数群众通过人民调解委员会解决纠纷。第四,精神文化对基层治理的发展作用(多选),依次为"传统文化"(90.63%)、"法治精神"(83.59%)、"红色文化"(78.91%)、"革命文化"(68.36%)、"宗族文化"(21.48%),说明受访者普遍认为传统文化、法治精神和红色文化对基层治理作用较大。

(四)利用村规民约推动基层治理的可行对策

第一,受访村民的法治意识(多选),依次为"有基本法治意识,能够约束自身行为"(61.33%),"有较好的法治意识,注意维护自身权利"(50.78%),"有一定的法治思想,能够自觉学法守法"(48.83%),"法治意识淡薄、法律知识空虚"(41.80%),"法治意识较深刻,能够自觉学法守法遵法用法"(28.91%)。第二,影响农村持续稳定发展的主要难题(多选),依次是"村里留守老人的'空巢'问题"(69.85%)、"村'两委'如何真正与村民打成一片"(69.49%)、"留守儿童的教育问题"(57.35%)、"兄弟姐妹之间的经济与赡养老人的纠纷问题"(52.94%)、"村里留守妇女感情真空问题"(40.81%)、其他(1.47%),说明影响农村持续稳定发展的因素呈现多元化。第三,基层治理的关键环节(多选),主要有"强化党的统一领导"(89.45%)、"法治强保障"(81.64%)、"德治扬正气"(79.69%)、"紧跟新时代发展需要"(65.63%)、"自治增活力"(62.89%)。第四,基层治理建设主要内涵的认同度(多选),体现在"普法活动"(82.81%)、"群众自治组织建设"(82.03%)、"文化活动"(71.48%)、"群众性活动"(71.09%)、"村规民约"(69.53%),说明基层治理内涵与群众的需求基本保持一致。

四、受访村村规民约在新时代的推广价值及实践困难

(一)龙川村、仁里村村规民约的推广价值

龙川村、仁里村始终将村规民约建设与推进民主法治、传承传统文化、建设乡风文明有机地结合在一起,实现了乡村社会治理情、理、法有机统一和自治、法治、德治的有机融合,收到了良好效果。

把法治精神作为村规民约的支柱。龙川村、仁里村不仅将引导村民尊法守法作为村规民约的重要内容,而且采取多种方式,强化村民法律意识。在村庄中建设

宪法主题园、法制巷、法治文化广场、法治格言长廊、法治故事水廊,宣传法治思想、法律知识;培养"法律明白人",组织村两委班子成员、村民组长、老村干、退休教师、人民调解员参加绩溪县法律培训班,培养一批知法懂法的村民,利用矛盾纠纷调处、村组事务管理等各种机会向村民宣讲法律知识,引导村民知法懂法。

"三治"融合铸就新时代村规民约。新时代以来,绩溪县龙川村、仁里村以法治精神为支柱,以"里仁为美""和为贵"等传统文化为血脉,以社会主义文明新风为灵魂,推进村规民约建设。通过实施家风家训引领工程,建设村史馆和新风堂,在农户庭院和客厅悬挂优秀家风家训。实施乡风文明培育工程,成立各项自治协会,例如:道德评议会、乡贤参事会等,开展好媳妇好婆婆、法治家庭、文明家庭、最美家庭、十星文明户、十星清洁户、新乡贤等评选,构建崇文厚德、尊老孝亲、恤贫睦邻的人文氛围,有效化解了村民矛盾纠纷,推动了乡村社会和谐发展,并被评为全国民主法治示范村。

把传统文化作为村规民约的血脉。龙川村、仁里村将"和谐、和美、和顺、和鸣""里仁为美"等徽文化精华贯穿村规民约,提出"千年史,民风淳""晒家风,亮家训""敬老人,遵伦理""讲和谐,睦邻里"等口号,引导村民在日常学习、工作、生活中弘扬优秀传统文化。注重村史村志、人文习俗、家风家训开发利用,编纂《中国龙川》《仁里村志》,记录名人、乡贤事迹,展示村庄发展成就,激发村民爱乡热情,形成乡村文化认同;开展"传家训、立家规、扬家风"活动,让家风家训出祠堂、挂厅堂、进学堂、入心堂;加强古建筑、古民居、老祠堂保护,举办独具地域特征的民俗文化活动,助力徽州文化、古建筑保护工作,同时提升了旅游资源利用率。

把乡风文明作为村规民约的灵魂。龙川村、仁里村主动适应新时代、新形势、新要求,突出"爱国家,爱集体,跟党走""讲文明,树新风,立正气"的引领作用,强化党的领导,巩固乡风文明建设成果。助力公民道德提升,组建志愿者队伍,依托新时代文明实践站、实践岗、党员先锋岗等载体,开展相关主题实践,树立道德新风尚,弘扬社会正能量。建设新风堂,不定期向村级党组织和村委会反映村民诉求、愿望,对村级事务管理进行评议、献计献策,及时制止、劝阻黄赌毒行为,协助村民操办红白喜事,灵活运用舆论手段,引导村民改变陈旧的风俗习惯,提升村规民约的行动力。

把新乡贤选树作为村规民约维护的中坚。绩溪县注重发挥新乡贤的示范引领及监督作用,每年开展新乡贤评选活动。选树一批有较高的文化技能、有较强的政治觉悟、有较好的道德品行、有良好的社会声望、积极践行和弘扬社会主义核心价值观、乐于奉献于乡里,以道德模范、"五老"、乡村干部、乡村教师、退伍军人、企业家等为主体的新乡贤,张榜公布,树立榜样模范作用,弘扬文明乡风,在村庄构建崇文厚德、尊老孝亲、积善除恶、诚信礼仪、恤贫睦邻的人文氛围,增强村规民约的治理效力。同时,将这些乡贤吸纳到村人民调解委员会、治安保卫委员会、妇联、计生协会、村民议事会、禁毒禁赌会、红白理事会、道德评议会、乡贤参事会、关心下一代委员会等自治组织和自治协会中,借助新时代文明实践站所、新风堂、"三治"广场等阵地,宣传法律法规和科学技术,弘扬优秀传统文化,引导村民积极参与社会主义核心价值观实践,评议村级事务和村民行为,以道德舆论扬善惩恶,教育、引导和督促村民遵守村规民约。

（二）村规民约嵌入新时代乡村治理的困窘

龙川村、仁里村村规民约虽然在推进乡村社会治理中取得良好成效,随着城镇化的加速推进,仍然面临一些困难与挑战。

村规民约的自治色彩不浓。村规民约作为自治性契约应该体现全体村民的共同意志,但农村青壮年大部分在外务工,乡村"空心化"现象严重,村规民约制定主体不完善。龙川村、仁里村村规民约均是委托瀛洲镇司法所代拟,缺乏群众意见收集,未能体现广大村民集体意志,降低了村民对村规民约的认同感,以致少数村民在涉及利益方面不遵守村规民约。

村规民约的操作性不强。村规民约是按照法律规定、在特定地域、从村民自治需求出发、因地制宜、面向村民制定的行为规范的总和。如果逐一明确各项行为规范,体系将非常庞大,内容更繁杂,不仅村委会没有能力起草制订,而且全体村民也无法记住。所以龙川村、仁里村在制定村规民约时,考虑让村民易记易用,往往对各个领域、各个方面只提出原则性规范,仁里村甚至采取"三字"歌的方式拟定村规民约,各项行为规则只能大而化之、简单笼统,缺乏具体内容边界,针对性和可操作性不强,难以全面落实到位。

村规民约的约束力不足。村规民约作为一种促进村民自治的制度规范,不能与法律法规相抵触,缺乏类似于法律的强制性,对乡村的部分问题只能进行有限干预。从龙川村、仁里村的村规民约落实情况看,村规民约约束性呈逐渐弱化态势,主要原因是违反成本不高,惩戒性措施不足。龙川村、仁里村的村规民约虽然有部分惩戒性措施,但仅限于批评教育,对村民的威慑力不大,且随着法制宣传力度加大,村民法律意识越来越强,意识到村规民约并无权力对其采取罚款等行政处罚,对乡规民约的敬畏度自然降低。加之城镇化进程的加快,人口流动加速,地缘关系减弱,熟人社会逐渐消失,村民与村民、村民与村之间交往联系减少,村内道德舆论对村民影响越来越小,不遵守村规民约的村民受到道德舆论的压力小,村民的不良行为难以受到实质性约束。

村规民约的执行机构不全。村规民约的生命力在于执行。从法律层面看,村规民约的实施由村民委员会负责,但从实际情况看,龙川村、仁里村村民委员会仅5人,且与村级党组织交叉任职,事务多,任务重,要求急,很难有大量时间监督执行村规民约,只能将村规民约执行分解给调解会、治安保卫委员会、妇联、计生协会等群众自治组织和村民议事会、禁毒禁赌会、红白理事会、道德评议会、乡贤参事会等自治协会。由于在法律法规上缺乏依据,导致这些自治组织、协会只能采取沟通、协调、讲情、说理、宣传、舆论造势等软手段抓落实,村规民约执行效力明显削减。反过来,又进一步影响村规民约的权威性、约束力,形成恶性循环。

五、村规民约嵌入新时代乡村治理的对策建议

村规民约是推动乡村治理现代化的重要抓手,应主动适应严峻挑战,找准价值传承重点,提高村规民约的执行效率,推进乡村"三治融合"。在乡村振兴大背景下,更加注重推陈出新、革故鼎新,激发乡村治理的内在驱动力。

(一)坚持以村民为中心理念,增强村规民约制定的合法性

村规民约牵涉全体村民权益,其制定程序、主体、内容越合法、越民主,参与主体越广泛,群众认可度就会越高,执行效果也会越好①。村规民约价值的弘扬,能完善我国法治体系,促进乡村治理,实际上是对法律的补充。因此,高度重视和发挥村规民约有效化解乡村纠纷的重要作用,因地制宜,因材施策,填补乡村治理的法律漏洞,对于完善我国法治体系、推动乡村治理现代化具有重要作用。

制定主体合法。《中华人民共和国村民委员会组织法》明确规定:"村民会议可以制定和修改村民自治章程、村规民约""参与村民会议的人在年龄上必须满十八周岁,表决通过的形式是过半数的人支持,就能够使得方案最终付诸实施。"鉴于龙川村、仁里村绝大多数青壮年常年在外务工,难以召开全体村民会议,可以通过广泛征求意见、选取合适时间召开村民会议的方式解决。如在村党支部会提议之前,村委会先组织召开村民代表大会,听取村民代表的意见建议。村"两委"商议后,将方案发给本村十八周岁以上村民和驻村机关、团体、部队、国有及国有控股企业、事业单位及其人员,竭尽所能采纳民意,在村规民约成稿过程中体现民意。考虑到村民大会人数的法定性和农村风俗习惯,村民大会可选择春节前后召开;对少数春节仍未回家无法参加村民大会的村民,可以通过村级微信群参加表决,能够有效汇集群众意见建议,完善村规民约制定主体。

制定程序合法。村规民约体现村民自身利益以及共同利益,其制定应该以《中华人民共和国村民委员会组织法》为基础,由村民会议讨论决定并公布,接受村民监督。在具体实施过程中,各地村级自治组织应因地制宜,探索适合当地且符合法律规定的形式。具体可以参照村级事务民主决策的"四议两公开",即首先由村党

---

① 陈洪连,孙百才."三治融合"视域下乡规民约的实践困境与破解之道[J].行政管理改革,2022 (03):80-88.

支部会提议制订村规民约,委托专门机构或专业人士起草初稿;其次由村"两委"会商议讨论初稿,形成草稿;再将草稿公开,广泛征求意见;然后交党员大会审议通过;最后由村民会议讨论决定,并将通过的村规民约公布。

制定内容合法。国家法律法规是对全体社会成员具有普遍约束力的行为规范,法治乡村建设也是全面推进依法治国的重中之重,村规民约要以国家法律为指导,又要反过来提升村民的法律意识。由于村两委干部文化水平、法律素养普遍不高,为保证村规民约内容合法,必须借助专业法律人士力量。如委托专门机构或专业人士(如乡镇司法所、法律服务所、律师)起草村规民约初稿,邀请村法律顾问和乡镇司法工作人员审查村规民约草稿的合法性,成稿后提交乡镇司法所复审,最后由乡镇政府对村民大会表决通过的定稿进行备案审查,多重保障村规民约内容合法合规,更能助力提升村民法治素养。

(二)因地制宜、因村施策,提高村规民约内容的针对性

村规民约的影响力来源于村规民约内容的针对性和可操作性。乡村因其地域特征、历史传统、思想观念、经济发展状况不同,多样化特征显著,乡村社会治理难点、热点各异。因此,必须因地制宜、因村施策,充分考虑当地风土人情。对于地域传统文化,我们要取其精华、去其糟粕,立足于各地区的实际情况,把具有地区性代表的优秀传统文化融入各地村规民约。贴近农村实际生活,针对本村社会治理热点、难点问题,制定措施,才能致力于乡村振兴,契合群众期盼。

坚持问题导向。村规民约是"群众性的自我教育的公共生活准则"[①],其涉及的范围非常广泛,如果面面俱到,逐一规定,内容非常繁杂,村民很难掌握,反而影响执行。因此,村规民约的内容必须简洁,针对群众最关心、最直接、最现实的问题展开。

坚持便捷方针。旅游景区所在地,古民居和古建筑租赁和保护、商业矛盾、务工纠纷、公共资源管理问题较多,在制定村规民约时,应侧重于资源公平分配、商业贸易、文物保护、诚实守信、团结友爱等内容。对于村民已经形成共识、又能自觉执行的内容,可以简明扼要,提出原则性要求。农村社会道德规范受传统文化影响或人们在长期共同生活中形成的,其中不乏教导人们向善的内容,如家风家训,对农村秩序的稳定有着重要意义。而且这些传统文化使全体村民形成一个共同体,让村民对村级组织、工作人员及其行为产生信任。对于一些法律没有明确规定以及法律规定低于当地风俗人情的乡村治理事项,村规民约应尽量引用当地传统文化内容,从而更易被村民理解、认同和遵守。

坚持目标指向。村规民约是规范乡村秩序的"有形之手",是建立在伦理共同

---

① 孙国华.法学基础理论[M].北京:中国人民大学出版社.1992.291.

体之上的"无形之手",是民间治理的"第三方力量"①。村规民约一个重要的目标就是实现乡风文明。应在尊重民风民俗的前提下,进行移风易俗,对破除迷信、婚丧嫁娶、尊老爱幼、个人利益与集体利益等作出规范,促使村民树立勤劳致富、乐善好施、尊老爱幼等积极向上的心态,形成正确家庭观、教育观、婚姻观、消费观、利益观,积极践行社会主义核心价值观,构建社会主义文明新风尚。

(三)建立奖惩机制,强化村规民约的权威性

强化村规民约权威性。"制度在发挥其功能中的一个实质性部分就是确定犯规和惩罚严厉性的成本。"②"按照规制性制度要素理论的观点,惩戒性是制度所以存在的根本,也只有惩戒性条款的规定,才能形成一个有效而稳定的制度。"③村规民约的权威性,关键在于奖励、惩戒措施。借鉴法律规范三要素,赋予村规民约一定的罚则效力,既要提倡可为之举,还要确定违反后的惩戒措施,既树立榜样示范,进行利益诱导,又注重批评教育和监督整改,才能提升村规民约的威慑力。

突出精神激励。乡村是熟人社会,村中舆论能够将行为准则及其倡导的价值理念转化为村民能够真实感受到的外在压力,从而约束村民的言行举止。村规民约的奖励、惩戒措施要坚持教育为主,突出精神奖惩。在激励机制上,除了模范评选外,通过建立村规民约红黄榜制度,每年对村规民约的遵守情况进行评选,凡带头遵守、模范遵守者列入红榜,凡一年中三次及其以上违反村规民约者列入黄榜;对列入红榜的村民,优先选入新乡贤,张榜公布;对违反村规民约者,可以在村务公开栏进行曝光、批评教育、写检讨书等,让违反村规民约者丢"面子",使其他村民引以为戒。

适度利益奖罚。依据《村民委员会组织法》相关规定,对于违反村规民约的行为可以在法律允许的范围内予以利益处罚。在乡村治理中,村民自我管理、村庄集体资源的分配和使用是由村民共同决定,可从村庄集体资源的分配着手,如对带头遵守、模范遵守村规民约的村民,优先给予免费技能培训,优先提供务工岗位,子女优先纳入慈善助学范围,在信贷上给予更高授信。对违反村规民约的村民,可以责令其赔偿损失等,适当减少其村级集体经济分红,削减其享受村集体福利机会,在信贷上降低其授信额。

(四)完善监督制度,提升村规民约的执行力

完善执行构架。组建"四会"的做法值得借鉴,但"四会"属于自治协会,组织

---

① 骆东平,汪燕. 从村规民约的嬗变看乡村社会治理的困境及路径选择——基于鄂西地区三个村庄的实证调研[J]. 湖北民族学院学报(哲学社会科学版),2016,34(02):57-62.

② 道格拉斯·诺斯. 制度、制度变迁与绩效[M]. 刘守英,译. 上海:三联书店,1994.39.

③ 周家明,刘祖云. 村规民约的内在作用机制研究——基于要素—作用机制的分析框架[J]. 农业经济问题,2014,35(04):21-27+110.

较松散,权威性不够,且难以涵盖村规民约所有内容,需要进一步整合、完善。可依托村级社会治安综合治理中心,成立乡村社会治理兼村规民约执行中心。在村级党组织统一领导下,综合人民调解委员会、治安保卫委员会、妇联、计生协会、村民议事会、禁毒禁赌会、红白理事会、道德评议会、乡贤参事会、新时代文明实践站等自治组织和民间协会力量,将村规民约相关内容执行落实任务分解到相应的自治组织和自治协会,构建一支相互配合、相互交融、涵盖乡村社会治理各个层面的执行队伍。

强化教育培训。加强对村自治组织和自治协会人员教育、管理、监督,定期对自治组织和自治协会人员进行培训,提升其执行村规民约的能力和水平。建立自治组织和自治协会人员动态选拔、淘汰机制,让能者上、庸者下、劣者退,保障村规民约执行队伍的生命力。

加强监督保障。依托村务监督委员会,成立村规民约监督委员会,采取民主评议、现场查看、受理投诉等方式,监督村规民约执行队伍履责情况。并将村规民约执行情况作为村两委工作评审的重要内容,定期对村两委执行村规民约情况进行检查,发现问题,及时纠正,确保村规民约得到依法依规执行。

探究村规民约的作用并进行经验梳理,探究增强村规民约功能的相关举措,对于完善村规民约这一非正式制度开展研究、促进社会主义新农村建设、完善村民自治制度、推进乡村社会的有效治理,都具有重大的理论价值与现实意义。在深入推进社会主义新农村建设、完善村民自治、实现乡村社会良善治理过程中,作为乡村治理的有效手段,须在把握产生及运作规律的基础上,强化对村规民约订立、运行的规范和引导。

作者:徐姗姗　何烨璇　唐欣旸

附件:新闻报道稿明细一览表

序　号	名　　称	发表时间	发表平台	作　者
1	刘小婧党旗引领产业振兴,红色基因融入乡村治理	2021－02－02	中国青年网	郑志航
2	合工大学子前往金寨革命老区,探寻乡村治理新模式	2021－02－04	中国青年网	黄雪迎
3	安徽大学生社会实践团队赴闽宁镇开展实地调研	2021－02－05	中国青年网	姚　悦
4	戈壁飘香的葡萄美酒	2021－02－05	中国青年网	姚　悦
5	扎根闽宁,奉献人民:专访《山海情》马德福原型人物谢兴昌	2021－02－05	中国青年网	姚　悦
6	合肥工业大学师生赴高湾村开展实地调研	2021－02－05	中国青年网	李　强
7	合工大学子赴金寨革命老区,探寻乡村治理新模式	2021－02－06	金寨文明网	黄雪迎
8	"红色基因"融入乡风文明　合工大学子调研金寨独特的"新文化"	2021－02－07	安徽网	徐海燊
9	红色基因代相传,乡风文明展新貌	2021－02－20	中国青年网	徐海燊
10	干沙滩变金沙滩,产业发展正当时	2021－02－25	中国青年网	姚　悦
11	走进美丽大湾,乡风大变模样	2021－03－03	中国青年网	徐海燊
12	产业促发展,脱贫在闽宁	2021－03－16	中国青年网	姚　悦
13	讲好闽宁故事,传承闽宁精神	2021－03－16	中国青年网	姚　悦
14	安徽学子赴大湾开展乡村产业振兴深度调研	2021－03－18	中国青年网	李　强
15	中国式扶贫的经典样本:基于闽宁镇的考察	2021－04－01	中国青年网	姚　悦

（续表）

序　号	名　　称	发表时间	发表平台	作　者
16	"红色基因代相传,乡风文明展新貌"——合工大学子赴金寨实践组图	2021 - 04 - 01	中国青年网	徐海燊
17	关于红色文化融入新时代乡风文明路径的实践报告	2021 - 04 - 06	中国青年网	徐海燊
18	合工大学子赴皖南推广红色文化,引领乡风文明	2021 - 05 - 23	中国青年网	徐海燊
19	党旗引领新风尚,法律服务做保障	2021 - 06 - 02	中国青年网	王　茜
20	红色基因代相传,助力治理新乡村	2021 - 06 - 08	中国青年网	王梦雨
21	小乡村也有大舞台:合肥工业大学师生赴中汤村开展实地调研	2021 - 08 - 03	中国青年网	何乘曦
22	凝聚乡村振兴源力:合肥工业大学师生赴定远县吴圩镇实地调研	2021 - 09 - 09	中国青年网	蒋雨桐
23	青春力量我先行,铁军精神永流传	2021 - 09 - 14	中国青年网	王　茜
24	赓续红色血脉,助力乡村振兴	2021 - 09 - 15	中国青年网	徐海燊
25	重走铁军抗战路,红色精神永传承	2021 - 09 - 22	中国青年网	王　茜
26	红色潜山别样红,生态水吼正振兴	2021 - 11 - 03	中国青年网	徐海燊
27	合肥工大实践团队赴岳西调研　传承大别山精神	2021 - 11 - 09	中国青年网	汪宸宇
28	探究"三陈"文源,感悟"五四精神"	2021 - 11 - 18	中国青年网	王梦雨
29	新时代青少年"铁军精神"传承现状与路径研究	2021 - 12 - 09	中国青年网	张玉琦　王　茜
30	新发展理念引领新乡村发展	2021 - 12 - 11	中国青年网	王梦雨
31	赓续红色血脉,传承信仰力量	2021 - 12 - 12	中国青年网	徐海燊
32	合肥工大学子赴旌德探寻梅家三代守护马克思银像背后的故事	2021 - 12 - 16	中国青年网	王　茜
33	让我的鲜血浇灌自由之花:永远铭记中共安徽省委首任书记王步文烈士	2022 - 07 - 01	中国青年网	常心怡　徐海燊
34	合工大学子赴皖西南调研乡村治理新模式	2022 - 07 - 05	中国青年网	徐海燊

序　号	名　称	发表时间	发表平台	作　者
35	探寻梅家三代守护马克思银像背后的故事	2022－07－25	中国青年网	姚　悦
36	创新治理模式　传承红色基因	2022－08－22	中国青年网	姚　悦 徐海燊
37	探寻"六尺巷"文脉　深化基层社区治理	2022－08－29	中国青年网	姚　悦 徐海燊
38	探寻"枫桥经验"源头,触摸"中国之治"热度	2022－09－05	中国青年网	姚　悦 徐海燊
39	"巷"由心生　"礼"促和谐	2022－10－09	中国青年网	李　雪
40	六尺窄巷宽于心　文脉悠悠续民情	2022－10－22	中国青年网	李　雪
41	关于新时代青年"渡江精神"传承现状及对策研究的调查报告	2022－12－09	中国青年网	徐海燊
42	文化品牌嵌入新时代基层社会治理的经验与启示——以桐城"六尺巷"为视角	2022－12－09	中国青年网	李　雪
43	探寻枫桥经验发轫　调研织里治理密码	2022－12－12	中国青年网	徐海燊
44	赓续红色血脉　探寻新时代乡村治理可行路径	2022－12－12	中国青年网	刘小婧
45	情理法融入乡村治理　发现安徽版枫桥经验:基于三类十村的实地调研	2023－01－06	中国青年网	陈雨诗
46	望江县漳湖镇与合肥工业大学共促乡村振兴推动校地合作迈上新台阶	2023－04－12	中国经济周刊官网	陈雨诗
47	践悟渡江精神　传承红色基因	2023－04－13	中宣部学习强国平台	孟佳佳 王雅璐
48	传承红色基因,争当时代先锋	2023－04－13	安徽新闻网	王雅璐
49	安徽省望江县:漳湖镇打造"红帆"巾帼志愿解说服务品牌	2023－04－14	中国经济周刊官网	王雅璐
50	传承红色基因　赓续红色血脉	2023－04－19	安徽科技报	王雅璐
51	传承红色基因,争做新时代好青年:走访"渡江英雄""七一"勋章获得者马毛姐所感	2023－04－20	中宣部学习强国平台	王雅璐

序　号	名　　称	发表时间	发表平台	作　者
52	探寻"三孝之乡"文化脉络，以"情"融法推动乡村治理	2023－05－04	中国青年网	陈雨诗
53	多彩回民村　恰风华正茂	2023－05－04	中国青年网	李　雪
54	传红色文化，建画里乡村	2023－05－04	中国青年网	蒋铠杰
55	"孝"治望江，"情"理先行	2023－05－04	中国青年网	刘小婧
56	军民团结一条心　民族团结一家亲：寻访渡江战役回民老船工及后代	2023－05－05	安徽科技报	王雯鑫王雅璐
57	"三孝"岂寻常孝行，千秋共仰止芳名	2023－05－25	中国青年网	陈雨诗
58	合工大学子赴回民村调研乡村治理新模式	2023－06－21	中国青年网	陈雨诗
59	合肥工大实践团队实地调研古"雷池文化"与廉政机制建设	2023－07－20	中国青年网	刘小婧
60	合肥工业大学重走渡江胜利路实践团队重走英雄之路	2023－07－25	安徽新闻网	王雅璐
61	合工大文法学院"重走革命胜利路"社会实践服务团走进旌德	2023－07－26	安徽新闻网	王雅璐方梓涵
62	探寻红色文化村"红绿"融合的产业模式	2023－08－17	中国青年网	蒋铠杰
63	合工大学子赴桐城调研　探寻文化融入基层治理新路径	2023－08－24	中国青年网	李　雪
64	"三孝之乡"文脉传，文化赋能善治先	2023－08－21	安科新闻网	杨奕琨
65	感悟渡江精神，走进美丽乡村	2023－08－25	中国青年网	秦思朵
66	铭记渡江历史，传承红色血脉	2023－08－31	安科新闻网	王雅璐
67	发挥乡贤力量，助推乡村振兴：合肥工业大学实践团赴望江县毛安村实地调研	2023－08－31	安徽科技新闻网	孟佳佳
68	合肥工业大学实践团队赴"徽州故里"绩溪实地调研	2023－09－01	安徽网	何烨璇

后　记

　　党的十八大以来,以习近平同志为核心的党中央高度重视中国共产党人精神谱系研究与红色基因的传承弘扬。2016年4月24日,习近平总书记在大别山腹地安徽金寨考察指导工作时深情地说:"我们要沿着革命前辈的足迹继续前行,把红色江山世世代代传下去。革命传统教育要从娃娃抓起,既注重知识灌输,又加强情感培育,使红色基因渗进血液、浸入心扉,引导广大青少年树立正确的世界观、人生观、价值观。"①2021年7月1日,习近平总书记在庆祝中国共产党成立100周年大会上讲话指出:"一百年来,中国共产党弘扬伟大建党精神,在长期奋斗中构建起中国共产党人的精神谱系,锤炼出鲜明的政治品格。历史川流不息,精神代代相传。我们要继续弘扬光荣传统、赓续红色血脉,永远把伟大建党精神继承下去、发扬光大!"②2022年10月16日,习近平总书记在中国共产党第二十次全国代表大会报告中强调:"弘扬以伟大建党精神为源头的中国共产党人精神谱系,用好红色资源,深入开展社会主义核心价值观宣传教育,深化爱国主义、集体主义、社会主义教育,着力培养担当民族复兴大任的时代新人。"③2023年2月,习近平总书记在学习贯彻党的二十大精神研讨班开班式上的重要讲话中指出:"中国式现代

---

　　①　习近平.论中国共产党历史[M].北京:中央文献出版社,2021:108.
　　②　习近平.习近平谈治国理政(第四卷)[M].北京:外文出版社,2022:7.
　　③　习近平.高举中国特色社会主义伟大旗帜　为全面建设社会主义现代化国家而团结奋斗[M].北京:人民出版社,2022:50.

化,深深植根于中华优秀传统文化,体现科学社会主义的先进本质,借鉴吸收一切人类优秀文明成果,代表人类文明进步的发展方向,展现了不同于西方现代化模式的新图景,是一种全新的人类文明形态。中国式现代化,打破了'现代化=西方化'的迷思,展现了现代化的另一幅图景,拓展了发展中国家走向现代化的路径选择,为人类对更好社会制度的探索提供了中国方案。中国式现代化蕴含的独特世界观、价值观、历史观、文明观、民主观、生态观等及其伟大实践,是对世界现代化理论和实践的重大创新。中国式现代化为广大发展中国家独立自主迈向现代化树立了典范,为其提供了全新选择。"①

　　党的十八大报告提出"努力建设美丽中国";党的十九大报告首提"乡村振兴战略";党的二十大报告明确"全面推进乡村振兴"。在脱贫攻坚战取得辉煌成就、全面建成小康社会之后,乡村振兴成为新时代、新阶段"三农"建设的主要目标,创新乡村治理体系,走乡村善治之路,更是新时代乡村振兴一个紧迫课题。党的二十大报告提出:"全面建设社会主义现代化国家,最艰巨最繁重的任务仍然在农村。坚持农业农村优先发展,坚持城乡融合发展,畅通城乡要素流动。加快建设农业强国,扎实推动乡村产业、人才、文化、生态、组织振兴。"②在革命老区,将红色基因有机融入振兴全过程,实现乡村有效治理是乡村振兴的重要内容,并作为国家治理体系的重要组成部分,助推国家治理能力与治理体系现代化。本书志于传承红色基因和创新治理模式,为乡村振兴提供机制保障,依托乡村善治助推乡村振兴,进而实现乡村全面振兴。

　　以文化人,塑形铸魂。全面推进乡村振兴,成为新时代中国共产党人直面中国之问、世界之问、人民之问、时代之问的执政应答。《传承红色基因　助推乡村振兴》立足于青少年传承红色基因、助推乡村振兴的

---

　　① 习近平在贯彻党的二十大精神研讨班开班式上发表重要讲话——强调正确理解和大力推进中国式现代化[N].人民日报,2023-02-08(01).

　　② 习近平.高举中国特色社会主义伟大旗帜　为全面建设社会主义现代化国家而团结奋斗[M].北京:人民出版社,2022:37.

实践路径,主要内容由新时代红色基因传承路径、红色基因融入新时代乡村振兴路径、新时代乡村振兴的经典样本和新时代乡村治理典型经验等四个相对独立又紧密关联的模块构成。每个模块的起始部分,采用内容导读方式,将系列研究报告逻辑地形成整体。各模块内的单体研究报告既独立成篇,自成体系;又与模块内其他研究报告紧密关联,浑然一体。

本书主要依托宣城校区大学生习近平新时代中国特色社会主义思想研究会社会实践成果,由合肥工业大学宣城校区师生协作完成。书稿获得《红色基因融入新时代乡风文明路径研究——以金寨县桃岭乡和花石乡为例》《典型地区乡村治理情理法结合的实证研究》《地域文化品牌嵌入基层社会治理路径研究——以安徽典型县域为视角》等3项国家大学生创新创业训练计划项目支撑,并相继获评中国高校创新创业教育联盟和中国高校创新创业教育研究中心联合主办的"2015—2020深化高校创新创业教育改革优秀成果"优秀实践一等奖,2021年全国大学生"三下乡""返家乡"优秀调研报告及"红色江山红色路,青春力量青春行"长三角高校"重走革命路"优秀实践报告一等奖,中国国际"互联网+"创新创业大赛"红旅赛道"省级金奖1项、省级银奖2项,全国大学生第十七届"挑战杯"红色专项竞赛省级一等奖4项、全国二等奖1项,入选安徽省社科界庆祝建党一百周年课题攻关优秀论文3篇,安徽省社科联"三项课题"竞赛一等奖1篇、二等奖2篇、三等奖6篇。

本书出版获合肥工业大学宣城校区"皖南历史文化研究中心"专项支持,是安徽省高校"三全育人"综合改革和高校思想政治能力提升计划项目之高校思想政治工作精品"'多位互动、协同一体':红色实践育人模式构建与实施"以及省社科普及规划项目"青少年红色基因传承研究丛书"建设的中期成果。本书由方留、檀江林、徐姗姗担任主编,李宏、夏建圩、郭州平担任副主编。合肥工业大学文法学院和合肥工业大学宣城校区管委会相关领导对本书的出版给予了鼎力支持,合肥工业大学出版社权怡、袁媛主任为本书出版付出了大量心血,在此一并表示深深的谢意。

　　本书广泛参考引用了学术界和网络上有关红色基因传承与乡村振兴紧密相关的最新成果。主要资料来源已按照参考文献著录规则进行标注,如有疏漏,敬请谅解。由于编写者专业学识和经验所限,书中的不足之处在所难免,欢迎专家、同仁批评指正。

本书编写组

2023 年 6 月 28 日